应用技术型高校汽车类专业规划教材

Qiche Zhizao Gongyixue
汽车制造工艺学

(第2版)

石美玉 主 编

人民交通出版社股份有限公司
China Communications Press Co.,Ltd.

内 容 提 要

本书是应用技术型高校汽车类专业规划教材,全书共分八章,内容包括汽车制造过程概述、汽车零件机械加工工艺规程的制定、汽车零件的机械加工质量、工件的装夹及夹具设计、汽车部件的装配工艺、汽车整车制造工艺、汽车典型零件加工工艺、先进制造技术。全书以轿车制造工艺过程为主线,在以较少的篇幅介绍传统工艺的基础上,全面阐述汽车制造工艺的基本方法和技能,注重基础知识,加强实践应用,同时体现先进性。

本书为本科院校(主要为二本院校和三本院校)车辆工程、汽车服务工程、交通运输等汽车相关专业教材,也可供企业、院所从事汽车设计制造工作的工程技术人员学习参考。

图书在版编目(CIP)数据

汽车制造工艺学/石美玉主编. —2 版. —北京:
人民交通出版社股份有限公司,2019.1
ISBN 978-7-114-15197-2

Ⅰ. ①汽… Ⅱ. ①石… Ⅲ. ①汽车—生产工艺 Ⅳ.
①U466

中国版本图书馆 CIP 数据核字(2018)第 275407 号

书　　名:	汽车制造工艺学(第2版)
著 作 者:	石美玉
责任编辑:	李　良
责任校对:	尹　静
责任印制:	张　凯
出版发行:	人民交通出版社股份有限公司
地　　址:	(100011)北京市朝阳区安定门外外馆斜街3号
网　　址:	http://www.ccpress.com.cn
销售电话:	(010)59757973
总 经 销:	人民交通出版社股份有限公司发行部
经　　销:	各地新华书店
印　　刷:	北京市密东印刷有限公司
开　　本:	787×1092　1/16
印　　张:	15.5
字　　数:	354 千
版　　次:	2014 年 11 月　第 1 版 2019 年 1 月　第 2 版
印　　次:	2019 年 1 月　第 2 版　第 1 次印刷
书　　号:	ISBN 978-7-114-15197-2
定　　价:	39.00 元

(有印刷、装订质量问题的图书由本公司负责调换)

应用技术型高校汽车类专业规划教材编委会

主 任
  于明进(山东交通学院)

副主任(按姓名拼音顺序)
  陈黎卿(安徽农业大学)   陈庆樟(常熟理工学院)
  关志伟(天津职业技术师范大学)   何 仁(江苏大学)
  唐 岚(西华大学)   于春鹏(黑龙江工程学院)

委 员(按姓名拼音顺序)
  曹金梅(河南科技大学)   慈勤蓬(山东交通学院)
  邓宝清(吉林大学珠海学院)   邓 涛(重庆交通大学)
  付百学(黑龙江工程学院)   姜顺明(江苏大学)
  李 斌(人民交通出版社股份有限公司)   李学智(常熟理工学院)
  李耀平(昆明理工大学)   廖抒华(广西科技大学)
  柳 波(中南大学)   石传龙(天津职业技术师范大学)
  石美玉(黑龙江工程学院)   宋长森(北京理工大学珠海学院)
  宋年秀(青岛理工大学)   谭金会(西华大学)
  尤明福(天津职业技术师范大学)   王慧君(山东交通学院)
  王良模(南京理工大学)   王林超(山东交通学院)
  吴 刚(江西科技学院)   吴小平(南京理工大学紫金学院)
  谢金法(河南科技大学)   徐 斌(河南科技大学)
  徐立友(河南科技大学)   徐胜云(北京化工大学北方学院)
  杨 敏(南京理工大学紫金学院)   衣 红(中南大学)
  赵长利(山东交通学院)   赵 伟(河南科技大学)
  周 靖(北京理工大学珠海学院)   訾 琨(宁波工程学院)
  胡顺安(常熟理工学院)

秘 书
  夏 韡(人民交通出版社股份有限公司)   李 良(人民交通出版社股份有限公司)

第2版前言

"汽车制造工艺学"是车辆(汽车)工程专业的专业技术基础课,通过本课程的学习,能使学生获得汽车制造工艺过程的基本知识、基本理论,为后续课程的学习和相关教学实践打下基础,也为学生毕业后从事车辆(汽车)设计和制造工艺工作奠定工艺基础。针对汽车制造生产模式由过去的企业内部配套转换为现在的社会化配套的特点,以轿车制造工艺过程为主线,在用较少的篇幅保留传统工艺主要内容的基础上,增加了汽车整车制造的冲压、焊接、涂装和总装四大工艺内容,适当增加了汽车先进制造技术内容。

本书是《汽车制造工艺学》的修订版,是在总结原书教学实践的基础上,结合汽车制造工艺的新进展,对各章内容进行了修订,主要有以下几个方面:

(1) 改正了原书的错误与不当之处,调整了部分内容的前后顺序。

(2) 修改更新了第一章部分数据和内容,集中介绍了一些基本概念。

(3) 每章课后增加了"解释名词术语",便于学生理解和掌握基础知识,培养学生科学的思维方法;重点章节后增加了"分析计算题",以提高学生综合运用所学知识解决实际问题的能力。

(4) 重新编写了第六章,本着介绍四大工艺基础知识、生产实例、精选复习思考题的思路,使学生更容易了解四大工艺的基本内容。

(5) 合并或删减了第八章、第九章的内容,仅介绍汽车制造中常见的先进制造技术,反映汽车制造的新工艺、新技术。

本书由石美玉任主编,纪峻岭、张宏任副主编。参加编写的人员及分工如下:石美玉(第一章和第二章),王强(第三章和第七章),张宏、石美玉和王辉(第四章),纪峻岭(第五章),王辉(第六章),杨兆(第八章)。本书在修订过程中,得到国内专家和同行、汽车整车和零部件制造企业的大力支持和帮助,使用本书的教师、学生和读者也对本书提出了许多宝贵意见,在此一并表示衷心感谢。

由于编者水平所限,书中的错误和不当之处在所难免,恳请广大读者给予批评指正。

编 者
2018 年 10 月

第1版前言 FOREWORD

当前随着汽车行业的快速发展,汽车人才需求激增,无论是汽车制造企业对于汽车研发、汽车制造人才的大量需求还是汽车后市场对于汽车服务型人才的大量需求,这些都需要高校不断地输送相关人才。而目前,我国高等教育所培养的大部分人才还是以理论知识学习为主,缺乏实践动手能力,在进入企业一线工作时,往往高不成低不就,一方面企业会抱怨招不到合适的人才,另一方面毕业生们又抱怨没有合适的工作可找,主要问题就在于人才培养模式没有跟上社会发展实际需求。

《国家中长期教育改革和发展规划纲要(2010—2020年)》中明确指出,要提高人才培养质量,重点扩大应用型、复合型、技能型人才培养规模。培养理论和实操兼具的人才,使之去企业到岗直接上手或稍加培养即可适应岗位。2014年2月26日,李克强总理在谈到教育问题时指出要建立学分积累和转换制度,打通从中职、专科、本科到研究生的上升通道,引导一批普通本科高校向应用技术型高校转型。可见国家对于应用型技术人才的培养力度将持续加大。

教材建设是高校教学和人才培养的重要组成部分,作为知识载体的教材则体现了教学内容和教学要求,不仅是教学的基本工具,更是提高教学质量的重要保证。但目前国内多家高校在应用型人才培养过程中普遍缺乏适用的教材,现有的本科教材远不能满足要求。因此,如何编写应用型本科教材是培养紧缺人才急需解决的问题。正是基于上述原因,人民交通出版社经过充分调研,结合自身汽车类专业教材、图书的出版优势,于2012年12月在北京组织召开了"高等教育汽车类专业应用型本科规划教材编写会",并成立教材编写委员会。会议审议并通过了教材编写方案。

本系列教材定位如下:

(1)使用对象确定为拥有车辆工程、汽车服务工程或交通运输等专业的二三本院校。

（2）设计合理的理论与实践内容的比例，主要解决"怎么做"的问题，涉及最基本的、较简单的"为什么"的问题，既满足本科教学设计的需要，又满足应用型教育的需要。

（3）与现行汽车类普通本科规划教材是互为补充的关系，与高职高专教材有明显区别，深度上介于两者之间，满足教学大纲的需求，有比较详细的理论体系，具备系统性和理论性。

《汽车制造工艺学》是根据"高等教育汽车类专业应用型本科规划教材编写会"会议精神而编写，它是车辆工程专业的专业基础课。本书编写具有以下特色：

（1）以轿车制造工艺过程为主线，在以较少的篇幅保留传统工艺主要内容的基础上，全面系统地阐述汽车制造工艺的基本方法和技能，各章渗透新的制造工艺和加工技术内容，力争做到点面结合，注重基础知识，加强实践应用，同时体现先进性。

（2）突出汽车零部件和整车制造的特点，重点介绍汽车制造过程的工艺方法、工艺特点、工艺参数、工艺设备等内容，并重视各种工艺方法在汽车制造中的应用，体现精选内容、重点突出、图文并茂，使之便于组织教学，也适合汽车工程技术人员使用。

（3）把生产实例列于相应的工艺基本内容之后，每章后附有与基本内容紧密相关的复习与思考题，通过对工艺基本知识、生产实例、精选复习与思考题，这样深入浅出的讲解和反复应用，使学生掌握正确的分析问题和解决问题的方法，培养其分析问题和解决问题的能力。

（4）通过简明扼要地对目前较为成熟且有广泛应用前景的先进制造技术的介绍，以期启发学生的创新意识，并对汽车制造技术的新发展有所了解。

本书由石美玉任主编，纪峻岭、张宏任副主编，参加编写的有石美玉（第一章和第二章）、王强（第三章和第七章）、张宏（第四章）、纪峻岭（第五章和第六章）、杨兆（第八章和第九章）。本书在编写过程中得到国内同行和汽车整车与零部件制造企业的大力支持和帮助，在此表示衷心的感谢。由于汽车制造技术的发展日新月异，加之编写的时间和编者的水平有限，对本书的不足之处，恳请广大读者批评指正。

应用技术型高校汽车类专业规划教材编委会
2014 年 4 月

目 录 CONTENTS

第一章　汽车制造过程概述 …………………………………………………………… 1
　第一节　汽车制造业与制造技术 ………………………………………………… 1
　第二节　汽车生产的工艺过程 …………………………………………………… 3
　第三节　工件尺寸及形状的获得方法 …………………………………………… 7
　第四节　生产纲领与生产类型 …………………………………………………… 8
　第五节　工件的装夹 ……………………………………………………………… 10
　本章小结 …………………………………………………………………………… 13
　复习思考题 ………………………………………………………………………… 14

第二章　汽车零件机械加工工艺规程的制定 …………………………………… 15
　第一节　制定机械加工工艺规程的方法及步骤 ………………………………… 15
　第二节　零件的工艺性分析和毛坯选择 ………………………………………… 18
　第三节　工艺过程的设计 ………………………………………………………… 24
　第四节　工序设计 ………………………………………………………………… 34
　第五节　工艺尺寸链的计算 ……………………………………………………… 41
　第六节　工艺过程的生产率和经济性分析 ……………………………………… 51
　第七节　计算机辅助工艺过程设计 ……………………………………………… 56
　本章小结 …………………………………………………………………………… 60
　复习思考题 ………………………………………………………………………… 61

第三章　汽车零件的机械加工质量 ……………………………………………… 64
　第一节　机械加工质量的基本概念 ……………………………………………… 64
　第二节　影响机械加工精度的主要因素 ………………………………………… 67
　第三节　表面质量的形成及对零件使用性能的影响 …………………………… 85
　本章小结 …………………………………………………………………………… 88
　复习思考题 ………………………………………………………………………… 89

第四章　工件的定位及机床夹具设计 …………………………………………… 90
　第一节　机床夹具的组成及分类 ………………………………………………… 91
　第二节　工件的定位 ……………………………………………………………… 93
　第三节　常用定位方式与定位元件 ……………………………………………… 95
　第四节　工件在夹具中的定位误差分析 ………………………………………… 101

第五节　工件在夹具中的夹紧 106
　　第六节　典型机床夹具的设计要点 116
　　第七节　专用机床夹具的设计方法 123
　　第八节　计算机辅助夹具设计 126
　　本章小结 129
　　复习思考题 130
第五章　汽车部件的装配工艺 133
　　第一节　装配及装配结构工艺性 133
　　第二节　保证装配精度的方法 138
　　第三节　装配工艺规程的制定 152
　　第四节　装配自动化及计算机辅助装配工艺设计 157
　　本章小结 158
　　复习思考题 158
第六章　汽车整车制造工艺 162
　　第一节　汽车冲压工艺 162
　　第二节　汽车焊装工艺 173
　　第三节　汽车车身涂装工艺 180
　　第四节　汽车总装工艺过程 188
　　本章小结 192
　　复习思考题 192
第七章　汽车典型零件加工工艺 194
　　第一节　曲轴零件制造工艺 195
　　第二节　齿轮零件制造工艺 201
　　第三节　箱体零件制造工艺 208
　　本章小结 215
　　复习思考题 215
第八章　先进制造技术 216
　　第一节　概述 216
　　第二节　典型先进制造工艺技术 217
　　第三节　典型制造自动化技术 226
　　本章小结 235
　　复习思考题 235
参考文献 236

第一章　汽车制造过程概述

 教学目标

1. 了解汽车制造技术的发展概况。
2. 掌握工艺过程及其组成的基本概念。
3. 理解工件尺寸及形状的获得方法。
4. 理解生产类型的划分及各种生产类型的工艺特征。
5. 了解汽车制造企业的生产过程。
6. 理解基准的概念和工件的装夹方法。

 教学要点

知识要点	掌握程度	相关知识
工艺过程及其组成的基本概念	理解并掌握基本概念	生产过程、工艺过程、机械加工工艺过程、工序、安装、工位、工步
工件尺寸及形状的获得方法	掌握各种方法的含义、特点和应用	试切法、调整法、定尺寸刀具法、自动测量控制法
生产类型的划分及各种生产类型的工艺特征	理解基本概念，掌握生产类型的划分和各种生产类型的工艺特征	生产纲领、生产类型、生产类型的划分、各种生产类型的工艺特征
基准的概念和工件的装夹方法	理解基准的概念和工件的装夹方法	各种基准的概念和关系、工件的装夹方法及特点

第一节　汽车制造业与制造技术

中国汽车工业协会数据显示，2017 年我国汽车共产销 2901.5 万辆和 2887.9 万辆，连续九年蝉联全球第一，行业经济效益增速明显高于产销量增速，新能源汽车发展势头强劲。随着经济全球化带给我们的巨大机遇与冲击，国内汽车行业要想得到发展，必须利用经济全球化这一机遇，同时提高企业自身的品牌价值与声誉，将冲击力转化为动力，在不断地迎接挑战中寻求新的发展道路，通过品牌联合，谋求中国汽车制造业的崛起。

一、我国汽车制造业现状及发展趋势

我国汽车工业总体水平同汽车工业发达国家相比仍存在很大差距,普遍存在汽车产品水平低、产品开发能力不足,产业结构不合理、未形成规模效益,汽车零部件产业落后于整车发展等问题。综合考虑我国汽车制造业现状和世界汽车工业发展历程及趋势,未来我国汽车产业的发展趋势主要有如下几点。

1. 联合合并重组进程加速

汽车发达国家的汽车工业发展史,同时又是一部生产集中程度越来越高的联合合并史,汽车工业的技术特点、产品特点、生产特点决定了汽车工业本身必须实行集团化经营。目前,世界汽车大公司(含零部件公司)之间的合并联合已经成为汽车行业正在发生的一个事实,而且这种合并联合趋势还将继续发展下去。未来的世界汽车工业将形成几家大公司主宰世界市场的局面。现代汽车工业发展的特点表明,汽车工业升级为支柱产业的前提是建成一批在国际上具有竞争力的大企业。中国的汽车工业要提高竞争力,必须进行资产重组,以实现优势互补和规模化经营。因此,加快集团化进程既是汽车企业自身发展的需要,也是应对汽车工业全球化的需要。

2. 积极参与全球化进程

进入 21 世纪,在世界各国产业结构调整和贸易及投资自由化迅速发展的带动下,各国的经济交往日益密切,极大地促进了世界经济的分工与合作,世界汽车工业的全球化走势也日益明显。主要表现在如下三个方面:①大型汽车跨国公司为扩大市场积极与发展中国家合作;②发达国家的汽车公司均相互持股,或分别在对方国家设厂生产;③主要大公司均推行零部件全球采购政策,从而进一步推动了汽车生产全球化这一趋势。

国内外汽车工业发展的现状与趋势表明,未来我国的汽车工业必将更深入地参与全球化,在产品、市场、生产经营、资本和技术等方面逐步实现全球化运作,只有这样才能迎接汽车工业贸易与投资自由化的挑战。

3. 模块化生产和系统化供货将成为发展潮流

在世界汽车界,模块化生产和系统化供货已经成为不可阻挡的发展潮流。整车厂将不仅仅在产品上而且在技术上依赖配件厂商,使得零部件厂商成为决定未来汽车工业发展的重要力量。对于国内汽车企业来说,国内小规模的模块化生产方式已有局部开始运用,正处于起步阶段。

中国汽车整车企业为降低生产成本、提高竞争力,势必要采取系统化供货、模块化生产这种世界流行的采购方式,随着国内汽车市场的竞争日益激烈,国内各大汽车整车企业利用模块化方式采购的零部件比例将不断提高。

4. 低污染、节能汽车是发展方向

环境污染、能源紧缺已成为全世界共同关心的重要问题。在世界汽车界,低污染、节能汽车已经成为世界各大汽车公司竞争的又一焦点。许多世界知名汽车厂家已渐次推出了具有高科技水平的环保概念车,以便引导世界汽车新潮流。

二、汽车制造技术的发展概况

随着以信息技术为代表的高新技术的日新月异,随着汽车市场需求个性化与多样化的演变,未来汽车先进制造技术发展的趋势是向精密化、柔性化、虚拟化、网络化、智能化、敏捷化、清洁化、集成化及管理创新方向发展,在产品升级的过程中更好地降低成本。为了这个目的,共享、合作就成为一种必然和趋势,并且在未来会越来越明显。

1. 现代汽车制造技术

刚性自动化阶段的汽车制造技术称为传统汽车制造技术,进入柔性自动化阶段后的汽车制造技术称为现代汽车制造技术。主要研究精密、超精密加工技术,精密成形技术,特种加工技术(如激光加工、电子束加工、离子束加工技术等),表面改性、制模和涂层技术。

2. 综合自动化技术

包括计算机集成制造系统(CIMS)、CAD/CAPP/CAM 信息集成、单元自动化技术、车间柔性自动化系统等。汽车制造自动化进入了柔性自动化、集成化、智能化的新阶段。

3. 新材料技术

由于材料技术的发展,对加工技术提出了更新的要求。为了加工高温合金、记忆合金、工程陶瓷、工程塑料、复合纤维等,促进了新加工工艺和设备的开发,使利用其他能量的特种加工或复合加工方法得到了进一步的发展。

4. 现代管理技术

包括先进的生产组织管理及控制方法,如精益生产(LP)、敏捷制造(AM)、准时制造(JIT)和最优生产(OPT)等,企业组织结构优化与综合改善技术,人机工程技术,并行工程技术(CE),计算机辅助管理与决策技术,如管理信息系统(MIS)、计算机决策支持系统(DSS)等。

第二节 汽车生产的工艺过程

一、汽车生产过程及其特点

汽车的生产过程是指将原材料转变为汽车产品的全部过程,如图 1-1 所示。汽车的生产过程包括毛坯制造、机械加工、热处理、装配过程及试验等。除上述直接生产过程外,还包括保证生产过程能正常进行所必需的一些辅助生产过程,如投产前的技术准备、生产准备,生产过程中的运输、储存、保管,产品的销售及售后服务等。

20 世纪中后期,汽车产品同一化的消费观逐渐被个性化消费观所取代,过去一种车型连续生产销售数百万辆乃至数千万辆的时代早已一去不复返。在现阶段,最畅销的车型其累计销售量最多只能是刚过百万辆,许多成功车型的累计销售量只有 30 万~50 万辆。此外,汽车制造企业为了使自己在越演越烈的市场竞争中立于不败之地,均不遗余力地加大技术创新和产品更新的力度,汽车产品更新换代的速度越来越快。

在这个汽车市场环境发生了根本性变化的时代,若仍然采用过去那种由整车汽车制造企业内部配套的传统生产模式,不仅会严重制约汽车产品更新换代的速度,还会使汽车整车制造企业无力承担越来越巨大的产品开发风险。为了充分调动汽车零部件生产厂家在产品开发方面的积极性,分摊汽车新产品的开发任务,缩短产品开发周期,分散产品开发的风险,自 20 世纪 80 年代起,国际上各大汽车制造企业纷纷将原来从属于汽车整车制造企业的汽车零部件制造厂剥离出来,成立具有独立、自主研发能力的汽车零部件制造公司,由过去汽车制造企业的内部配套变为全球范围内的社会化配套。

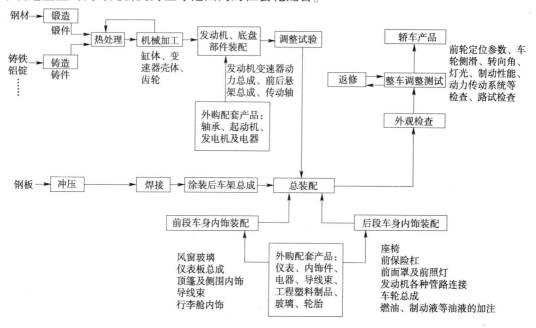

图1-1 轿车主要生产过程

随着信息技术的发展,企业间采用动态联盟,实现异地协同设计与制造的生产模式是目前制造业发展的重要趋势。这种转变使得汽车整车生产企业与汽车零部件生产企业的分工和职能发生了根本性的改变,相应的汽车制造工艺也跟着发生了很大的变化。

对于汽车整车生产企业来说,汽车制造工艺只剩下冲压、焊装、涂装和总装四大部分,汽车整车生产企业具有自动化程度高、生产效率高的主体生产线。汽车零部件生产企业则按照专业协作的方式进行多品种、大规模的专业化生产,其生产高度自动化,管理现代化,产品标准化和系列化,以保证整车生产的配套供应。

二、汽车制造工艺过程及组成

1. 工艺过程

汽车生产过程中,改变生产对象的形状、尺寸、相对位置和性质等使其成为成品或半成品的过程称为工艺过程。工艺过程包括毛坯制造工艺过程、热处理工艺过程、零件的机械加工工艺过程、部件或汽车的装配工艺过程。以工艺文件的形式确定下来的工艺过程称为工艺规程。

由原材料经浇铸、锻造、冲压或焊接而成为铸件、锻件、冲压件或焊接件的过程,分别称为铸造、锻造、冲压或焊接工艺过程。将铸、锻的毛坯或钢材经过各种机械加工方法,改变它们的形状、尺寸、表面质量,使其成为合格零件的过程,称为机械加工工艺过程。在热处理车间,对汽车零件的半成品通过各种热处理方法,改变它们的材料性质的过程,称为热处理工艺过程。最后,将合格的汽车零件和外购件、标准件装配成组件、部件和汽车的过程,则称为装配工艺过程。

无论是哪一种工艺过程,都是按照一定的顺序逐步进行的。为了便于组织生产,合理使用设备,确保产品质量和提高生产效率,任何一种工艺过程又可划分为一系列工序。工序是组成工艺过程的基本单元,也是生产组织和计划的基本单元。

如图1-2所示的阶梯轴零件,其单件小批生产和大批大量生产的机械加工工艺过程分别见表1-1、表1-2。

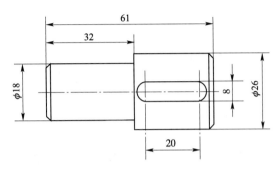

图1-2 阶梯轴零件简图(尺寸单位:mm)

阶梯轴单件小批生产的机械加工工艺过程　　　　　　　　　　　　　　　表1-1

工序号	工序名称	工序内容	设备
1	车	车一端外圆与端面、打中心孔并倒角,径向尺寸至φ26mm;掉头车另一端外圆与端面、打中心孔并倒角,径向尺寸至φ18mm,轴向尺寸至32mm,轴向总长至61mm	车床
2	铣	铣键槽、去毛刺	铣床

阶梯轴大批大量生产的机械加工工艺过程　　　　　　　　　　　　　　　表1-2

工序号	工序名称	工序内容	主要工艺参数	设备
1	铣	铣两端面、打中心孔,轴向尺寸至61mm	φ40端铣刀,转速800r/min,进给量0.3m/min,背吃刀量1.5mm	铣端面打中心孔机床,夹具SJ-1802
2	车1	车大端外圆并倒角,径向尺寸至φ26mm	转速1200r/min,进给量0.25mm/r,背吃刀量2mm	CA6140
3	车2	车小端外圆并倒角,径向尺寸至φ18mm,轴向尺寸至32mm	转速1200r/min,进给量0.25mm/r,背吃刀量3mm	CA6140(另一台)
4	铣	铣键槽	φ8键槽铣刀,转速800r/min	X6132
5	钳	去毛刺		钳工台

由上可知,虽然加工对象是同一个零件,但因生产类型不同,其工艺过程相差甚远,工序多少、所用设备等均不同。因此在安排工艺过程时,必须依据生产类型和现场生产条件进行统筹考虑,力求工艺过程的科学性与合理性。

2.工艺过程的组成

机械加工工艺过程是由一系列工序组成的,工序又包括安装、工位、工步以及走刀等工艺内容。

1）工序

一个或一组工人在一个工作地对一个或同时对几个相同的工件所连续完成的那一部分工艺过程称为工序。

划分工序的主要依据是：工作地（设备）是否变动，加工是否连续。只要有任何一个条件发生变化，即是另一个工序。如表1-2中，工序2与工序3都是车外圆并倒角，虽然加工表面、顺序、方法等相似，但由于机床设备改变、工作地改变，则为两道工序。

2）安装

在某一工序中，有时需要对零件进行多次装夹加工，工件经一次装夹后所完成的那一部分工序称为安装。如表1-1中，工序1车阶梯轴外圆要进行两次装夹，先装夹工件一端，车端面、大端外圆及倒角，称为安装1；再掉头装夹工件，车另一端面、小端外圆及倒角，称为安装2。在一道工序中，工件每安装一次，就会增加辅助时间及造成安装误差。

使用加工中心进行切削时，由于工件的工序内容较多，应该在一次安装中尽量多地加工出多个表面，以减少安装次数，保证零件的位置精度。

为尽量减少安装次数，在大批量生产时，为了完成既定的工序内容，常采用回转工作台、回转夹具、可移位夹具等，使工件在一次安装中处于几个不同的位置进行加工。

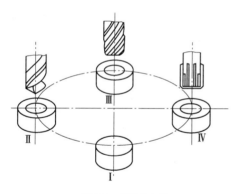

图1-3 多工位加工

工位Ⅰ-装卸工件；工位Ⅱ-钻孔；工位Ⅲ-扩孔；工位Ⅳ-铰孔

3）工位

为了完成一定的工序内容，一次装夹后，工件与夹具或设备的可动部分一起相对刀具或设备的固定部分所占据的每一个位置称为工位。如图1-3所示，工序内容为钻孔、扩孔、铰孔，采用回转工作台安装工件，在工位Ⅰ处进行工件安装，在工位Ⅱ处钻孔，在工位Ⅲ处扩孔，在工位Ⅳ处铰孔，回到工位Ⅰ完成全部工序内容，卸下工件并安装另一个工件。

采用多工位加工，减少工件安装次数，节省了装卸工件的时间，提高了生产效率，减小了位置误差，提高了加工质量。但设计制造回转夹具、可移位夹具，使加工成本较高。

4）工步

工步是指零件被加工表面不变、加工所使用的刀具不变、切削用量（n、f）不变时所连续完成的那部分工艺过程。如表1-2中第1道工序内，首先用铣刀铣两端面，为一个工步；然后再钻中心孔，为第二个工步，即一道工序内包含两个工步。

在一次安装中连续进行的若干相同加工内容，可以看作一个工步。如图1-4所示，在同一表面上钻4个相同的孔，可以写成一个工步，即钻$4 \times \phi 15$孔工步。

为了提高生产效率，采用几把刀具或一把复合刀具同时加工工件的一个或几个表面，可看作一个工步，称为复合工步，如图1-5所示，复合工步各表面的加工开始时间可以不同，但同时结束切削。

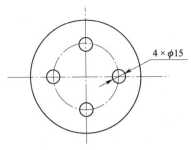

图 1-4　包括 4 个相同表面加工的工步

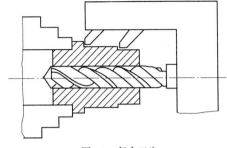

图 1-5　复合工步

5) 走刀

有些工步由于加工余量较大或其他原因,需要用同一把刀具对同一表面进行多次切削,这样刀具对工件的每一次切削就称为一次走刀。如图 1-6 所示,将棒料加工成阶梯轴,第二工步车右端外圆就分两次走刀进行加工。

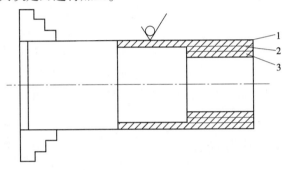

图 1-6　棒料车削加工成阶梯轴的多次走刀
1—第一工步;2—第二工步第一次走刀;3—第二工步第二次走刀

第三节　工件尺寸及形状的获得方法

一、工件尺寸精度的获得方法

1. 试切法

试切法是零件获得尺寸精度最早采用的加工方法,同时也是目前常用的获得高精度尺寸的主要方法之一。该方法是在零件加工过程中,不断对已加工表面的尺寸进行测量,并相应调整刀具相对工件加工表面的位置进行试切,直至达到尺寸精度要求的加工方法。

零件轴颈尺寸的试切车削加工、轴颈尺寸的在线测量磨削以及精密量规的手工研磨等均属于试切法加工。这种加工方法的加工精度不稳定,其加工精度取决于操作工人的技术水平,生产率低,通常只适用于单件小批生产。

2. 定尺寸刀具法

定尺寸刀具法是指在加工过程中,用具有一定尺寸的刀具或组合刀具来保证加工零件尺寸精度的一种方法。如用拉刀拉孔、钻头钻孔、扩孔钻扩孔、铰刀精加工内孔及用铣刀铣槽等均属此种方法。定尺寸刀具法加工精度比较稳定,几乎与工人技术水平无关,生产率较高,在各种类型的生产中广泛应用。

3. 调整法

调整法是在成批生产条件下采用的一种方法,即在加工一批工件之前,按规定的尺寸先调整好刀具和工件在机床上的相对位置,并在加工一批工件的过程中保持这个相对位置不变的方法。图1-7所示为用规定尺寸镗刀镗削活塞销孔简图,按活塞销孔轴线与活塞底面的距离尺寸 L,先调整好刀具和工件在机床上的相对位置,从而加工一批活塞以获得相应的尺寸。由于工件尺寸 L 是在一次调整好后得到的,因此工件尺寸的稳定性好,生产率也高,但工件的装夹需要专用机床夹具。

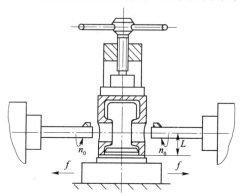

图1-7 调整法获得镗孔位置尺寸

4. 自动测量控制法

自动测量控制法指在加工过程中通过尺寸测量装置、动力进给装置和控制机构等组成自动控制系统,使加工过程中的尺寸测量、刀具的补偿调整和切削加工等一系列工作自动完成,从而获得所要求的尺寸精度。这种方法在自动加工机床、数控机床和自动生产线上广泛采用,其特点是生产率高,加工的尺寸精度易于保证。

二、工件形状精度的获得方法

机械加工中获得零件几何形状精度的方法有轨迹法、成形法、展成法三种方法。

1. 轨迹法

轨迹法指利用切削运动中刀具刀尖的运动轨迹形成工件被加工表面的形状。如工件外圆车削加工中,工件做旋转主运动,刀具做轴向进给运动,刀尖相对于工件的运动轨迹即形成了工件的外圆柱面。

2. 成形法

成形法指利用成形刀具刀刃的几何形状切削出工件的形状。例如在车床上使用螺纹车刀切削外螺纹,车刀切削刃的形状与被切削螺纹槽形相同。又如在拉床上使用成形拉刀拉削制动凸轮外形和使用花键拉刀拉削花键孔等。该方法的生产率很高,其切削加工的形状精度主要取决于刀具切削刃的形状精度。

3. 展成法

展成法指利用刀具和工件做展成切削运动时,刀刃在被加工表面上的包络面形成工件的加工表面。这种加工方法可以加工较为复杂的几何表面,其形状精度与机床展成运动中的传动链精度有关,各种渐开线齿形面的加工常采用这种方法。

第四节 生产纲领与生产类型

汽车产品在一定计划期内应当生产的产量和进程称为生产纲领,即包括备品和废品在

内的年产量。汽车产品中某零件的生产纲领可按下式计算,即

$$N_{零} = N \cdot n(1 + \alpha + \beta)$$

式中:$N_{零}$——汽车零件在计划期内的产量;
　　　N——汽车产品在计划期内的产量;
　　　n——每辆汽车产品中该零件的数量;
　　　α——备品率;
　　　β——平均废品率。

α、β值根据经验选取。随着汽车制造新工艺、新技术的不断发展,以及现代物流管理水平的不断提高,现在许多汽车公司正在向生产的零库存和产品的零缺陷方向迈进。

根据产品特征和年生产纲领的不同,可以将生产分为单件生产、成批生产和大量生产三种类型。在成批生产中,又可按批量的大小分为小批生产、中批生产和大批生产三种。小批生产工艺特点接近单件生产,大批生产接近大量生产,中批生产介于单件生产和大量生产之间。

若生产类型不同,则无论是在生产组织、机床种类及布置,还是在毛坯制造方法、机械加工方法或装配方法及工人技术要求等方面均有所不同,即不同生产类型的工艺特征不同。为此,制定汽车零件的机械加工工艺过程和汽车产品的装配工艺过程,以及在选用机床设备和设计工艺装备时,都必须考虑不同生产类型的工艺特征,以取得最大的经济效益。表1-3列出了各种生产类型的工艺特点。

各种生产类型的工艺特点　　表1-3

工艺项目	单件、小批生产	中批生产	大批大量生产
产品数量	少	中等	大量
加工对象	经常变换	周期性变换	固定不变
机床设备和布置	采用万能设备按机群布置	采用万能和专用设备,按工艺路线布置成流水生产线	广泛采用专用设备和自动生产线
夹具	非必要时不采用专用夹具	广泛使用专用夹具	广泛使用高效专用夹具
刀具和量具	一般刀具和量具	专用刀具和量具	高效专用刀具和量具
装夹方法	找正装夹	找正装夹或夹具装夹	夹具装夹
加工方法	根据测量进行试切加工	用调整法加工,有时还可组织成组加工	使用调整法自动化加工
装配方法	试配	普遍应用互换装配,同时保留某些钳工试配	全部互换装配,某些精度较高的配合件用配磨、配研、选择装配,不需钳工试配
毛坯制造	木模造型和自由锻造	金属模造型和模锻	采用金属模机器造型、模锻、压力铸造
工人技术要求	高	中等	一般

续上表

工艺项目	单件、小批生产	中批生产	大批大量生产
工艺规程要求	只编制简单的工艺过程文件	除有较详细的工艺过程卡外，对重要零件的关键工序需有详细说明的工序操作卡	详细编制工艺过程卡和各种工艺文件
生产率	低	中	高
成本	高	中	低

第五节　工件的装夹

工件加工前，必须进行正确的装夹（安装）。工件的装夹方法有找正装夹、机床夹具装夹两种。为使工件正确装夹，必须在工件上选择合理的定位基准。

一、基准的概念

基准是用来确定生产对象上几何要素间的几何关系所依据的那些点、线、面。在汽车零件的设计和加工过程中，按不同要求选择哪些点、线、面作为基准，是直接影响零件加工工艺性和各表面间尺寸、位置精度的主要因素之一。

根据作用和应用场合不同，基准可分为设计基准和工艺基准两大类。

1. 设计基准

零件图上标注设计尺寸及要求所采用的基准，称为设计基准。一个汽车零件上，可以有一个也可以有多个设计基准。如图1-8a)所示中，36尺寸两端的平面 A 与 B 互为设计基准；图1-8b)中 $\phi40$ 与 $\phi60$ 尺寸的设计基准是轴线，$\phi40$ 外圆的轴线是 $\phi60$ 外圆圆跳动的设计基准；图1-8c)中齿轮的轴线是内孔 $\phi30H7$、分度圆 $\phi48$ 和齿顶圆 $\phi50h8$ 的设计基准，而左右两端面互为设计基准；在图1-8d)所示的箱体零件中，平面1是平面2与孔3的设计基准，孔3是孔4与孔5的设计基准。

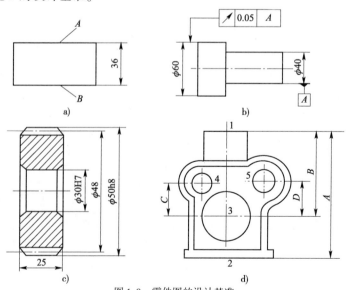

图1-8　零件图的设计基准

2. 工艺基准

零件在工艺过程中所采用的基准,称为工艺基准。按照作用不同,工艺基准又可分为工序基准、定位基准、测量基准和装配基准。

1) 工序基准

工序卡的工序图上,用来确定本工序加工表面加工后的尺寸、位置所采用的基准,称为工序基准。

图 1-9 所示为一车削工序图,工件外圆表面 5 装夹在三爪卡盘中,端面 6 靠在卡盘平面上,以它们定位加工端面 1、2 和内孔 3 及外圆 4,分别保证轴向尺寸 L_1、L_2 和外圆、内孔直径尺寸 ϕd、ϕD。因此,端面 F 是端面 1、2 的工序基准,端面 1、2 通过加工尺寸 L_1、L_2 及平行度公差与工序基准 F 相联系,外圆 ϕd 和内孔 ϕD 的工序基准为其轴线。联系被加工表面与工序基准间的加工尺寸,是本工序应保证的尺寸,称为工序尺寸。工序基准是工序图上工序尺寸、位置公差标注的起点。工序尺寸以工序基准为起点,指向被加工表面,所以工序尺寸具有方向性。

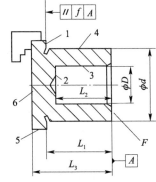

图 1-9 工序基准

1、2、6、F-端面;3-内孔;4、5-外圆

2) 定位基准

加工时,用以确定工件在机床上或夹具中占有正确位置的基准,称为定位基准,也可理解为和夹具定位元件相接触或相配合的表面。有时,作为定位基准的点、线、面在工件上不一定实际存在,如外圆和内孔的轴线、对称面等,而常由某些实际存在的表面来体现,这些体现假想定位基准的实际表面称为定位基面。如图 1-9 所示工件装夹在三爪卡盘中,工件外圆表面 5 与卡爪接触,端面 6 靠在卡盘平面上,从而实现工件径向和轴向的定位。这里端面 6 是实际存在的定位基准,它确定了工件的轴向位置;外圆和内孔的轴线是假想的定位基准,它确定了工件的径向位置,而外圆表面 5 是实现轴线定位基准的定位基面。

3) 测量基准

在测量时所采用的基准,称为测量基准。如图 1-9 中,以端面 F 为基准,用深度游标卡尺测量端面 1、2 的尺寸 L_1、L_2,端面 F 就是端面 1、2 的测量基准。外圆 ϕd 和内孔 ϕD 的测量基准是轴线,而相应的母线是直径尺寸的测量基面。又如图 1-10 所示,在检验平面尺寸 L 时,母线 C 为其测量基准。

4) 装配基准

在机器装配时,用来确定零件或部件在产品中的相对位置所采用的基准,称为装配基准。如图 1-11 所示,齿轮装在轴上,齿轮内孔轴线和端面是它的装配基准,内孔是装配基面。

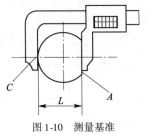

图 1-10 测量基准

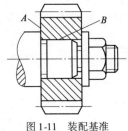

图 1-11 装配基准

上述各种基准之间的关系是基准应该尽可能重合,基准重合是机械设计中应遵循的一项基本原则。在产品设计时,应尽量把装配基准作为零件图上的设计基准,以便直接保证装配精度要求;在零件加工时,应使工序基准与设计基准重合,以便能直接保证零件的加工精度;定位基准与工序基准重合,可避免进行复杂的工艺尺寸换算,还可以避免产生基准不重合误差。

二、工件的装夹方法

工件在开始加工前,必须使工件在机床上或夹具中占有某一正确的位置,这个过程称为定位。对工件施加一定的外力,使工件在加工过程中保持定位后的正确位置不变,还需将工件压紧夹牢,这个过程称为夹紧。工件定位和夹紧整个过程称为装夹。

1. 找正装夹法

找正装夹法,又有直接找正装夹和划线找正装夹两种。

1) 直接找正装夹

以工件的实际表面作为定位的依据,用找正工具(如划针和百分表)找正工件的正确位置以实现定位,然后将工件夹紧的方法,称为直接找正装夹。

如图 1-12 所示,在内孔磨床上用四爪单动卡盘装夹套筒,欲保证磨孔后的内孔对外圆的同轴度。采用指示表(百分表)按工件外圆进行找正,使外圆轴线与磨床轴线同轴,从而使工件径向在磨床上占有一正确位置,然后将四爪单动卡盘找正获得的正确位置固定下来。此时,找正的外圆称为定位基面,外圆的轴线为定位基准。

2) 划线找正装夹

以划线工人在工件上划出的待加工表面所在位置的线痕作为定位依据,定位时用划针找正其位置,然后将工件夹紧的装夹方法,称为划线找正装夹,如图 1-13 所示。

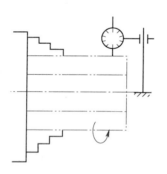
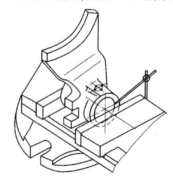

图 1-12　直接找正装夹　　　　图 1-13　拨叉的划线找正装夹

采用找正装夹法,工件正确定位是通过找正来实现的,工件夹紧往往是通过四爪单动卡盘、机用虎钳等通用机床夹具或压板夹紧来实现的。

此种装夹方法生产率低,一般只适用于单件小批生产。找正的精度取决于找正工具和工人的技术水平。如果操作工人的技术水平高,且采用精密测量仪器,则可以获得较高的定位精度。

找正装夹法对于产量不大、加工质量要求不高的场合,仍不失为一种简单、实用、经济的装夹方法,但对于成批和大量生产的汽车零件的机械加工并不适用。

2. 机床夹具装夹法

这里介绍的机床夹具是为某种零件的某一道工序的加工而专门设计和制造的机床夹具,又称专用机床夹具,如图 1-14 所示。

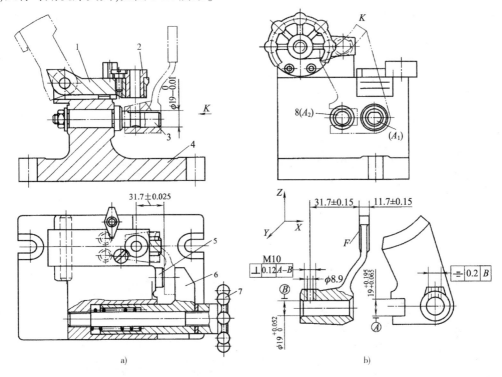

图 1-14　拨叉在专用钻床夹具上的装夹

1-钻模板;2-钻套;3-定位销(A_1);4-夹具体;5-支承钉;6-钩形压板;7-星形手柄;8-定位销(A_2)

机床夹具定位准确,装卸工件迅速,但设计与制造的周期较长,费用较高。因此,主要适用于产品相对稳定而产量较大的成批和大量生产。对于多品种、小批生产的汽车产品试制,采用这种装夹工件的方式是不适当的。为适应多品种、小批生产的需要,可以使用组合夹具、可调整夹具和成组夹具等。

由上述分析可知,机床夹具的作用有以下几方面:

(1)保证加工精度。机床夹具可准确确定工件、刀具和机床之间的相对位置,从而保证被加工表面的工序尺寸和位置公差要求,加工精度的稳定性好。

(2)提高生产率。机床夹具可快速地将工件定位和夹紧,减少装卸工件的辅助时间。

(3)减轻工人的劳动强度。采用机械、气动、液压等夹紧装置,安全省力,可以减轻工人的劳动强度。

(4)扩大机床的工艺范围。利用机床夹具,可扩大机床的加工范围。如在卧式车床刀架处安装一专用镗孔夹具,车床可对箱体轴承座孔进行加工。

本 章 小 结

(1)汽车制造工艺是各种汽车制造方法和过程的总称,通过学习可以获得汽车制造常用工艺方法、零件加工工艺过程及装配工艺过程的基础知识,对汽车制造工艺过程有一个完整和科学的认识。

(2)汽车制造技术主要包括材料成形技术、切削加工技术、特种加工技术和机械装配技术等。目前汽车制造技术正朝着柔性自动化、精密加工和高精密加工、高速切削和强力切削以及多种加工技术并行的方向发展。

(3)生产过程是指把原材料转变为汽车成品的全部过程。它包含了产品从设计、选材、生产计划组织到加工、装配、质量保证等活动。

(4)机械加工工艺过程以工序为基本组成单元,而工序又可细化为工步、走刀,每道工序有时又需要划分为若干次安装和若干个工位。对于各种基本概念,要在理解的基础上记住其基本内容。

(5)生产类型可以划分为单件生产、成批生产和大量生产,而成批生产又可以划分为小批量生产、中批量生产和大批量生产三种类型。不同生产类型对应着不同的生产特点与组织方式。

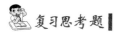

1. 解释下列名词术语。

生产过程、工艺过程、机械加工工艺过程、装配工艺过程、工序、安装、工位、工步、试切法、定尺寸刀具法、调整法、自动测量控制法、轨迹法、成形法、展成法、生产纲领、各种基准的概念、工件装夹、工序尺寸。

2. 简述汽车制造技术的发展概况,汽车制造按自动化程度可分为哪几个阶段?
3. 简述机械加工工艺过程的组成。
4. 举例说明工序、工步划分的主要依据。
5. 采用多个工位代替多次安装有何优缺点?
6. 何为调整法,它有何特点和应用?
7. 划分生产类型的依据是什么?为什么要划分生产类型?
8. 试分析比较不同生产类型的工艺特点。
9. 工件的装夹方法有哪几种?各有何特点?

第二章 汽车零件机械加工工艺规程的制定

 教学目标

1. 了解工艺规程制定的原则与步骤。
2. 学会零件工艺性的分析。
3. 掌握工艺过程设计所涉及的主要问题。
4. 掌握工序余量和工序尺寸的确定方法。
5. 学会典型工艺尺寸链的分析计算。
6. 初步掌握工艺方案的经济性分析。

 教学要点

知识要点	掌握程度	相关知识
零件的工艺性分析	理解工艺性的概念,掌握零件的工艺性分析	零件的工艺性,零件的工艺性分析
工艺过程的设计	熟练掌握工艺过程设计的步骤、方法	选择定位基准,选择表面加工方法,划分加工阶段,安排加工顺序
工序余量和工序尺寸的确定	理解基本概念,掌握工序余量、工序尺寸的确定方法	工序余量、工序尺寸的概念及确定方法
工艺尺寸链的解算	理解尺寸链的基本概念,掌握工艺尺寸链的分析计算	封闭环,尺寸链计算基本公式,典型工艺尺寸链的解算
工艺方案的经济性分析	初步掌握工艺方案的经济性分析	不同工艺方案的经济性评定方法

第一节 制定机械加工工艺规程的方法及步骤

机械加工工艺规程简称工艺规程,是规定零件加工工艺过程和操作方法的工艺文件。它是在具体的生产条件下,将最为合理的工艺过程与操作方法,按规定的格式和要求制成的用来指导生产的技术文件。制定工艺规程的总体原则是优质、高产、低消耗,即在保证产品质量的前提下,尽可能提高生产率和降低成本。同时,还应在充分利用企业现有生产条件的基础上,尽可能采用国内外先进的工艺技术和检测技术。

一、零件机械加工工艺规程的格式

根据生产过程工艺性质的不同,有毛坯制造、零件加工、热处理、表面处理以及装配等不同的工艺规程。本节研究的是零件机械加工方面的工艺规程,主要的机械加工工艺规程文件有工艺过程卡、工序卡、检验卡、调整卡,以及工艺装备图样,铸件、锻件毛坯图样等。

1. 机械加工工艺过程卡

机械加工工艺过程卡简称工艺过程卡,又称工艺路线卡,其格式见表2-1。工艺过程卡是以工序为单位简要说明零件工艺过程的一种工艺文件,其内容包括各工序的工序号、工序名称、工序内容,工艺过程所经过的各个车间和工段,每个工序所使用的机床设备、工艺装备及工时定额等。

机械加工工艺过程卡 表2-1

机械加工工艺过程卡			产品型号		零件图号			
			产品名称	轻型载货汽车	零件名称	后桥主动锥齿轮	共4页	第1页
材料牌号	20CrMnTi	毛坯种类	模锻	毛坯外形尺寸		每件毛坯可制作件数	1	每台件数	1	备注	

工序号	工序名称	工序内容	车间	工段	设备	工艺装备	工时	
							准终	单件
1	铣	铣端面、钻中心孔			铣端面钻中心孔机床	双工位夹具		6.5
2	车	粗、精车背锥、外圆、端面			液压仿形车床	随机夹具		9.3
3	车	粗、精车面锥			液压仿形车床	随机夹具		5.4
4	铣	铣花键			半自动花键轴铣床	顶尖、卡头		7.5
5	磨	粗磨轴颈			半自动端面外圆磨床	顶尖、卡头		5.8
6	磨	精磨轴颈			半自动端面外圆磨床	顶尖、卡头		5.8
7	滚挤	滚挤螺纹			滚丝机	专用夹具		5
8	钻	钻孔			立式钻床	专用夹具		5.7
9	钻	倒角			立式钻床	专用夹具		5
10	检验	中间检查						
					设计日期	审核日期	标准化日期	会签日期
标记	处数	更改文件号	签字	日期	标记	处数	更改文件号	签字	日期

2.机械加工工序卡

机械加工工序卡简称工序卡,是为每道工序所编制的一种工艺文件,其格式见表2-2。在卡片上绘有工序简图,图上注明定位基准符号、夹紧部位、各加工表面的工序尺寸、表面粗糙度和其他技术要求等,并详细写明各工步的顺序和内容,使用的设备及工艺装备,规定的切削用量和工时定额等。它是用以指导操作工人进行生产的工艺文件。

机械加工工序卡 表2-2

机械加工工序卡	产品型号		零件型号		
	产品名称	轻型载货汽车	零件名称	后桥主动锥齿轮	共42页 第6页

车间	工序号	工序名称	材料牌号
	1	铣端面钻中心孔	20CrMnTi
毛坯种类	毛坯外形尺寸	每件毛坯可制作件数	每台件数
模锻		1	1
设备名称	设备型号	设备编号	同时加工件数
铣端面钻中心孔机床	Z80108		1
夹具编号	夹具名称	切削液	
		乳化液	
工位器具编号	工位器具名称	工序工时	
		准终	单件
			6.5

工步号	工步内容	工艺装备	主轴转速 (r/min)	切削速度 (mm/r)	进给量 (mm/r)	背吃刀量 (mm)	工作行程次数	工步工时	
								机动	辅助
1	铣两端面,保证尺寸237.5~237.21及49.5 表面粗糙度Ra12.5	卡规、卡尺	300	117	0.4				
2	在两端面钻带有护锥的B4中心孔,保护锥直φ12.5,表面粗糙度Ra6.3	中心孔量规	895	33	0.1				
							设计日期	审核日期	标准化日期	会签日期
标记	处数	更改文件号	签字	日期	标记	处数	更改文件号	签字	日期

3. 检验工序卡

检验工序卡是对成批大量生产中检验工序作详细说明,指导检验人员对零件进行检验的工艺文件。卡片应列有检验内容、使用的设备及量检具等。

4. 机床调整卡

机床调整卡主要用于自动机床、半自动机床和齿轮加工机床等需要复杂调整的工序。它明确表示出机床、刀具和工件间的相互位置关系,多刀、多工位加工时刀具的排列和布置,工作行程长度及切削参数(刀具参数和切削用量),为调整工调整机床提供依据。卡片的格式应适用于该机床的调整特点,因此各类机床的调整卡片格式是不同的。

二、机械加工工艺规程的作用

(1)机械加工工艺规程是组织车间生产的主要技术文件。
(2)机械加工工艺规程是生产准备和计划调度的主要依据。
(3)机械加工工艺规程是新建或扩建工厂、车间的基本技术文件。

三、制定工艺规程的原始资料

(1)零件图、产品装配图和产品验收的质量标准。
(2)零件的生产纲领、投产批量及生产类型。
(3)毛坯和半成品的资料,包括毛坯制造方法、生产能力及供货状态。
(4)现场的生产条件,包括工艺装备及专用设备的制造能力、规格性能、工人技术水平及各种工艺资料和相应标准。
(5)国内外同类产品的有关工艺资料等。

四、制定工艺规程的步骤

制定工艺规程的主要步骤如下:
(1)计算零件生产纲领,确定生产类型。
(2)分析图样,主要进行零件的结构工艺性分析和技术要求分析。
(3)选择毛坯种类,确定毛坯制造方法。
(4)制定工艺路线,包括选择定位基准、选择表面加工方法、划分加工阶段、安排加工顺序等。
(5)确定各工序所用机床及工艺装备。
(6)确定各工序的加工余量及工序尺寸。
(7)确定各工序的切削用量和工时定额。
(8)填写工艺文件,即认真填写工艺过程卡、工序卡、检验卡等。

第二节 零件的工艺性分析和毛坯选择

一、零件的工艺性分析

产品及零部件的工艺性是一个广义的概念,工艺性是指所设计的产品、零部件在满足使用要求的前提下,制造、维修的可行性和经济性。在制定零件的机械加工工艺规程之前,首先应对零件的机械加工工艺性进行分析,零件的机械加工工艺性包括两方面内容:一是分析零件结构的工艺性;二是分析零件尺寸及公差标注的工艺性。

1. 审查零件结构的工艺性

零件的结构对其机械加工工艺过程的影响很大,使用性能完全相同而结构不同的两个零件,它们的加工难易和制造成本可能有很大差别。所谓良好的工艺性,首先是这种结构便于机械加工,即在同样的生产条件下能够采用简便和经济的方法加工出来;此外,零件结构还应适应生产类型和具体生产条件的要求。

2. 审查零件尺寸标注的工艺性

在设计零件时,要尽量使结构要素的尺寸标准化,这样可以简化工艺装备,减少工艺准备工作。零件上的一些结构要素,如空刀槽、键槽等,如果它们的尺寸相差不大,都应尽可能取统一的数值,可以减少刀具和量具的种类,降低零件的制造成本。

图2-1所示为零件多个加工表面与非加工表面间尺寸标注实例,零件毛坯为锻件。在图2-1a)中,有多个轴向加工平面与同一个非加工平面 P 建立了尺寸关系。加工时,如用非加工平面 P 作为粗基准,虽然定位基准与设计(工序)基准重合,但由于定位基准是毛坯表面,所以定位精度很低,各加工尺寸误差较大,得不到较高的尺寸精度,因此,这种标注不合理。图2-1b)所示标注方案是正确的。从图中可以看到,只有一个加工表面 K 与非加工表面 P(粗基准)建立尺寸关系,而其余加工表面之间建立尺寸联系。这样标注尺寸,不仅容易保证加工精度,而且也有利于调整刀具和测量加工尺寸。

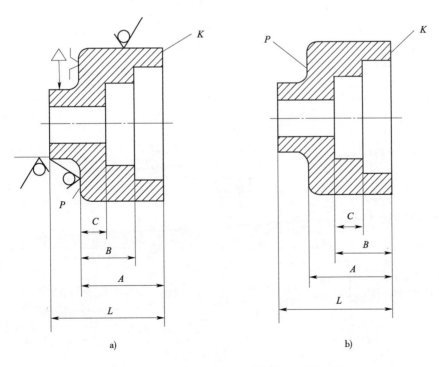

图2-1 多个加工表面与非加工表面间的尺寸标注实例

3. 审查零件的各项技术要求，提出必要的改进意见

分析产品的装配图和零件图，其目的是分析被加工零件的结构特点，明确被加工零件（属于轴类、盘套类、叉杆类、箱体类等哪类零件）的机械加工工艺特点；分析零件的各项技术要求，找出零件的主要技术要求，以便在选择表面加工方法及制定工艺路线时重点考虑；审查零件的机械加工工艺性。如图 2-2 所示的汽车板弹簧和弹簧吊耳内侧面的表面粗糙度要求，可将原设计的 $Ra3.2$ 改为 $Ra25$，这样就可以在铣削加工时增大进给量，以提高生产效率。

表 2-3 列出了零件常见机械加工工艺性问题的实例，左边 A 图示为不合理结构，右边 B 图示为合理的结构。

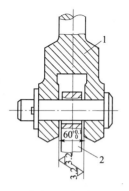

图 2-2 零件加工要求选择不当的示例
1-弹簧吊耳；2-板弹簧

零件常见结构工艺性问题　　　　　　　　　　　　　　表 2-3

序号	A 结构工艺性差	B 结构工艺性好	说　明
1			在结构 A 中，件 2 上的槽 a 不便于加工和测量，宜将槽 a 改在件 1 上，如结构 B，外表面比内表面好加工
2			原设计的两个键槽，需要装夹两次加工，改进后只需要装夹一次即可
3			结构 A 上的小孔离箱壁太近，钻头向下进给时，钻头主轴碰到箱壁，改进后小孔与箱壁留有适当的距离，便于加工
4			结构 A 中的加工面设计在箱体内，加工时调整刀具不便，结构 B 中的加工面设计在箱体的外部，便于加工和测量

续上表

序号	A 结构工艺性差	B 结构工艺性好	说 明
5			结构B的两个凸台表面可在一次走刀中加工完毕,以减少机床的调整次数
6			箱体底面要安装在机座上,只需加工部分底面即可,改进后的结构B,既可减少加工面积,又提高了底面的接触刚度
7			结构A中小齿轮无退刀槽,无法加工,结构B中小齿轮可以插齿加工
8			钻孔的入口端和出口端应避免斜面,钻头容易引偏和折断
9			加工深孔易折断钻头,结构B避免了深孔加工,同时也节约了材料
10			锥面需磨削加工,结构A磨削时容易碰伤圆柱面,不能清根,结构B可方便地进行磨削加工,不同加工要求的表面应明显分开
11			轴上的退刀槽(或砂轮越程槽)宽度,应尽可能一致,以减少刀具种类
12			结构B采用了标准化螺纹,便于加工和测量

二、毛坯的选择

零件是由毛坯按照其技术要求经过各种加工而最后形成的。毛坯选择的正确与否,不仅影响产品的质量和生产效率,而且对制造成本也有很大影响。因此,能否正确地选择毛坯对生产加工有着重大的技术经济意义。

1. 毛坯类型

选择毛坯的主要任务是选定毛坯的种类和制造方法。毛坯的种类很多,同一种毛坯又有多种不同的制造方法,机械加工中常用的毛坯有铸件、锻件、型材件、焊接件等。

1) 铸件

铸件可以采用铸钢、铁、铜、铝及其合金材料。大型零件、结构形状复杂的零件及有空腔的零件毛坯多采用铸造方法制造。目前生产中的铸件大多数是用砂型铸造的,少数尺寸较小的优质铸件可采用特种铸造,如金属型铸造、离心铸造、熔模铸造和压力铸造等。

铸造分为木模手工造型和金属模机器造型两种。其中木模手工造型加工余量大,铸件精度低,生产率低,适用于单件小批生产以及大型铸件的生产。而金属模铸造精度和生产率都比较高,适用于大批量生产。

2) 锻件

锻件有自由锻和模锻两种。自由锻件的加工余量大,锻件精度低,生产率不高,要求工人的技术水平较高,适用于单件小批生产。模锻件的加工余量小,锻件精度高,生产率高,但制造成本也高,适用于大批大量生产且小型的锻件。

锻造一般适用于实心、结构简单,而且力学性能要求较好的各类钢材及其合金的毛坯。

3) 型材件

型材件是指从各种不同截面形状的热轧和冷拉型材上切下的毛坯件,如角钢、工字钢、槽钢、圆棒料、钢管等。热轧型材的精度较低,适用于一般零件的毛坯。冷拉型材的精度较高,多用于毛坯精度要求较高的中小型零件和自动机床上加工零件的毛坯。零件材料为钢材,而且力学性能要求不高时,常用型材。型材件的表面一般不再加工,但需注意其尺寸规格。

4) 焊接件

焊接件是用焊接的方法将同种材料或不同种材料焊接在一起,从而获得的毛坯。如采用焊条电弧焊、氩弧焊、气焊等,焊接方法特别适宜于实现大型毛坯、结构复杂的毛坯制造。

焊接的优点是生产周期短、效率高、成本低,但缺点是焊接变形比较大,质量不稳定,仅适用于单件小批量生产。

2. 选择毛坯应考虑的因素

影响毛坯选择的因素很多,必须全面考虑后确定。例如,选择毛坯的种类和制造方法时,总是希望毛坯的形状和尺寸尽量与成品零件接近,从而减少加工余量,提高材料利用率,减少机械加工劳动量和降低机械加工费用。但这样往往使毛坯制造困难,需要采用昂贵的毛坯制造设备,增加毛坯的制造成本,可能导致零件生产总成本的增加。反之,若适当降低毛坯的精度要求,虽然增加了机械加工的成本,但可能使零件生产的总成本降低。

1)生产类型

选择毛坯应该考虑生产规模的大小,它在很大程度上决定采用某种毛坯制造方法的经济性。如生产规模较大,可采用高精度和高生产率的毛坯制造方法,这样虽然一次投资较高,但均分到每个毛坯上的成本就较少。而且,由于精度较高的毛坯形状接近零件,既节约原材料又可明显减少机械加工劳动量,从而降低产品总的生产成本。

2)零件的结构形状与外形尺寸

选择毛坯应考虑零件结构形状和尺寸大小。例如,形状复杂和薄壁的毛坯,一般不能采用金属型铸造;尺寸较大的毛坯,往往不能采用模锻、压铸和精铸;再如某些外形较特殊的小零件,出于机械加工很困难的考虑,则往往采用较精密的毛坯制造方法,如压铸、熔模铸造等,以最大限度地减少机械加工量。

3)零件材料的性能及工艺性

选择毛坯应考虑零件的力学性能的要求。相同的材料采用不同的毛坯制造方法,其力学性能往往不同。例如,金属型浇铸的毛坯,其强度高于用砂型浇铸的毛坯,离心浇铸和压力浇铸的毛坯,其强度又高于金属型浇铸的毛坯。强度要求高的零件多采用锻件,有时也可采用球墨铸铁件。

零件材料的工艺性是指材料的铸造、锻造、切削和热处理性能等以及零件对材料组织和力学性能的要求,例如材料为铸铁或青铜的零件,应选择铸件毛坯。对于一些重要的传动零件,为保证良好的力学性能,一般均选择锻件毛坯,而不选用棒料或铸件。

4)生产条件

选择毛坯时,应考虑现有生产条件,如现有毛坯的制造水平和设备情况、外协的可能性等。在可能时,应尽量组织外协,实现毛坯制造的专业化生产,以获得良好的经济效益。

5)充分考虑利用新技术、新工艺和新材料

随着毛坯制造专业化生产的发展,目前毛坯制造方面的新工艺、新技术和新材料的应用越来越多,精铸、精锻、冷轧、冷挤压、粉末冶金和工程塑料的应用日益广泛,这些方法可以大大减少机械加工量,节约材料,并有十分显著的经济效益。

3. 毛坯选择的实例

为了提高机械加工生产率,对于一些类似图 2-3a)所示须经锻造的小零件,常将若干零件先锻造成一件毛坯,如图 2-3b)所示,经机械加工之后,再切割分离成单个零件。

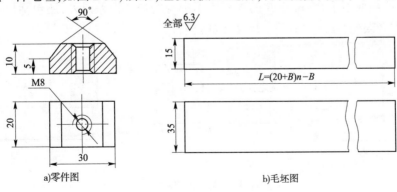

图 2-3 滑键零件图及毛坯图

第三节 工艺过程的设计

在对零件的工艺性进行分析和选定毛坯之后,即可制定其机械加工工艺规程。一般可分两步进行,第一步是设计零件从毛坯到成品零件所经过的整个工艺过程,这一步是零件加工的总体方案设计;第二步是拟订各个工序的具体内容,也就是工序设计。这两步内容是紧密联系的,在设计工艺过程时应考虑有关工序设计的问题,在进行工序设计时,又有可能修改已设计的工艺过程。

设计工艺过程时所涉及的主要问题有选择定位基准、选择零件表面加工方法、划分加工阶段、安排加工顺序和组合工序等,现分述如下。

一、定位基准的选择

正确地选择定位基准是设计工艺过程的一项重要内容。在最初的工序中只能选择未经加工的毛坯表面(即铸造、锻造或轧制表面等)作为定位基准,这种定位基准称为粗基准。用加工过的表面作定位基准称为精基准。另外,为了满足工艺要求在工件上专门设计的定位基准,称为辅助基准。根据加工基准先行原则,在选择定位基准时应先考虑精基准的选择,后考虑粗基准的选择,因为加工精基准时需要用粗基准。

1. 精基准的选择

精基准的选择主要应从保证零件的加工精度要求出发,减小定位误差,同时考虑装夹可靠和方便,以及夹具结构简单。选择精基准一般应遵循如下原则。

1) 基准重合原则

用设计基准作为定位精基准,以便消除基准不重合误差,即所谓"基准重合"原则。如图2-4a)所示,尺寸 A 和 B 的设计基准是表面1,若表面1和3都是已加工表面,现在要加工表面2保证尺寸 B。如图2-4b)所示,若以表面1为定位基准加工表面2,则定位基准与设计基准重合,避免了基准不重合误差,此时尺寸 B 的误差只与本身的加工误差有关,该误差只需控制在尺寸 B 的公差以内,即可保证加工精度,但这样的定位和夹紧方法既不方便也不可靠。实际上,不得不采用如图2-4c)所示的定位和夹紧方法,这样装夹方便可靠,但定位基准和设计基准不重合,尺寸 B 的误差除了本身的加工误差以外,还包括尺寸 A 的误差(即基准不重合误差,其最大值等于尺寸 A 的公差)。

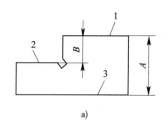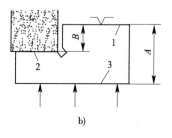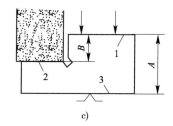

图2-4 基准重合原则的示例
1、2、3—表面

2) 基准统一原则

当工件以某一组精基准定位可以较方便地加工其他各表面时,应尽可能在多数工序中采用此组精基准定位,即所谓"基准统一"原则。基准统一有利于保证各表面间的位置精度,有利于减少专用机床夹具的种类。选作统一基准的表面,一般都应是面积较大、精度较高的平面、孔以及其他距离较远的几个面的组合。

例如:

(1)箱体零件用一个较大的平面和两个距离较远的孔作精基准(没有孔时用大平面及两个与大平面垂立的侧面作精基准,或者专门加工出两个工艺销孔)。

(2)轴类零件用两个顶尖孔作精基准。

(3)圆套盘类零件(如齿轮)用其端面和内孔作精基准。

使用统一基准并不排斥个别工序采用其他基准,特别当统一基准与设计基准不重合时,可能因基准不重合误差过大而超差,这时应直接用设计基准作为定位基准。如图2-5 所示柴油机活塞零件,在其制造过程的多数工序中以底面 M 和止口 N 作统一的精基准,但在精镗活塞销孔 P 的工序中,要求孔中心至顶面的尺寸 A 保证 $0.1\sim 0.3\,\text{mm}$ 的公差,而孔中心至底面无公差要求。如仍以底面 M 和止口 N 为定位基准,则要先把底面至顶面的长度尺寸控制在一定公差之内才行。这将使加工困难,故该工序以顶面 Q 为精基准,使之符合基准重合原则,就很容易保证加工要求。

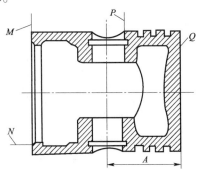

图 2-5 活塞加工的定位基准

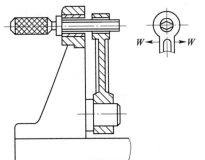

图 2-6 以加工表面本身为精基准的示例

3) 自为基准和互为基准原则

当精加工或光整加工工序要求加工余量尽量小而均匀时,应选择加工表面本身作为精基准,而该加工表面与其他表面之间的位置精度则要求由先行工序保证,即遵循"自为基准"的原则。如图 2-6 所示为镗削连杆小头孔时,以连杆小头孔本身作为精基准的夹具。工件除以大孔中心和端面为定位基准外,还以被加工的小头孔中心为定位基准,用削边定位插销定位;定位以后在小头两侧用浮动平衡夹紧装置在原处夹紧,然后拔出定位插销;插入镗杆对小头孔进行加工。

为了获得均匀的加工余量或较高的位置精度,在选择精基准时,可遵循"互为基准"的原则。例如加工精密齿轮,当高频淬火把齿面淬硬后,需进行磨齿加工,因其淬硬层较薄,所以磨削余量应小而均匀,这样就得先以齿面为基准磨内孔如图 2-7 所示,再以内孔为基准磨齿面,以保证齿面余量均匀。

4) 便于安装原则

精基准的选择应使定位准确,夹紧可靠,夹具简单,即遵循"便于安装"原则。为此,精基准的面积与被加工表面相比应有

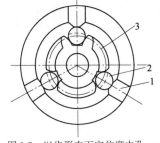

图 2-7 以齿形表面定位磨内孔
1-三爪卡盘;2-滚柱;3-工件

较大的长度和宽度,以提高其定位夹紧精度,如图 2-4 所示。

在实际工作中,精基准的选择不一定能完全符合上述原则,应根据具体情况进行分析,选出能解决主要矛盾的、相对最有利的定位精基准。

2. 粗基准的选择

粗基准选择时,应考虑加工表面和不加工表面之间的位置尺寸,合理分配各加工表面的加工余量等。这两方面的要求常常是相互矛盾的,因此在选择粗基准时,必须首先明确哪一方面的要求是主要的。粗基准的选择一般可以遵循以下原则。

1) 选择最终不加工的表面作粗基准

如果必须保证工件上加工表面与最终不加工表面之间的位置要求,则应以不加工表面作为粗基准。如果在工件上有很多不加工的表面,则应以其中与加工表面的位置精度要求较高的表面作粗基准。例如图 2-8 所示的毛坯,铸造时孔 B 和外圆 A 有偏心,若采用不加工表面 A 为粗基准加工孔 B,加工后两表面的同轴度精度较高,即壁厚均匀,但孔 B 的加工余量不均匀。当 A、C 表面均为不加工表面,如果 C 面对孔 B 的同轴度要求高,则应选择 C 面为粗基准加工 B 面。

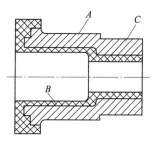

图 2-8 不需加工表面较多时粗基准的选择

2) 选择重要表面作粗基准

如果必须保证工件某重要表面的余量均匀,应选择该精度要求高的重要表面作粗基准。这样选择粗基准,可保证以后加工该重要表面时,有足够而且均匀的加工余量。如图 2-9a) 所示,变速器壳体采用轴承座孔作为粗基准,在专用机床夹具上用两个同轴线的圆锥销插入工件两端的轴承座孔内,一个活动的菱形圆锥销插入另一轴承座孔内,作为粗基准进行定位,加工与上盖接合的平面;然后再用该平面和两端轴承座孔及支承钉 4 定位,如图 2-9b) 所示,加工出接合面上的两个工艺孔。在后续镗削轴承座孔时,以加工过的接合面和设在该平面上的两个工艺孔定位,就可以保证轴承座孔具有足够而且均匀的余量。余量均匀,可使切削力和工艺系统受力变形的变化均较小,有利于提高轴承座孔的加工精度及避免产生切削振动。

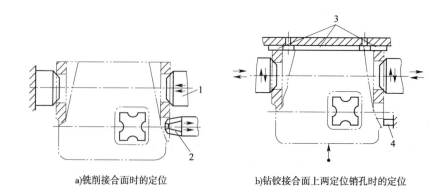

a) 铣削接合面时的定位   b) 钻铰接合面上两定位销孔时的定位

图 2-9 变速器壳体的轴承座孔作为粗基准
1-圆锥销;2-菱形圆锥销;3-支承板;4-支承钉

3）便于安装原则

选作粗基准的毛坯表面应尽量光滑平整，以使零件夹紧可靠，不应有浇口、冒口及飞边等缺陷，以免增大定位误差。

4）粗基准避免重复使用原则

粗基准一般只能使用一次，即不应重复使用，以免产生较大的位置误差。

如图 2-10 所示，以表面 B 为粗基准加工表面 A 之后，若仍以表面 B 为粗基准加工表面 C，由于作为粗基准的毛坯表面一般精度较低，两次装夹会出现较大的位置误差，故不能保证工件轴线在前后两次装夹中位置的一致性，则必然导致加工后的表面 A 与 C 之间产生较大的同轴度误差。

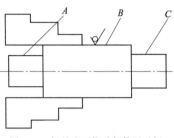

图 2-10　粗基准不能重复使用示例

二、零件表面加工方法的选择

零件表面加工方法的选择，首先取决于加工表面应有的技术要求。但应注意，这些技术要求不一定就是零件图所规定的要求，有时还可能由于工艺上的原因而使某些表面高于零件图上的要求。例如由于基准不重合而提高对某些表面的加工要求，或由于被作为精基准而可能对其提出更高的加工要求等。为此，选择加工方法时应考虑以下各因素。

1. 根据加工表面的加工精度和表面粗糙度要求确定最终加工方法

任何一种加工方法能获得的加工精度和表面粗糙度都有一个相当大的范围，但只有在某一个较窄的范围才是经济的，这个范围的加工精度就是经济加工精度。经济加工精度和表面粗糙度是指某种加工方法在正常生产条件下（采用符合质量标准的设备、工艺装备和使用标准技术等级的工人，不延长加工时间），所能保证的公差等级和表面粗糙度。

为此，在选择加工方法时，应根据每个加工表面的技术要求，先选择最终加工方法，即选择相应的能获得经济加工精度的加工方法。例如，公差为 IT7 级和表面粗糙度为 $Ra0.4$ 的外圆表面，通过精心车削是可以达到精度要求的，但这不如采用磨削经济，所以采用磨削加工该外圆。

选择完加工表面的最终加工方法之后，再根据经验选择最终加工方法之前的一系列加工方案。

必须指出，经济加工精度和表面粗糙度随着加工技术的发展和工艺的改进是逐步提高的，其代表的经济精度的数值会减小。

加工方法选择的原则是保证加工质量、提高生产率和经济性。任何零件都是由各种简单表面经不同组合而成的，在现有加工技术中，对保证各简单表面（如外圆、内孔、平面等）的经济加工精度和表面质量，均积累了相当丰富的经验和方法。具体选择零件表面加工方法时，只需依据零件表面的各项技术要求，用类比的方法进行确定即可。

2. 要考虑工件材料的性质

零件材料对加工方法选择也有影响。例如,对淬火钢应采用磨削加工,但对有色金属采用磨削加工就会发生困难,一般采用金刚镗削或高速精细车削加工。

3. 要考虑工件的结构形状和尺寸大小

工件的结构形状和尺寸大小影响加工方法的选择。例如,回转体工件可以用车削或磨削的方法加工孔;而箱体上的孔就不宜采用车削或磨削,而通常采用镗削或铰削加工,孔径小的宜用铰孔,孔径大或长度较短的孔宜用镗孔。

4. 要考虑生产率和经济性要求

大批大量生产时,应采用高效率的先进工艺,如平面和孔的加工可采用拉削代替普通的铣、刨和镗孔加工方法。甚至可以从根本上改变毛坯的制造方法,如采用粉末冶金来制造齿轮,用精密铸造制造柴油机上的小零件等,均可大大减少机械加工的劳动量。

5. 要考虑工厂或车间的现有设备情况和技术条件

选择加工方法时应充分利用现有设备,挖掘企业潜力,发挥工人的积极性和创造性。但也应考虑不断改进现有的加工方法和设备,采用新技术和提高工艺水平,此外还应考虑设备负荷的平衡。

现将常用的外圆、内孔和平面等典型表面的加工方法及所能达到的经济加工精度和表面粗糙度列出,供学习使用参考,见表2-4～表2-6。

外圆表面加工方法　　　　　　　　　　　　　　表2-4

序号	加工方法	经济精度（公差等级）	经济表面粗糙度值 $Ra(\mu m)$	适用范围
1	粗车	IT11～IT13	50～12.5	适用于淬火钢以外的各种金属
2	粗车—半精车	IT8～IT10	6.3～3.2	
3	粗车—半精车—精车	IT7～IT8	1.6～0.8	
4	粗车—半精车—精车—滚压(或抛光)	IT7～IT8	0.2～0.025	
5	粗车—半精车—磨削	IT7～IT8	0.8～0.4	主要用于淬火钢,也可用于未淬火钢,但不宜加工有色金属
6	粗车—半精车—粗磨—精磨	IT6～IT7	0.4～0.1	
7	粗车—半精车—粗磨—精磨—超精加工	IT5	0.1～0.012（或$Rz0.1$）	
8	粗车—半精车—精车—精细车(金刚车)	IT6～IT7	0.4～0.025（或$Rz0.1$）	主要用于要求较高的有色金属加工

续上表

序号	加 工 方 法	经济精度（公差等级）	经济表面粗糙度值 $Ra(\mu m)$	适 用 范 围
9	粗车—半精车—粗磨—精磨—超精磨(或镜面磨)	IT5 以上	0.025~0.006（或 Rz0.05）	主要用于极高精度的外圆面加工
10	粗车—半精车—粗磨—精磨—研磨	IT5 以上	0.1~0.006（或 Rz0.05）	

内 孔 加 工 方 法　　　　　　　　　　　　　表 2-5

序号	加 工 方 法	经济精度（公差等级）	经济表面粗糙度值 $Ra(\mu m)$	适 用 范 围
1	钻	IT11~IT13	12.5	加工未淬火钢及铸铁的实心毛坯，也可用于加工有色金属，孔径小于20mm
2	钻—铰	IT8~IT10	6.3~1.6	
3	钻—粗铰—精铰	IT7~IT8	1.6~0.8	
4	钻—扩	IT10~IT11	12.5~6.3	
5	钻—扩—铰	IT8~IT9	3.2~1.6	
6	钻—扩—粗铰—精铰	IT7	1.6~0.8	
7	钻—扩—机铰—手铰	IT6~IT7	0.4~0.2	
8	钻—扩—拉	IT7~IT9	1.6~0.1	大批大量生产(精度视拉刀的精度而定)
9	粗镗(或扩孔)	IT11~IT13	12.5~6.3	除淬火钢以外的各种材料，毛坯有铸出孔或锻出孔
10	粗镗(粗扩)—半精镗(精扩)	IT9~IT10	3.2~1.6	
11	粗镗(粗扩)—半精镗(精扩)—精镗(铰)	IT7~IT8	1.6~0.8	
12	粗镗(粗扩)—半精镗(精扩)—精镗—浮动镗刀精镗	IT6~IT7	0.8~0.4	
13	粗镗(扩)—半精镗—磨孔	IT7~IT8	0.8~0.2	主要用于淬火钢，也可用于未淬火钢，但不宜于有色金属加工
14	镗(扩)—半精镗—精镗—精磨	IT6~IT7	0.2~0.1	
15	粗镗(扩)—半精镗—精镗—精细镗(金刚镗)	IT6~IT7	0.4~0.05	主要用于精度要求高的有色金属加工
16	钻—(扩)—粗铰—精铰—珩磨；钻—(扩)—拉—珩磨；粗镗—半精镗—精镗—珩磨	IT6~IT7	0.2~0.025	主要用于精度要求很高的孔加工
17	以研磨代替序号16中的珩磨	IT5~IT6	0.1~0.006	

平 面 加 工 方 法　　　　　　　　　　　表 2-6

序号	加 工 方 法	经济精度（公差等级）	经济表面粗糙度值 $Ra(\mu m)$	适 用 范 围
1	粗车	IT11～IT13	50～12.5	端面
2	粗车—半精车	IT8～IT10	6.3～3.2	
3	粗车—半精车—精车	IT7～IT8	1.6～0.8	
4	粗车—半精车—磨削	IT6～IT8	0.8～0.2	
5	粗刨（或粗铣）	IT11～IT13	25～6.3	一般不淬硬平面
6	粗刨（或粗铣）—精刨（或精铣）	IT8～IT10	6.3～1.6	
7	粗刨（或粗铣）—精刨（或精铣）—刮研	IT6～IT7	0.8～0.1	精度要求较高的不淬硬平面，批量较大时宜采用宽刃精刨方案
8	以宽刃精刨代替序号 7 中的刮研	IT7	0.8～0.2	
9	粗刨（或粗铣）—精刨（或精铣）—磨削	IT7	0.8～0.2	精度要求高的淬硬平面或不淬硬平面
10	粗刨（或粗铣）—精刨（或精铣）—粗磨—精磨	IT6～IT7	0.4～0.025	
11	粗铣—拉	IT7～IT9	0.8～0.2	大量生产，较小的平面（精度视拉刀精度而定）
12	粗铣—精铣—磨削—研磨	IT5 以上	0.1～0.006（或 $Rz0.05$）	高精度平面

三、加工阶段的划分

当零件的加工质量要求较高时，往往不是依次加工完某一个表面，而是将各表面的粗、精加工分开进行，即先进行所有表面的粗加工，再进行所有表面的精加工。为此，一般都将零件整个加工工艺过程划分为几个加工阶段，即粗加工阶段、半精加工阶段、精加工阶段及光整加工阶段，这就是所应遵循的工艺过程划分阶段的原则。

1. 粗加工阶段

这阶段的作用是切去大部分加工余量，为半精加工提供定位基准，因此主要任务是提高生产率和降低成本的问题。

2. 半精加工阶段

这阶段的作用是为零件主要表面的精加工做好准备（达到一定的精度和表面粗糙度，保证一定的精加工余量），并完成一些次要表面的加工（如钻孔、攻螺纹、铣键槽等），一般在热处理前进行。

3. 精加工阶段

对于零件上精度和表面粗糙度要求高（精度在 IT7 级或以上，表面粗糙度在 $Ra0.8\mu m$ 以下）的表面，还要安排精加工阶段，这阶段的主要任务是提高加工表面的各项精度和降低表面粗糙度值。

4. 光整加工阶段

对零件上精度和表面粗糙度要求特别高的表面,还应在精加工后进行光整加工。

有时由于毛坯余量特别大,表面十分粗糙,在粗加工前还需要有去黑皮的加工阶段,称为荒加工阶段,为了及时发现毛坯缺陷和减少运输工作量,通常把荒加工放在毛坯车间进行。

划分加工阶段的原因如下:

(1)保证加工质量。粗加工时切去的余量较大,因此产生的切削力和切削热都较大,功率的消耗也较多,所需要的夹紧力也大,从而在加工过程中工艺系统的受力变形、受热变形和工件的残余应力变形也都大,不可能达到高的加工精度和表面质量。需要有后续的加工阶段中逐步减少切削用量,逐步减小和修正工件的误差。此外,各加工阶段之间的时间间隔相当于自然时效,有利于使工件消除残余应力和充分变形,以便在后续加工阶段中得到逐步修正。

(2)合理使用机床设备。粗加工阶段中可以采用功率大而精度一般的高效率设备,而精加工阶段中则应采用相应的精密机床。这样,既发挥了机床设备的各自性能特点,又可延长高精度机床的使用寿命。

(3)便于安排热处理工序。零件的工艺过程中插入了必要的热处理工序,这样也就使工艺过程以热处理为界,自然地划分为几个各具不同特点和目的加工阶段。例如,在精密轴类零件的加工中,在粗加工后进行消除残余应力的时效处理,半精加工后进行淬火,精加工后进行冰冷处理和低温回火,最后再进行光整加工。

此外,划分加工阶段还有两个好处:一是粗加工后可以及早发现毛坯的缺陷,及时修补或报废;二是零件表面的精加工安排在最后,可以防止或减少表面损伤。

零件加工阶段的划分也不是绝对的,当加工质量要求不高、工件刚度足够、毛坯质量好和加工余量小,可以不划分加工阶段,例如在自动机床上加工的零件。有些重型零件,由于安装运输费时又困难,也常在一次装夹中完成全部的粗加工和精加工。有时为了减少夹紧力的影响,并使工件消除残余应力及其产生的变形,在粗加工后可松开工件,再以较小的力重新夹紧,然后直接进行精加工。但是,对于精度要求高的重型零件,仍要划分加工阶段,并插入时效等消除残余应力的处理。

应当指出,工艺过程划分加工阶段是指零件的整个加工过程而言,不能以某一表面的加工和某一工序的加工来判断。例如,有些定位基准面,在半精加工阶段甚至在粗加工阶段就需要加工得很准确,而某些钻小孔的粗加工工序,又常常安排在精加工阶段。

四、加工顺序的安排

零件的定位基准、表面的加工方法等确定之后,就要安排加工的先后顺序,同时还要安排热处理、检验等其他工序在工艺过程中的位置。零件加工顺序安排得是否合适,对加工质量、生产率和经济性有较大的影响。现将有关加工顺序安排的原则和应注意的问题分述如下。

1. 机械加工顺序的安排

一个零件上往往有几个表面需要加工,这些表面不仅本身有一定的精度要求,而且各表面间还有一定的位置要求。为了达到这些精度要求，各表面的加工顺序就不能随意安排，而必须遵循一定的原则，这就是定位基准的选择和转换决定着加工顺序，以及前工序为后续工序准备好定位基准等。

（1）作为精基准的表面应在工艺过程一开始就进行加工，因为后续工序中加工其他表面时要用它来定位，即"先基准后其他"原则。

在加工精基准面时，需要用粗基准面定位。在单件、小批生产，甚至大批生产中，对于形状复杂或尺寸较大的铸件和锻件，以及尺寸误差较大的毛坯，在机械加工工序之前首先应安排划线工序，以便为精基准加工提供找正基准。

在重要表面加工前，对精基准应进行一次修正，以利于保证重要表面的加工精度。当位置精度要求较高，而加工是由一个统一的基准面定位、分别在不同工序中加工几个有关表面时，这个统一基准面本身的精度必须采取措施予以保证。

例如在轴加工中，同轴度要求较高的几个台阶圆柱面的加工，从粗车、精车一直到精磨，全是用顶尖孔作基准来定位的。为了减小几次转换装夹带来的定位误差，应使顶尖孔有足够高的精度，为此常把顶尖孔提高到IT6级精度和 $Ra0.1\sim0.2\mu m$ 的表面粗糙度，并在热处理之后，精加工之前安排修研顶尖孔工序。

再如箱体零件的轴承孔中心线，不仅有平行度要求，与轴承孔端面还有垂直度要求。为了保证这些位置精度，在加工时就需对其统一的基准面（箱体装配基面或顶面），专门增加精刨、磨削、刮研等工序。

（2）精基准加工好以后，接着应对精度要求较高的各主要表面进行粗加工、半精加工和精加工；精度要求特别高的表面还需要进行光整加工。主要表面的精加工和光整加工一般放在最后阶段进行，以免受其他工序的影响，次要表面的加工可穿插在主要表面加工工序之间进行，即"先主后次，先粗后精"原则。

对于和主要表面有位置要求的次要表面，例如箱体轴承孔端面上的轴承盖螺钉孔，对轴承孔有位置要求，就应安排在轴承孔加工后即加工，因为加工这些次要表面时，切削力、夹紧力小，一般不影响主要表面的精度。

对于容易出现废品的工序，精加工和光整加工可适当放在前面，某些次要小表面的加工可放在其后。因为加工这些小表面时切削力和夹紧力都小，不会影响其他已加工表面的精度。次要表面后加工，还可以减少由于加工主要表面产生废品而造成的工时损失。

（3）先面后孔原则。对于孔和平面均需要加工的工件，通常应先加工与孔有位置精度要求的平面，再以平面为基准加工孔，这样可以保证定位准确，装夹可靠，调整方便，有利于保证孔的位置精度。此外，在毛坯表面上钻孔、扩孔或镗孔时刀具不易定心，刀具易磨损、打刀，若先加工平面再加工孔，即可避免上述情况的发生。

2. 热处理工序的安排

热处理工序在工艺过程中的安排是否恰当，是影响零件加工质量和材料使用性能的重要因素。热处理的方法、次数及在工艺过程中的位置，应根据零件材料和热处理的目的而定。

1）退火与正火

为了得到较好的表面质量，减少刀具磨损，需要对毛坯预先进行热处理，以消除组织的不均匀,降低硬度,细化晶粒,提高切削加工性。对高碳钢零件用退火降低其硬度;对低碳钢零件却要用正火的办法提高其硬度;对锻造毛坯,因表面软硬不均不利于切削,通常也进行正火处理。退火、正火热处理,一般应安排在机械加工之前进行。

2)时效处理

为了消除残余应力应进行时效处理,时效处理包括人工时效和自然时效。残余应力无论在毛坯制造还是在切削加工时都会残留下来,不设法消除就会引起工件变形,降低产品质量,甚至造成废品。

对于尺寸大、结构复杂的铸件,需在粗加工之前进行一次时效处理,以消除铸造残余应力;粗加工之后、精加工之前还要安排一次时效处理,一方面可将铸件原有的残余应力消除一部分,另一方面又将粗加工时所产生的残余应力消除,以保证粗加工后所获得的精度稳定。对于一般铸件,只需在粗加工后进行一次时效处理即可,或者在铸造毛坯以后安排一次时效处理。对精度要求高的铸件,在加工过程中需进行两次时效处理,即粗加工后、半精加工前以及半精加工之后、精加工前,均需安排时效处理,例如坐标镗床箱体的工艺路线中即安排两次人工时效:铸造→退火→粗加工→人工时效→半精加工→人工时效→精加工。

对于精度高、刚性差零件,如精密丝杠(IT6级精度)的加工,一般安排三次时效处理,即粗车毛坯后、粗磨螺纹后、半精磨螺纹后。

3)淬火

淬火可以提高材料的力学性能,是强化钢件最常用的热处理方法,淬火后尚需回火以取得所需要的硬度与组织。淬火后高温回火的热处理方法称为调质,可在获得较高强度的同时,还有较好的塑性和韧性。调质适合含碳量在0.30%~0.50%的碳素钢和合金钢。由于工件淬火后常产生较大的变形,因此淬火工序一般安排在精加工阶段的磨削加工之前进行。

4)渗碳与渗氮

渗碳处理广泛应用于表层要求高硬度、高耐磨性及疲劳强度,而心部要求一定强度和高韧性的零件,如汽车曲轴和变速器齿轮等。渗碳材料是低碳钢和低碳合金钢,渗碳后经淬火、低温回火来满足使用性能要求。由于渗碳热处理容易产生变形,一般渗碳工序安排在精加工之前进行。

渗氮也称氮化处理,目的是为了提高零件表面的硬度和抗腐蚀性。渗氮往往是最后一道工序,最多再进行精磨或研磨。氮化前的预备热处理包括正火(退火)、调质等。

5)表面处理

为了提高零件的抗腐蚀能力、耐磨性、抗高温能力和电导率等,一般都采用表面处理的方法。如在零件的表面镀上一层金属镀层(铬、锌、镍、铜以及金、银、钼等),或使零件表面形成一层氧化膜(如钢的发蓝、铝合金的阳极化和镁合金的氧化等)。表面处理工序一般均安排在工艺过程的最后进行。

3. 辅助工序安排

辅助工序种类很多,包括中间检验、洗涤、防锈、特种检验等。

1)检验

检验工序一般安排在粗加工全部结束之后精加工之前,送往外车间加工的前后(特别是热处理前后),花费工时较多工序和重要工序的前后。以便及时控制质量,避免造成加工浪费。

2)特种检验

X射线、超声波探伤等多用于工件材料内部质量的检验,一般安排在工艺过程的开始。荧光检验、磁力探伤主要用于工件表面质量的检验,通常安排在精加工阶段。如果荧光检验用于检查毛坯的裂纹,则安排在加工前进行。

3)清洗、涂防锈油

一般安排在最后工序进行。

五、工序内容组成

安排了加工顺序之后,还要考虑每个工序完成多少加工内容的问题,即工序分散或工序集中的原则。

工序分散就是将零件各个表面的加工分散在很多工序中完成,工序多且工艺过程较长,而每个工序所包含的加工内容却很少,在极端情况下每个工序中只有一个工步。工序集中则相反,零件各个表面的加工集中在少数几个工序内完成,而每个工序的内容和工步都较多。

工序分散的特点是:

(1)使用的机床设备和工艺装备都比较简单,容易调整,生产工人也便于掌握操作技术,容易适应更换产品。

(2)有利于选用最合理的切削用量,减少机动工时。

(3)机床设备数量多,生产面积大,工艺路线长。

工序集中的特点是:

(1)有利于采用高效的专用设备和工艺装备,显著提高生产率。

(2)减少了工序数目,缩短了工艺过程,简化了生产计划和生产组织工作。

(3)减少了设备数量,相应地减少了操作工人人数和生产面积,工艺路线短。

(4)减少了工件装夹次数,不仅缩短了辅助时间,而且由于一次装夹加工较多的表面,就容易保证它们之间的位置精度。

(5)专用机床设备、工艺装备的投资大,调整和维修较费事,生产准备工作量大,转为新产品的生产也比较困难。

工序分散和集中各有特点,必须根据生产规模、零件的结构特点和技术要求、机床设备等具体生产条件综合分析,以便决定采用哪一种原则来组合工序。

汽车零件机械加工的主要发展方向是工序集中。

第四节 工序设计

零件的工艺过程确定以后,就应进行工序的设计。工序设计的内容是为每一道工序选择机床和工艺装备,确定加工余量、工序尺寸和公差,确定切削用量、工时定额及工人技术等级等。

一、机床和工艺装备的选择

1. 机床的选择

选择机床应遵循如下原则:

(1) 机床的加工范围应与零件的外廓尺寸相适应。

(2) 机床的精度应与工序加工要求的精度相适应。

(3) 机床的生产率应与零件的生产类型相适应。

(4) 机床的选用要适当考虑生产的发展,并充分利用现有设备。

2. 工艺装备的选择

工艺装备包括夹具、刀具和量具,其选择原则如下:

(1) 夹具的选择。在单件小批生产中,应尽量选用通用夹具和组合夹具。在大批大量生产中,则应根据工序加工要求设计制造专用夹具。

(2) 刀具的选择。刀具的选择主要取决于工序所采用的加工方法、加工表面的尺寸、工件材料、所要求的精度和表面粗糙度、生产率及经济性等,在选择时一般应尽可能采用标准刀具,必要时可采用高生产率的复合刀具和其他一些专用刀具。

(3) 量具的选择。量具的选择主要是根据生产类型和要求检验的精度。在单件小批生产中,应尽量采用通用量具量仪,而在大批大量生产中则应采用各种量规和高生产率的检验仪器和检验夹具等。

二、加工余量及工序尺寸的确定

零件在机械加工工艺过程中,各个加工表面本身的尺寸及各个加工表面相互之间的尺寸和位置关系,在每一道工序中是不相同的,它们随着工艺过程的进行而不断改变,一直到工艺过程结束达到图样所规定的要求。在工艺过程中,某工序加工后应达到的尺寸称为工序尺寸。工序尺寸的正确确定不仅和零件图上的设计尺寸有关,还与各工序的工序余量有关系。

1. 加工余量的确定

1) 加工余量的概念

加工余量是指在加工过程中,从被加工表面上切除的金属层厚度。加工余量分为工序余量和加工总余量(毛坯余量)两种。相邻两工序的工序尺寸之差称为工序余量,毛坯尺寸与零件设计尺寸之差称为加工总余量(毛坯余量)。

由于加工表面的形状不同,加工余量又可分为单边余量和双边余量两种。如平面加工,加工余量为单边余量,余量即为实际切除的金属层厚度。又如轴和孔的回转面加工,加工余量为双边余量,实际切除的金属层厚度为加工余量的一半。

因各工序尺寸都有公差,故实际切除的金属层厚度大小不等,就产生了工序余量的最大值、最小值及工序余量公差。为了便于加工和计算,工序尺寸一般按"入体原则"标注极限偏差,即对于外表面的工序尺寸取上极限偏差为零,而对于内表面的工序尺寸取下极限偏差为零。毛坯尺寸公差一般取双向对称标注。

平面和回转面加工时的工序余量如图 2-11 所示。

对于外表面单边余量如图 2-11a)所示:
$$Z = a - b$$
对于内表面单边余量如图 2-11b)所示:
$$Z = b - a$$
式中:Z——本工序的工序余量,mm;
a——前工序的工序尺寸,mm;
b——本工序的工序尺寸,mm。

对于轴双边余量如图 2-11c)所示:
$$Z = d_a - d_b$$
对于孔双边余量如图 2-11d)所示:
$$Z = d_b - d_a$$
式中:Z——本工序的工序余量,mm;
d_a——前工序的加工直径,mm;
d_b——本工序的加工直径,mm。

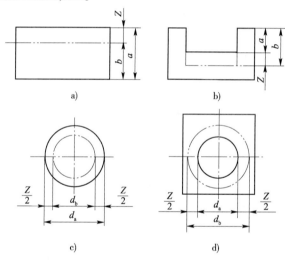

图 2-11 平面和回转面加工时的工序余量

工序余量与工序尺寸及公差的关系如图 2-12 所示。
对于外表面如图 2-12a)所示:
$$Z_{max} = a_{max} - b_{min} = Z + T_b = Z_{min} + T_a + T_b$$
$$Z_{min} = a_{min} - b_{max} = Z - T_a$$
对于内表面如图 2-12b)所示:
$$Z_{max} = b_{max} - a_{min} = Z + T_b = Z_{min} + T_a + T_b$$
$$Z_{min} = b_{min} - a_{max} = Z - T_a$$
式中:Z_{max}——最大工序余量,mm;
Z_{min}——最小工序余量,mm;
T_a——上工序的工序尺寸公差;
T_b——本工序的工序尺寸公差。

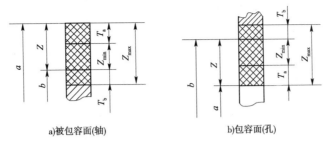

图 2-12 工序余量与工序尺寸及其公差的关系

图 2-13 所示为加工总余量与各工序余量的关系,图中表明加工总余量等于同一表面各工序余量之和,即:

$$Z_0 = Z_1 + Z_2 + \cdots + Z_n = \sum_{i=1}^{n} Z_i$$

式中：Z_0——加工总余量(毛坯余量),mm；

Z_i——某工序基本余量,mm；

n——加工该表面的工序数。

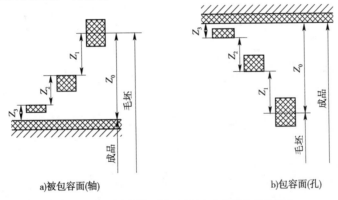

图 2-13 加工总余量(毛坯余量)与各工序余量的关系

2）影响加工余量的因素

（1）上工序表面粗糙度 Ra 和缺陷层 D_a。

如图 2-14 所示,本工序必须将上工序加工时留下的表面粗糙度 Ra 和缺陷层 D_a 全部切除,这样才有可能使加工表面的加工质量有所提高,各种加工方法所能达到的表面粗糙度 Ra 和缺陷层 D_a 值已有统计数值,可参阅各种机械加工工艺手册。

（2）上工序的尺寸公差 T_a。

从 $Z = Z_{\min} + T_a$ 可知,本工序的加工余量包括上工序的尺寸公差 T_a。

（3）上工序的形位公差 ρ_a。

ρ_a 是指不包含在尺寸公差 T_a 内的形位公差。当形位公差和尺寸公差之间关系是包容原则时,可不计 ρ_a 值;若是独立原则或最大实体原则时,尺寸公差不控制形位公差,此时加工余量中要包括上工序的形位公差 ρ_a。如图 2-15 所示小轴,当轴线有直线度误差 0.025mm 时,要在本工序纠正其误差,直径方向的加工余量应增加至 0.05mm 以上。

ρ_a 数值可按上工序技术要求确定,在上工序工序图中未标注该要求时,按未注形位公差确定。此外 ρ_a 具有矢量性质。

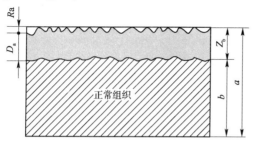
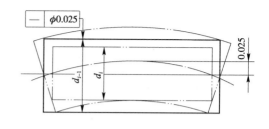

图 2-14 表面粗糙度及缺陷层　　　　图 2-15 轴线直线度误差对加工余量的影响

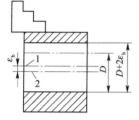

图 2-16 三爪卡盘上安装误差
1-机床旋转中心；2-工件中心

(4) 本工序工件在机床上的安装误差 ε_b。

工件相对切削成形运动不准确将影响加工余量。如图 2-16 所示，用三爪卡盘自动定心装夹工件外圆车内孔时，由于三爪卡盘定心不准确使工件轴线与三爪卡盘中心不重合；三爪卡盘安装在机床上不准确使三爪卡盘中心偏离机床主轴回转轴线，两者都造成工件轴线与回转轴线的偏移，使孔的精车余量不均匀。为确保本工序能将上工序误差和缺陷切除，孔径余量应增加 $2\varepsilon_b$。显然本工序工件在机床上的位置误差 ε_b，是由工件装夹误差和夹具安装误差组成，它也具有矢量性。

综上所述，加工余量的组成可表示如下。

单边余量

$$Z_b = T_a + Ra + D_a + |\vec{\rho_a} + \vec{\varepsilon_b}|$$

双边余量

$$Z_b = T_a + 2(Ra + D_a) + 2|\vec{\rho_a} + \vec{\varepsilon_b}|$$

3) 加工余量的确定方法

加工余量的大小，对零件的加工质量、生产率以及经济性均有较大的影响。余量过大将增加金属材料、动力、刀具和劳动量的消耗，并使切削力增大而引起工件的变形较大。反之，余量过小则不能保证零件的加工质量。确定加工余量的基本原则，是在保证加工质量的前提下尽量减少加工余量。生产上确定加工余量常用以下三种方法。

(1) 分析计算法。

根据上述的基本余量计算公式和一定的统计资料，对影响本工序加工余量的各项因素进行分析，通过计算确定其值。在应用上述公式时，可根据具体情况删减非影响因素。

采用自为基准加工回转类表面时，不计工件在机床上的安装误差 ε_b，故计算公式为

$$Z_b = T_a + 2(Ra + D_a) + 2|\vec{\rho_a}|$$

超精加工、抛光等光整加工，主要减小表面粗糙度值，则公式为

$$Z_b = Ra \quad (单边余量)$$
$$Z_b = 2Ra \quad (双边余量)$$

分析计算法确定工序余量是比较经济合理的，但必须有比较全面可靠的有关资料，适用

于大批大量生产或毛坯材料比较贵重的场合。

(2) 查表法。

这种方法是以在生产实践中积累的数据资料(参照有关机械加工工艺手册)为基础,并结合本厂实际加工情况加以修正而确定的工序余量,这种方法在工厂广泛应用。

(3) 经验估计法。

这是根据实际经验确定工序余量的方法。一般情况下,为防止因余量过小而使产品报废,这种方法确定的工序余量往往偏大,常用于单件小批生产。

2. 工序尺寸及其公差的确定

工序尺寸及其公差的确定与工序余量的大小、工序尺寸的标注方法以及定位基准的选择变换都有密切的关系,一般可分为两种情况。

1) 基准重合时,工序尺寸及公差的计算

这是指工序基准或定位基准与设计基准重合,表面经过多次加工时工序尺寸及其公差的计算。

首先确定各工序的加工余量,其次计算各工序的公称尺寸,其顺序是由最后一道工序开始往前推算,最后确定各工序尺寸的公差。最终工序尺寸及公差可直接按零件图的要求来确定,中间工序尺寸是由零件图尺寸(最终工序尺寸)加上(轴为加)或减去(孔为减)工序余量而得到的。工序尺寸的公差一般由各工序所采用的加工方法的经济加工精度及有关公差表查出,并按"入体"原则标注极限偏差。毛坯尺寸的公差一般采用双向对称标注。

如图 2-17 所示的阶梯轴,轴径 $\phi 60_{-0.03}^{0}$ 的加工工艺路线为:粗车→调质→半精车→磨外圆;如图 2-18 所示的孔径 $\phi 80_{0}^{+0.02}$,其加工工艺路线为:粗镗→半精镗→精镗。试确定各工序公称尺寸及其极限偏差。

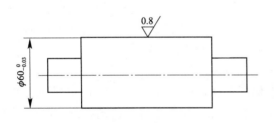

图 2-17 轴加工

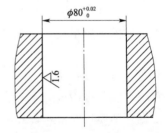

图 2-18 孔加工

解:用查表的方法确定各工序的加工余量和经济加工精度,由后向前推算出各工序尺寸及公差,并按"入体"原则标注极限偏差,计算结果分别见表 2-7 和表 2-8。

轴的工序尺寸及公差　　　　表 2-7

工序名称	工序余量(mm)	经济加工精度(mm)	工序尺寸及偏差(mm)
磨外圆	0.4	$\begin{pmatrix} 0 \\ -0.03 \end{pmatrix}$	$\phi 60 \begin{pmatrix} 0 \\ -0.03 \end{pmatrix}$
半精车	1.9	H11 $\begin{pmatrix} 0 \\ -0.12 \end{pmatrix}$	$\phi 60.4 \begin{pmatrix} 0 \\ -0.12 \end{pmatrix}$
粗车	2.7	H12 $\begin{pmatrix} 0 \\ -0.30 \end{pmatrix}$	$\phi 62.3 \begin{pmatrix} 0 \\ -0.30 \end{pmatrix}$
毛坯		±2	$\phi 65 \pm 2$

孔的工序尺寸及公差　　　　　表2-8

工序名称	工序余量(mm)	经济加工精度(mm)	工序尺寸及偏差(mm)
精镗	0.5	H6($^{+0.02}_{0}$)	$\phi 80$($^{+0.02}_{0}$)
半精镗	1.5	H11($^{+0.2}_{0}$)	$\phi 79.5$($^{+0.2}_{0}$)
粗镗	8	H12($^{+0.3}_{0}$)	$\phi 78$($^{+0.3}_{0}$)
毛坯孔		±3	$\phi 70 \pm 3$

2) 基准不重合时，工序公称尺寸及公差的计算

工序基准或定位基准与设计基准不重合时，需要借助于工艺尺寸链来分析计算工序公称尺寸及公差。

三、切削用量和时间定额的确定

1. 切削用量的确定

合理地选择切削用量，对提高生产率、保证加工质量和刀具寿命等都有很大意义。根据切削用量对刀具寿命的影响程度，切削用量的选择次序依次为背吃刀量 a_p、进给量 f、切削速度 v_c。

1) 背吃刀量 a_p 的选择

选择背吃刀量主要考虑工件的加工余量和工艺系统的刚度。半精加工、精加工工序的背吃刀量由相应的加工方法所需的加工余量确定，粗加工工序的背吃刀量应尽量将粗加工余量一次切除。如果加工余量太大，不能一次切除时，也应尽量减少工作行程次数，按先多后少的方案分几次切除。

2) 进给量 f 的选择

粗加工时，进给量的选择主要考虑工艺系统的刚度与强度，如机床进给系统的刚度与强度，刀杆尺寸、刀片厚度及工件尺寸等因素。在工艺系统的刚度和强度允许的情况下，应尽量选取大一些的进给量。精加工时的进给量主要根据工件的加工精度和表面粗糙度要求来选择。

3) 切削速度 v_c 的选择

在背吃刀量和进给量确定之后，可在保证合理刀具寿命的前提下，确定切削速度。切削速度可根据切削原理的公式计算，或者从根据已知的加工条件得出的标准切削速度表格中选取。

2. 时间定额的确定

时间定额是在一定生产条件下，规定完成一道工序所需的时间消耗量。它是安排生产计划，计算零件成本和企业经济核算的重要依据之一。合理确定时间定额能促进工人生产技能和技术熟练程度的不断提高，发挥他们的积极性和创造性，进而推动生产的发展。因此，确定时间定额要防止过紧和过松两种倾向，应该按平均先进水平确定，并随着生产水平的发展而不断修订。

时间定额包括下列组成部分：

(1) 基本时间 t_m。它是直接用于改变工件的尺寸、形状或表面质量等消耗的时间。对机械加工来说，就是切除加工余量所耗费的时间（包括刀具的切入和切出时间在内），亦称为机动时间。

(2)辅助时间 t_a。它是指在一道工序中为实现工艺过程所必须进行的各种辅助动作,如装卸工件、开停机床、改变切削用量、进退刀具、测量工件等所消耗的时间。基本时间和辅助时间之和称为工序作业时间。辅助时间的确定方法随生产类型的不同而异。如在大量生产时,为使辅助时间确定得合理,需将辅助动作分解,再分别查表求得分解动作的时间,或按分解动作实际测时,最后综合得到。在成批生产中,可以按基本时间的百分比进行估算。

(3)布置工作地时间 t_s。它是指为使加工正常进行,工人用于照管工作地(更换刀具、润滑机床、清理切屑、收拾工具等)所消耗的时间。一般可按工序作业时间的百分比 α(一般 $\alpha = 2\% \sim 7\%$)来估算。

(4)休息与生理需要时间 t_r。它是指工人在工作班内为恢复体力和满足生理上的需要所消耗的时间。一般按工序作业时间的百分比 β(一般 $\beta = 2\%$)来估算。

上述四部分的时间之和称为单件工时定额,即大量生产时的单件工时定额为

$$t_p = t_m + t_a + t_s + t_r = (t_m + t_a)\left(1 + \frac{\alpha + \beta}{100}\right)$$

成批生产还要考虑准备与终结时间 t_{su}。

(5)准备与终结时间 t_{su}。它是指成批生产中,工人为了生产一批工件而进行的准备和结束工作所消耗的时间,如加工一批工件开始时,需要熟悉工艺文件,领取毛坯材料,安装刀具、机床夹具和调整机床等;加工一批工件结束时,需要拆卸和归还工艺装备,发送成品等。准备与终结时间 T_{su} 对一批工件只消耗一次,工件批量 n 越大,分摊到每个工件上的准备与终结时间 $t_{su} = \frac{T_{su}}{n}$ 就越少,所以成批生产的单件计算定额 t_c 为

$$t_c = t_p + \frac{T_{su}}{n} = (t_m + t_a)\left(1 + \frac{\alpha + \beta}{100}\right) + t_{su}$$

第五节　工艺尺寸链的计算

在机械加工中,工件由毛坯到成品零件,期间要经过多道加工工序,然而这些工序之间存在着一定的联系,应用尺寸链理论可以揭示它们之间的内在联系。确定工序尺寸及公差,是尺寸链计算的主要任务之一。

一、尺寸链的基本概念

1. 尺寸链的概念

在零件的加工、测量以及产品的装配过程中,经常会遇到一些相互联系的尺寸组合。尺寸链就是由相互联系且按一定顺序排列的尺寸组成的封闭尺寸系统。工艺尺寸链是零件加工、测量过程中各有关工艺尺寸所形成的尺寸链。图2-19a)所示为一台阶零件,L_a 和 L_b 为零件图上标注的设计尺寸,L_c 在零件图上并未标注。加工过程中该零件以 A 面定位先加工 C 面得尺寸 L_a,再加工 B 面得尺寸 L_c,从而间接得到设计尺寸 $L_b(L_0)$。于是尺寸 L_a、L_c、L_b(L_0)就组成一个封闭的尺寸图形,即形成一个工艺尺寸链,如图2-19b)所示。再如图2-20a)所示,A_1 和 A_3 为零件图上标注的设计尺寸,A_2 在零件图上并未标注。按照图样尺寸加

工时,尺寸 A_3 不便测量,但通过易于测量的尺寸 A_1 和尺寸 A_2,可间接保证尺寸 $A_3(A_0)$,那么尺寸 A_1、A_2 和 $A_3(A_0)$ 就组成一个工艺尺寸链,如图 2-20b)所示。

2. 尺寸链的组成

在尺寸链中,每一个尺寸称为尺寸链的环。尺寸链的环按性质不同可分为组成环和封闭环。组成环是加工过程中直接得到(或直接测量)的尺寸,如图 2-19b)所示的尺寸 L_a、L_c 和图 2-20b)所示的尺寸 A_1、A_2 均为加工过程中直接得到的尺寸,故为组成环。封闭环是在加工过程中间接得到(或间接测量)的尺寸,如图 2-19b)所示的尺寸 $L_b(L_0)$ 和图 2-20b)所示的尺寸 $A_3(A_0)$ 均为封闭环,封闭环的下角标通常用"0"表示。

在组成环中,若其余组成环保持不变,当某一组成环增大时,封闭环也随之增大,该组成环便为增环;反之,组成环增大,封闭环反而减小的环,便为减环。图 2-19b)中的 L_a 和图 2-20b)中的 A_1 为增环,其上用一向右的箭头表示,即 $\vec{L_a}$、$\vec{A_1}$;图中的 L_c 和 A_2 为减环,其上用一向左的箭头表示,即 $\overleftarrow{L_c}$、$\overleftarrow{A_2}$。

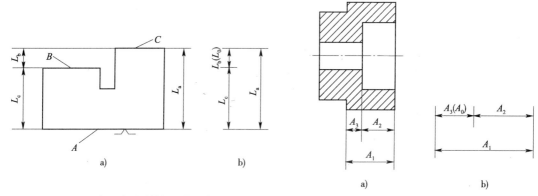

图 2-19 加工台阶零件的工艺尺寸链　　图 2-20 加工套筒零件的工艺尺寸链

对于环数较少的尺寸链,可用增、减环的定义直接判别组成环的增、减性质。对于环数较多的尺寸链,为了能快速、准确地判别增、减环,可采用回路法判断。即从封闭环开始朝任意方向画一单向箭头,然后依次画出首尾相接的所有组成环的箭头,与封闭环箭头方向相反者为增环,与封闭环箭头方向相同者为减环。

3. 尺寸链的特征

尺寸链具有如下特征。

(1)关联性。组成尺寸链的各个尺寸之间存在内在关系,相互无关的尺寸不会组成尺寸链。一个尺寸链只有一个封闭环,尺寸链中每一个组成环不是增环就是减环,其中任何一个组成环尺寸发生变化时,均要引起封闭环尺寸的变化,对尺寸链的封闭环没有影响的尺寸,就不是该尺寸链的组成环。

(2)封闭性。尺寸链是一个首尾相接且封闭的尺寸图形,其中包含一个间接得到的尺寸即封闭环,不构成封闭的尺寸图形就不是尺寸链,尺寸链至少由三个尺寸构成。

4. 尺寸链的分类

1)按尺寸链各环尺寸的几何特征和所处空间位置不同分类

(1)直线尺寸链。直线尺寸链是指全部组成环平行于封闭环的尺寸链,它是尺寸链中最基本、最常见的一种尺寸链,如图 2-19b)和图 2-20b)所示。

(2)角度尺寸链。组成尺寸链的各环均为角度尺寸的尺寸链,这种尺寸链多为几何公差构成的尺寸链,如图2-21所示。

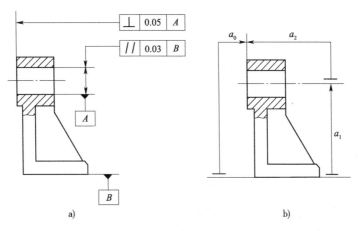

图2-21 角度尺寸链

(3)平面尺寸链。平面尺寸链是指全部组成环位于一个或几个平行平面内,但某些组成环不平行于封闭环的尺寸链。图2-22a)所示为由上、下两箱体组成的组件图,B和C代表相啮合齿轮的两个轴承座孔中心,B与C间的中心距为A_0,B孔与C孔中心坐标尺寸分别为A_1、A_2与A_3、A_4,它们与A_0构成平面尺寸链,如图2-22b)所示。

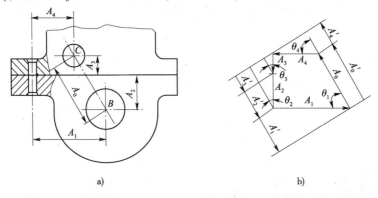

图2-22 平面尺寸链

平面尺寸链可用投影的方法将各组成环向封闭环所在的方向投影,转换成直线尺寸链,即由A'_1、A'_2、A'_3、A'_4及A_0构成的直线尺寸链。在汽车箱体类零件中,经常会遇到平面尺寸链。

(4)空间尺寸链。空间尺寸链是指组成环位于几个不平行平面内的尺寸链。可通过投影的方法,先将空间尺寸链转换成平面尺寸链,然后再转换成直线尺寸链求解。

其中直线尺寸链最为常见,后面的讨论均以直线尺寸链和长度尺寸链为例。

2)按尺寸链相互关系分类

(1)独立尺寸链。独立尺寸链是指所有组成环和封闭环只属于该尺寸链,不参与其他尺寸链组成的尺寸链。

(2)并联尺寸链。并联尺寸链是指由若干个尺寸链连接在一起,尺寸链间互相有影响的尺寸链。其中一个或几个环共属于两个或两个以上的尺寸链,这些环称为公共环。公共环可以是一尺寸链的组成环,也可以是另一尺寸链的封闭环。

图 2-23 所示有三个尺寸链并联,A 尺寸链中的组成环 A_4 又是 B 尺寸链的组成环 B_1,即通过公共环 $A_4 = B_1$,将两个尺寸链并联;B 尺寸链中的封闭环 B_0 又是 C 尺寸链的组成环 C_2,即这两个尺寸链通过公共环 $B_0 = C_2$ 相联系。

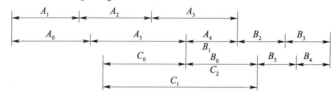

图 2-23 并联尺寸链

3) 按尺寸链的应用范围分类

(1) 装配尺寸链。装配尺寸链是指全部组成环为不同零件设计尺寸所形成的尺寸链。装配尺寸链的特点为,封闭环是不同零件表面间的尺寸,该尺寸在装配后间接(或自然)得到,又称装配精度要求。

如图 2-24 所示的装配图和装配尺寸链,封闭环 A_0 是变速器壳体中齿轮与止推垫片间的轴向间隙,是装配后间接(或自然)形成的尺寸,又称装配精度要求,组成环 A_1、A_2、A_3、A_4 分别为不同零件的设计尺寸。

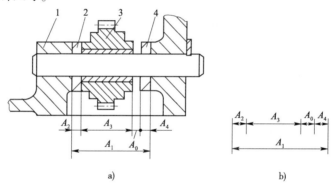

图 2-24 汽车变速器倒挡装置尺寸链图
1-变速器壳体;2、4-止推垫片;3-倒挡中间齿轮

(2) 零件设计尺寸链。零件设计尺寸链是指全部组成环为同一零件设计尺寸所形成的尺寸链,如图 2-25a)所示的内燃机活塞左侧所画出的尺寸链。零件图上标注的设计尺寸 A_1 和 A_2 是设计尺寸链的组成环,未标注的尺寸 A_0 是设计尺寸链的封闭环,如图 2-25b)所示。

装配尺寸链与零件设计尺寸链统称为设计尺寸链。

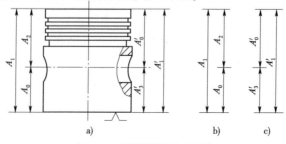

图 2-25 内燃机活塞尺寸链图

(3) 工艺尺寸链。工艺尺寸链是指全部组成环为同一零件工艺尺寸所形成的尺寸链。如图2-25c)所示的尺寸链就是工艺尺寸链。工艺尺寸链的特点是,封闭环是零件加工后间接(或相应)得到的尺寸,加工中直接获得的尺寸是组成环。

又如图2-26a)所示的零件图中,标注了尺寸 $A_1 = (60 \pm 0.2)$ mm 及 $A_3 = (25 \pm 0.3)$ mm 两个尺寸,它们是零件设计尺寸链的组成环,尺寸 A_2 未予标注,它是零件设计尺寸链的封闭环。

现在要检查 A_3 尺寸是否合格,但这个尺寸不便直接测量,只能由测量 A_1 和 A_2 两个尺寸来判断 A_3 是否合格。如尺寸 A_1 已经检查合格,现要通过测量尺寸 A_2 来判断 A_3 是否合格,因此必需从这三个尺寸的相互关系中计算出 A_2 的尺寸及公差,作为检查 A_3 的依据。

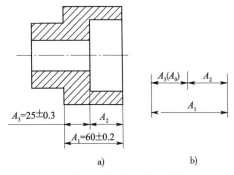

图2-26 检查工件时的工艺尺寸链

在这个检查工序中,A_1 是已经检查合格的尺寸,A_2 是检查工序中直接测量得到的尺寸,A_1、A_2 是组成环。A_3 是应保证的设计尺寸,它是由 A_1 及 A_2 两个尺寸所共同保证的尺寸,因此 $A_3(A_0)$ 是最后得到的尺寸是封闭环。尺寸 A_2 是要计算的工序尺寸,为此要建立相应的工艺尺寸链并作出工艺尺寸链图。工艺尺寸链简图的作法是,先从封闭环开始,按照各有关尺寸在工序图上的原有位置和顺序,依次首尾相接作出代表各有关尺寸的线段(大致按比例画出),直到形成一个封闭的图形,图2-26b)所示就是工艺尺寸链简图。封闭环用 A_0 表示,组成环 A_1 为增环用 $\overrightarrow{A_1}$ 表示,组成环 A_2 为减环,用 $\overleftarrow{A_2}$ 表示。

二、尺寸链计算基本公式

尺寸链的计算方法有极值法和统计法两种。

1. 极值法

极值法是从组成环可能出现的最不利的情况出发,即当所有增环均为上极限尺寸而所有减环均为下极限尺寸,或所有增环均为下极限尺寸而所有减环均为上极限尺寸,来计算封闭环的极限尺寸和公差的方法。

由于各组成环同时出现极限值的机会很少,因此这种计算方法比较保守,但该计算方法比较简单,一般应用于中、小批生产和可靠性要求高的场合。

(1) 封闭环的公称尺寸为

$$A_0 = \sum_{z=1}^{m} \overrightarrow{A_z} - \sum_{j=m+1}^{n-1} \overleftarrow{A_j} \tag{2-1}$$

(2) 封闭环极限尺寸为

$$A_{0\max} = \sum_{z=1}^{m} \overrightarrow{A_{z\max}} - \sum_{j=m+1}^{n-1} \overleftarrow{A_{j\min}} \tag{2-2}$$

$$A_{0\min} = \sum_{z=1}^{m} \overrightarrow{A_{z\min}} - \sum_{j=m+1}^{n-1} \overleftarrow{A_{j\max}} \tag{2-3}$$

(3) 封闭环极限偏差为

$$ESA_0 = \sum_{z=1}^{m} ES\overrightarrow{A_z} - \sum_{j=m+1}^{n-1} EI\overleftarrow{A_j} \tag{2-4}$$

$$EIA_0 = \sum_{z=1}^{m} EI\overrightarrow{A_z} - \sum_{j=m+1}^{n-1} ES\overleftarrow{A_j} \tag{2-5}$$

(4)封闭环的公差为

$$T_{A_0} = \sum_{i=1}^{n-1} T_{A_i} \qquad (2\text{-}6)$$

式中：A_0、$A_{0\max}$ 和 $A_{0\min}$——封闭环的公称尺寸、上极限尺寸和下极限尺寸；

$\vec{A}_z$、$\vec{A}_{z\max}$ 和 $\vec{A}_{z\min}$——组成环中增环的公称尺寸、上极限尺寸和下极限尺寸；

$\overleftarrow{A}_j$、$\overleftarrow{A}_{j\max}$ 和 $\overleftarrow{A}_{j\min}$——组成环中减环的公称尺寸、上极限尺寸和下极限尺寸；

ESA_0、$ES\vec{A}_z$ 和 $ES\overleftarrow{A}_j$——封闭环、增环和减环的上极限偏差；

EIA_0、$EI\vec{A}_z$ 和 $EI\overleftarrow{A}_j$——封闭环、增环和减环的下极限偏差；

T_{A_0}、T_{A_i}——封闭环、组成环的公差；

m——尺寸链中的增环数；

n——尺寸链的总环数。

上述六个尺寸链的计算公式，分别用于封闭环和组成环的公称尺寸、上极限尺寸、下极限尺寸、上极限偏差、下极限偏差和公差的计算。

(5)封闭环中间尺寸和中间偏差。计算封闭环的上、下极限偏差，也可以用封闭环中间偏差来进行计算。上极限尺寸与下极限尺寸的平均值 A_{im} 称为中间尺寸，亦即公差带中点的尺寸，中间尺寸与公称尺寸的偏差 Δ_i 称为中间偏差。

封闭环的中间尺寸 A_{0m} 为

$$A_{0m} = \sum_{z=1}^{m} \vec{A}_{zm} - \sum_{j=m+1}^{n-1} \overleftarrow{A}_{jm} \qquad (2\text{-}7)$$

式中：A_{0m}、$\vec{A}_{zm}$、$\overleftarrow{A}_{jm}$——封闭环、增环和减环的中间尺寸。

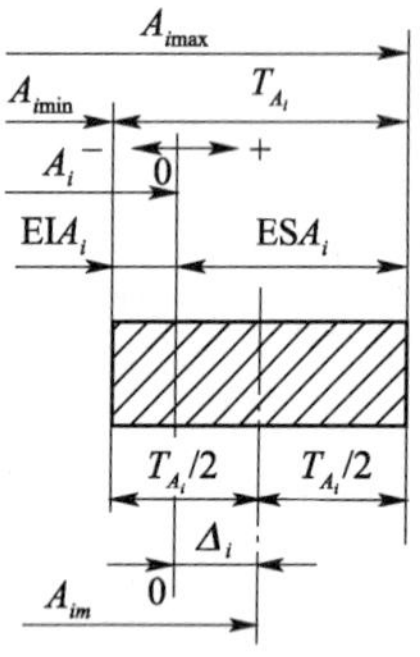

封闭环的中间偏差 Δ_0 为

$$\Delta_0 = \sum_{z=1}^{m} \Delta_z - \sum_{j=m+1}^{n-1} \Delta_j \qquad (2\text{-}8)$$

如图 2-27 所示，封闭环的极限偏差为

$$ESA_0 = \Delta_0 + \frac{T_{A_0}}{2} \qquad (2\text{-}9)$$

$$EIA_0 = \Delta_0 - \frac{T_{A_0}}{2} \qquad (2\text{-}10)$$

式中：Δ_0、Δ_z、Δ_j——封闭环、增环和减环的中间偏差。

图 2-27 尺寸与极限偏差、中间偏差的关系

2. 统计法

统计法是应用概率论原理进行尺寸链计算的方法，统计法一般用于大批大量生产中工艺尺寸链的解算，或用于装配尺寸链的解算。

在大批大量生产工件时，在正常生产条件下，工序尺寸获得极限尺寸的可能性是很小的，被加工零件的工序尺寸一般按正态规律分布。根据概率论乘法定理，多环尺寸链其极限尺寸重合的概率等于各组成环出现极限尺寸的概率的乘积，而且组成环环数越多，组成环极限尺寸相遇的概率就更小。因此，在大批大量生产时，在组成环数较多的条件下，应用极值法计算尺寸链显然是不合理的，此时应该使用统计法计算尺寸链。

在正常生产条件下，大批大量生产时，零件工序尺寸或加工误差一般都按正态分布，如

图 2-28 所示。正态分布曲线由两个特征参数表达,即平均尺寸(算术平均尺寸) $\bar{A}_0(\bar{A}_i)$ 和均方根偏差(标准差) $\sigma_o(\sigma_i)$。如果工序尺寸 A_i 基本都在 $A_i \pm 3\sigma$ 范围内,超出此范围的工序尺寸只有 0.27% 的概率,当加工误差 $\Delta_{A_i} = T_{A_i}$ 时,则 $T_{A_i} = 6\sigma$。

加工当中有某些因素起主导影响时,零件工序尺寸或加工误差就不按正态分布了。表 2-9 列出了几种常见的尺寸分布曲线。

不同分布曲线的相对分布系数 k_i 和相对不对称系数 e_i　　　　表 2-9

分布特征	正态分布	三角分布	均匀分布	平顶分布	瑞利分布	偏态分布	
						外尺寸	内尺寸
分布曲线							
k_i	1	1.22	1.73	1.1~1.5	1.14	1.17	1.17
e_i	0	0	0	0	-0.28	0.26	-0.26

如图 2-29 所示为一种偏态分布(非对称分布),图中表示出公称尺寸、平均尺寸和中间尺寸间的关系。

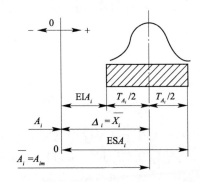

图 2-28　组成环为正态分布时的公差带

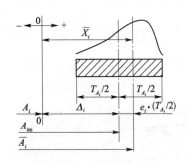

图 2-29　组成环为非对称分布时的公差带

1) 封闭环的公称尺寸

应用统计法计算尺寸链时,封闭环与组成环公称尺寸的关系仍然按式(2-1)进行计算。

2) 封闭环的公差

(1) 组成环尺寸按正态分布时,封闭环公差的计算。从概率论理论知道,当组成环尺寸均为正态分布时,封闭环尺寸也为正态分布,可以推导出封闭环公差等于组成环公差平方和的平方根,即

$$T_{A_0} = \sqrt{\sum_{i=1}^{n-1} T_{A_i}^2} \tag{2-11}$$

(2)组成环尺寸不符合正态分布时,封闭环公差的计算。如果组成环尺寸不符合正态分布时,根据概率论理论可知,只要组成环数目足够多,如组成环数 $n-1 \geqslant 6$,且各组成环尺寸分布范围相差不大时,封闭环尺寸分布仍接近于正态分布。此时,封闭环公差 T_{A_0} 为

$$T_{A_0} = \sqrt{\sum_{i=1}^{n-1} k_i^2 T_{A_i}^2} \tag{2-12}$$

式中:k_i——相对分布系数(参见表2-9)。

3)封闭环的上、下极限偏差

封闭环的上、下极限偏差通常按中间偏差来进行计算,参见式(2-9)、式(2-10)。

在大批大量生产时,尺寸链为多环(如 $n-1 \geqslant 6$)条件下,统计法计算的合理性很高。在公差设计计算时,可以获得比极值法计算确定的更大的组成环平均公差。例如,有一尺寸链环数 $n-1=6$,封闭环设计要求的公差为 $T_{A_0}=0.12$ mm,分别用两种计算方法求出组成环平均公差。

应用极值法求出组成环平均公差 $T_{av,L}$ 为

$$T_{av,L} = \frac{T_{A_0}}{n-1} = 0.02(\text{mm})$$

应用统计法求出组成环平均公差 $T_{av,Q}$ 为

$$T_{av,Q} = \frac{T_{A_0}}{\sqrt{n-1}} \approx 0.049(\text{mm})$$

反之,如果进行公差校核计算,即已知各组成环公差,求解封闭公差,统计法计算得到的封闭环公差值比极值法计算得小,即封闭环精度高。

三、几种典型的工艺尺寸链分析与计算

1. 基准不重合时的尺寸换算

1)定位基准与设计基准不重合

图2-30a)所示为一设计图样的简图,如果 A、B 两平面在上一工序中已加工好,且保证了设计尺寸 $50_{-0.16}^{0}$。本工序中加工 C 面时以 B 面定位,按保证工序尺寸 A_2 进行,C 面的设计基准是 A 面,设计尺寸是 $20_{0}^{+0.33}$,与其定位基准 B 面不重合,故需进行尺寸换算。

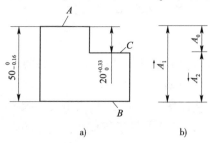

图2-30 工序基准与设计基准不重合的尺寸换算

解:(1)确定封闭环。根据加工过程,设计尺寸 $20_{0}^{+0.33}$ 是本工序加工后间接保证的,故为封闭环。

(2)画出工艺尺寸链图,并判断增、减环。根据组成环的定义可知,尺寸 A_1、A_2 为该尺寸链的组成环,建立的工艺尺寸链如图2-30b)所示。由组成环对封闭环的影响可知,尺寸 A_1 为增环,A_2 为减环。

(3)计算工序尺寸的公差。根据题意及工艺尺寸链图可知,封闭环的公差为0.33mm,增环的公差为0.16mm,根据公式 $T_{A_0}=T_{A_1}+T_{A_2}$,计算得工序尺寸(减环)A_2 的公差应为0.17mm。

(4) 计算工序尺寸及极限偏差。

由 $A_0 = A_1 - A_2$ 得，$A_2 = A_1 - A_0 = 50 - 20 = 30(\text{mm})$。

由 $\text{ES}A_0 = \text{ES}A_1 - \text{EI}A_2$ 得，$\text{EI}A_2 = \text{ES}A_1 - \text{ES}A_0 = 0 - 0.33 = -0.33(\text{mm})$。

由 $\text{EI}A_0 = \text{EI}A_1 - \text{ES}A_2$ 得，$\text{ES}A_2 = \text{EI}A_1 - \text{EI}A_0 = -0.16 - 0 = -0.16(\text{mm})$。

故所求工序尺寸及极限偏差为 $A_2 = 30_{-0.33}^{-0.16}\text{mm}$。

(5) 验算。因为工序尺寸 A_2 的公差应为 0.17mm，现计算得 $T_{A_2} = (-0.16) - (-0.33) = 0.17(\text{mm})$，故计算正确。

2) 测量基准与设计基准不重合

在加工或检查零件的某个表面时，有时不便按设计基准直接测量设计尺寸，就要选择另外一个合适的表面作为测量基准，以间接保证设计尺寸，为此需要进行有关的工序尺寸计算。

如图2-31a)所示的套筒零件，加工时测量尺寸 $10_{-0.36}^{0}$ 较困难，而采用深度游标卡尺测量大孔的深度尺寸 A_2 则较为方便，于是尺寸 $10_{-0.36}^{0}$ 就成了被间接保证的封闭环 A_0。建立的工艺尺寸链如图2-31b)所示，尺寸 A_1 为增环，A_2 为减环。为了间接保证 A_0，必须进行尺寸换算，确定 A_2 的尺寸及极限偏差。

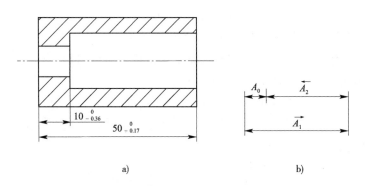

图 2-31 度量基准与设计基准不重合的尺寸换算

解：(1) 因 $10_{-0.36}^{0}$ 为封闭环，建立的工艺尺寸链如图2-31b)所示，其中尺寸 A_1 为增环，A_2 为减环。

(2) 根据公式 $T_{A_0} = T_{A_1} + T_{A_2}$，得尺寸 A_2 的公差应为 0.19mm。

(3) 由 $A_0 = A_1 - A_2$ 得，$A_2 = A_1 - A_0 = 50 - 10 = 40(\text{mm})$。

由 $\text{ES}A_0 = \text{ES}A_1 - \text{EI}A_2$ 得，$\text{EI}A_2 = \text{ES}A_1 - \text{ES}A_0 = 0 - 0 = 0(\text{mm})$。

由 $\text{EI}A_0 = \text{EI}A_1 - \text{ES}A_2$ 得，$\text{ES}A_2 = \text{EI}A_1 - \text{EI}A_0 = (-0.17) - (-0.36) = 0.19(\text{mm})$。

故所求工序尺寸及极限偏差为 $A_2 = 40_{0}^{+0.19}\text{mm}$。

(4) 验算。因为 A_2 的公差应为 0.19mm，现计算得 $T_{A_2} = (+0.19) - 0 = 0.19(\text{mm})$，故计算正确。

2. 余量校核的尺寸换算

如图2-32a)所示小轴零件，其轴向尺寸的加工过程为：车端面 A → 车台阶面 B（保证工序尺寸 $A_1 = 49.5_{0}^{+0.30}\text{mm}$）→ 车端面 C 保证总长 $80_{-0.20}^{0}$ → 钻中心孔 → 磨台阶面 B 保证尺寸 $30_{-0.14}^{0}$。试校核磨台阶面 B 的加工余量。

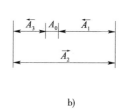

图 2-32 余量校核的尺寸换算

解:(1)由于加工余量是间接获得的,故为封闭环。

(2)建立的工艺尺寸链如图 2-32b)所示,其中 A_2 为增环,A_1、A_3 为减环。

(3)根据公式 $T_{A_0} = T_{A_1} + T_{A_2} + T_{A_3}$ 得,$T_{A_0} = 0.64\text{mm}$。

(4)由 $A_0 = A_2 - (A_1 + A_3)$ 得,$A_0 = 80 - 49.5 - 30 = 0.5(\text{mm})$。

由 $\text{ES}A_0 = \text{ES}A_2 - (\text{EI}A_1 + \text{EI}A_3)$ 得,$\text{ES}A_0 = 0 - 0 - (-0.14) = 0.14(\text{mm})$。

由 $\text{EI}A_0 = \text{EI}A_2 - (\text{ES}A_1 + \text{ES}A_3)$ 得,$\text{EI}A_0 = (-0.2) - 0 - 0 = -0.5(\text{mm})$。

故所求加工余量及极限偏差为 $A_0 = 0.5^{+0.14}_{-0.5}\text{mm}$。

(5)验算,因为 A_0 的公差应为 0.64mm,现计算得 $T_{A_0} = (+0.14) - (-0.5) = 0.64(\text{mm})$,故计算正确。并且 $A_{0\max} = 0.64\text{mm}$,$A_{0\min} = 0\text{mm}$。

因为 $A_{0\min} = 0\text{mm}$,在磨台肩面 B 时,有些零件有可能因没有余量而磨不出来,因而要将最小加工余量加大,可加大为 $A_{0\min} = 0.1\text{mm}$。因 A_2、A_3 是设计要求的尺寸,所以只能变动中间工序尺寸 A_1(作为协调环)来满足新的封闭环要求。

解:(1)因变动后的 $A_0 = 0.5^{+0.14}_{-0.4}\text{mm}$。

(2)根据公式 $T_{A_0} = T_{A_1} + T_{A_2} + T_{A_3}$ 得,$T_{A_1} = 0.2\text{mm}$。

(3)由 $A_0 = A_2 - (A_1 + A_3)$ 得,$A_1 = 49.5\text{mm}$。

由 $\text{EI}A_0 = \text{EI}A_2 - (\text{ES}A_1 + \text{ES}A_3)$ 得,$\text{ES}A_1 = (-0.2) - 0 - (-0.4) = 0.2(\text{mm})$。

由 $\text{ES}A_0 = \text{ES}A_2 - (\text{EI}A_1 + \text{EI}A_3)$ 得,$\text{EI}A_1 = 0 - (-0.14) - (+0.14) = 0(\text{mm})$。

故所求工序尺寸及极限偏差 $A_1 = 49.5^{+0.20}_{0}\text{mm}$。

(4)验算,因为 A_1 的公差应为 0.2mm,现计算得 $T_{A_1} = (+0.20) - 0 = 0.2(\text{mm})$,故计算正确。

故变更中间工序尺寸 $A_1 = 49.5^{+0.20}_{0}\text{mm}$,可确保具有合适的最小磨削余量。

3. 中间工序尺寸及极限偏差的换算

有些零件的设计尺寸不仅受到表面最终加工时工序尺寸的影响,还与中间工序尺寸有关,此时应以设计尺寸为封闭环,求得中间工序尺寸的大小及极限偏差。

图 2-33a)所示为一齿轮零件内孔简图,内孔的设计尺寸为 $\phi 40^{+0.05}_{0}$,键槽深度的设计尺寸为 $46^{+0.30}_{0}$。内孔及键槽的加工顺序为:拉孔至 $\phi 39.6^{+0.10}_{0}$ → 拉键槽至工序尺寸 A → 热处理(略去热处理变形的影响)→ 磨内孔至设计尺寸 $\phi 40^{+0.05}_{0}$,同时间接保证键槽的设计尺寸 $46^{+0.30}_{0}$。试计算中间工序尺寸 A 及其极限偏差。

解:（1）由加工顺序可知，其他尺寸都是直接得到的，而键槽设计尺寸 $46_{\ 0}^{+0.30}$ 是在磨孔工序后间接得到的，故为封闭环。

（2）直径尺寸的基准是轴线，可以认为直径尺寸是通过它们的中心线发生联系的，为了能形成封闭的尺寸链，直径尺寸要折算成半径尺寸。建立的工艺尺寸链如图 2-33b) 所示，其中拉孔半径尺寸 $19.8_{\ 0}^{+0.05}$ 为减环，工序尺寸 A 和磨孔半径尺寸 $20_{\ 0}^{+0.025}$ 为增环。

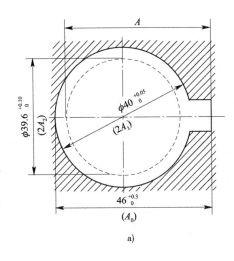
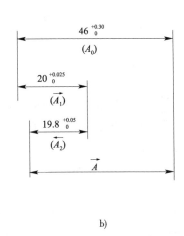

图 2-33 中间工序尺寸及极限偏差换算

（3）根据公式 $T_0 = T_A + T_{A_1} + T_{A_2}$ 得，$T_A = 0.225 \mathrm{mm}$。

（4）由 $A_0 = (A + A_1) - A_2$ 得，$A = 46 - 20 - 19.8 = 45.8(\mathrm{mm})$。

由 $ESA_0 = (ESA + ESA_1) - EIA_2$ 得，$ESA = 0.3 - 0.025 + 0 = 0.275(\mathrm{mm})$。

由 $EIA_0 = (EIA + EIA_1) - ESA_2$ 得，$EIA = 0 - 0 + 0.05 = 0.05(\mathrm{mm})$。

故所求工序尺寸及极限偏差 $A = 45.8_{+0.05}^{+0.275} \mathrm{mm}$。

（5）验算，因为尺寸 A 的公差应为 $0.225 \mathrm{mm}$，现计算得 $T_A = (+0.275) - (+0.05) = 0.225(\mathrm{mm})$，故计算正确。

若按入体原则标注，则 $A = 45.85_{\ 0}^{+0.225} \mathrm{mm}$。

第六节 工艺过程的生产率和经济性分析

一、生产率及提高生产率的工艺途径

生产率是指一个工人在单位时间内生产出的合格产品的数量，也可以用完成单件产品或单个工序所消耗的时间来衡量。高精度、高生产率、低成本是汽车制造工艺追求的目标，制定机械加工工艺规程时，要在保证和提高产品质量的同时，注意提高生产率和降低成本。

对于机械加工来说，要在保证产品质量的前提下提高劳动生产率，其主要工艺途径是缩短单件工时定额、采用高效自动化加工及成组加工等。

1. 缩短单件工时定额

1) 缩短基本时间

(1) 提高切削用量。提高切削用量的主要途径是进行新型刀具材料的研究与开发。

刀具材料经历了碳素工具钢→高速钢→硬质合金等几个发展阶段。在每一个发展阶段中,都伴随着生产率的大幅度提高。就切削速度而言,在18世纪末到19世纪初的碳素工具钢时代,切削速度仅为6~12m/min。20世纪初出现了高速钢刀具,使得切削速度提高了2~4倍。第二次世界大战以后,硬质合金刀具的切削速度又在高速钢刀具的基础上提高了2~5倍。可以看出,新型刀具材料的出现,使得机械制造业发生了阶段性的变化。一方面,生产率越过了一个新的高度;另一方面,使原来不可加工的材料可以加工了。

近代出现的立方氮化硼和人造金刚石等新型刀具材料,其刀具切削速度高达600~1200m/min。随着新型刀具材料的出现,有许多新的工艺问题需要研究,例如刀具如何成形,刀具成形后如何刃磨;随着切削速度的提高,必须有相应的机床设备与之配套,例如提高机床主轴转速、增大机床功率、提高机床制造精度等。

在磨削加工方面,高速磨削、强力磨削、砂带磨削的研究成果,使得生产率有了大幅度提高。高速磨削的砂轮速度已高达80~125m/s(普通磨削的砂轮速度仅为30~35m/s);缓进给强力磨削的磨削深度达6~12mm;砂带磨削同铣削加工相比,切除同样金属余量的加工时间仅为铣削加工的1/10。

(2) 采用复合工步。复合工步能使几个加工表面的基本时间重叠,从而节省基本时间。生产上应用复合工步加工的例子很多,按复合工步的特征,有如下几种形式:

① 多刀加工。图2-34所示为在卧式车床上安装多刀刀架实现多刀加工的例子。图2-35所示为在磨床上采用多个砂轮同时对零件上的几个表面进行磨削加工。

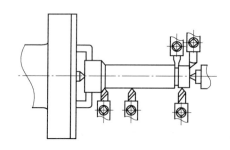

图2-34　多刀车削加工

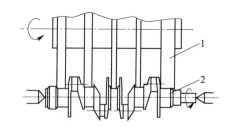

图2-35　曲轴多砂轮磨削加工
1-砂轮;2-工件

② 多件加工。多件加工有三种方式,即顺序多件、平行多件及平行顺序多件加工。

顺序多件加工如图2-36a)所示,这种方法减少了刀具切入和切出时间,也减少了分摊到每一个工件上的辅助时间。

平行多件加工如图2-36b)所示,它是在一次走刀中同时加工多个平行排列的工件,使工件加工的基本时间重叠,从而节省基本时间。

平行顺序多件加工如图2-36c)所示,为上述两种方法的综合应用,这种方法适用于工件较小、批量较大的情况。

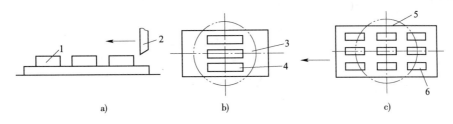

图 2-36 多件加工
1、4、6-工件;2-刨刀;3-铣刀;5-砂轮

2) 缩短辅助时间

在单件时间中,辅助时间所占比例一般都比较大。特别是在大幅度提高切削用量之后,基本时间显著减少,辅助时间所占的比例就更大,因此不能忽视辅助时间对生产率的影响。

(1) 减少辅助时间。采用快速动作的先进夹具,采用自动上、下料装置等,减少装卸工件的辅助时间。

(2) 使辅助时间与基本时间重叠。

①采用可换夹具与可换工作台,在机床外装夹工件,可使装夹工件的时间与基本时间重叠。

②采用转位夹具或转位工作台,可在加工中完成工件的装卸,从而使装卸工件的辅助时间与基本时间重合。图 2-37a) 所示为直线往复移动式加工的例子,图 2-37b) 所示为连续回转式加工的例子。

③采用在线检测的方法来控制加工过程中的尺寸,使测量时间与基本时间重叠。

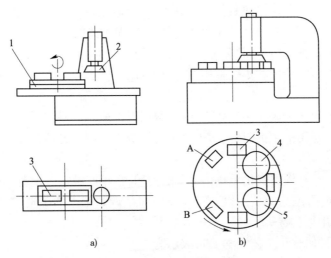

图 2-37 辅助时间与基本时间重合
1-双工位夹具;2-铣刀;3-工件;4-精铣刀;5-粗铣刀;A-装夹;B-拆卸

3) 减少布置工作地时间

采用在线检测加工自动补偿,采用自动换刀装置,采用快换刀夹,专用对刀样板或对刀样件,在夹具上装有对刀块等,这些方法都能使更换刀具的时间减少。

另一条重要途径是研制新型刀具,提高刀具的耐磨性。例如在车、铣加工中广泛采用高耐磨性的机夹不重磨硬质合金刀片和陶瓷刀片,既可减少刃磨次数,又可减少对刀时间。

4)减少准备与终结时间

准备与终结时间的多少与工艺文件是否详尽清楚、工艺装备是否齐全、安装调整是否方便有关,在进行工艺设计和工艺装备设计以及进行加工方法选择时应给以充分注意。在中小批生产中采用成组工艺和成组夹具,可明显缩短准备与终结时间,提高生产效率。

2. 采用高效自动化加工及成组加工

在大批大量生产中,采用高效机床及自动生产线加工;在单件小批生产中,采用数控机床、加工中心以及成组加工,都可以有效地提高生产率。

成组技术是指将企业生产的多种产品、部件和零件,按照一定的相似准则分类编组,并以这些组为基础组织生产的各个环节(生产准备、设备布置、生产计划等),从而实现产品设计、制造工艺和生产管理的合理化。

二、工艺方案的技术经济分析

设计某一零件的机械加工工艺规程时,一般可以拟订出几种方案,它们都能达到零件图规定的各项技术要求,但其生产成本却不相同。对工艺方案进行技术经济性分析,就是比较不同方案的生产成本,选择给定生产条件下最经济的方案。

1. 生产成本与工艺成本

生产成本是指制造一个产品或零件所需要的一切费用的总和,它包括两大部分费用。一部分是与工艺过程直接有关的费用,称为工艺成本,工艺成本占产品或零件生产成本的70%~75%;另一部分是与工艺过程无关的费用,如行政人员工资、厂房折旧及维护、照明、取暖和通风费用等。由于在同一生产条件下与工艺过程无关的费用基本是相等的,因此对零件工艺方案进行经济性分析时,只需分析比较工艺成本即可。

工艺成本又由可变费用和不变费用两部分组成。

1)可变费用

可变费用是与年产量成比例的费用,这类费用以 V 表示。它包括材料费、机床操作工人的工资、机床电费、通用机床折旧费、通用机床维修费、刀具费、夹具费等。

2)不变费用

不变费用是与年产量的变化无直接关系的费用,当年产量在一定范围内变化时,全年的不变费用基本保持不变,这类费用以 C 表示。它包括调整工人的工资、专用机床折旧费、专用机床维修费、专用夹具费等。

因此,一种零件的全年工艺成本 E 可表示为

$$E = VN + C \quad (元)$$

式中:V——可变费用,元/件;

N——年产量,件;

C——不变费用,元。

单件工艺成本 E_d(元/件)可表示为

$$E_d = V + \frac{C}{N}$$

2. 工艺成本与年产量的关系

图 2-38 及图 2-39 分别表示全年工艺成本及单件工艺成本与年产量的关系。从图中可以看出,全年工艺成本 E 与年产量呈线性关系,说明全年工艺成本的变化量 ΔE 与年产量的变化量 ΔN 成正比;单件工艺成本 E_d 与年产量呈双曲线关系,说明单件工艺成本随年产量 N 的增大而减少,各处的变化率不同,其极限值接近可变费用 V。

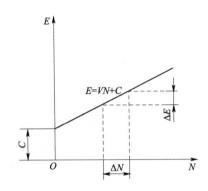

图 2-38　全年工艺成本与年产量的关系　　图 2-39　单件工艺成本与年产量的关系

3. 不同工艺方案的经济性评定

对不同的工艺方案进行经济性比较时,有下列两种情况。

1) 基本投资相近或使用设备相同的情况

(1) 若两种工艺方案只有少数工序不同,可对这些不同工序的单件工艺成本进行比较。

当年产量 N 一定时,有

$$E_{d1} = V_1 + \frac{C_1}{N}$$

$$E_{d2} = V_2 + \frac{C_2}{N}$$

当 $E_{d1} > E_{d2}$ 时,则第 2 方案经济性好。

若当 N 为一变量时,可用图 2-40 所示曲线进行比较,N_K 为两曲线相交处的产量,称为临界产量。由图可见,当 $N < N_K$ 时,$E_{d1} > E_{d2}$,应取第二方案;当 $N > N_K$ 时,$E_{d2} > E_{d1}$,取第一方案。

(2) 当两种工艺方案有较多的工序不同时,可对该零件的全年工艺成本进行比较。两方案全年工艺成本分别为

$$E_1 = NV_1 + C_1$$

$$E_2 = NV_2 + C_2$$

如图 2-41 所示,当 $N < N_K$ 时,宜采用第一种方案;当 $N > N_K$ 时,则第二种方案较经济。N_K 为临界产量,由图可以看出,两条直线交点的横坐标便是 N_K 值。所以,由

$$N_K V_1 + C_1 = N_K V_2 + C_2$$

可得

$$N_K = \frac{C_2 - C_1}{V_1 - V_2}$$

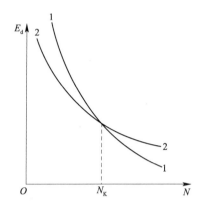

图 2-40 两种方案单件工艺成本比较

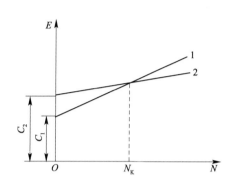

图 2-41 两种工艺方案全年工艺成本比较

2) 两种工艺方案基本投资额相差较大的情况

若两种方案的基本投资额相差较大,例如第一方案采用了生产率较低但价格较便宜的机床和工艺装备,所以基本投资(K_1)小,但工艺成本(E_1)较高;第二方案采用了高生产率且价格较贵的机床和工艺装备,所以基本投资(K_2)大,但工艺成本(E_2)较低,也就是说工艺成本的降低是通过增加投资而得到的。在这种情况下,单纯比较工艺成本难以评定其经济性,故必须考虑基本投资的经济效益,即不同方案的基本投资差额的回收期。

所谓投资差额回收期,是指第二方案比第一方案多花费的投资,需要多长时间方能由工艺成本的降低而收回的时间。这个回收期越短,则经济性越好。

投资差额回收期 τ 可表示为

$$\tau = \frac{K_2 - K_1}{E_1 - E_2} = \frac{\Delta K}{\Delta E} \quad (年)$$

式中:ΔK——基本投资差额,元;

ΔE——全年生产费用节约额,元/年。

一般投资差额回收期应满足以下要求:

(1) 回收期应小于所采用设备的使用年限。

(2) 回收期应小于市场对该产品的需要年限。

(3) 回收期应小于国家规定的标准回收期,例如新夹具的标准回收期为 2~3 年,新机床的回收期为 4~6 年。

第七节 计算机辅助工艺过程设计

计算机辅助工艺过程设计(Computer Aided Process Planning,CAPP)是指用计算机编制零件的加工工艺规程。CAPP 是联系 CAD 与 CAM 系统之间的桥梁。

长期以来，工艺规程的编制是由工艺人员凭经验进行的。如果由几位工艺人员各自编制同一个零件的工艺规程，其方案一般各不相同，而且很可能都不是最佳方案。这是因为工艺设计涉及的因素多，因果关系错综复杂。目前，在我国绝大多数企业仍依赖工艺人员的经验来编制工艺规程，常常不规定工步和切削用量，工时定额也凭经验来确定，文件十分粗略，缺乏科学依据，难以进行合理的经济核算。

计算机辅助工艺过程设计从根本上改变了依赖个人经验编制工艺规程的落后状况，它不仅提高了工艺设计的质量，而且使工艺人员从烦琐重复的工作中解脱出来，以集中精力去考虑提高工艺水平和产品质量的问题。

一、CAPP 的基本方法

目前国内外研制的 CAPP 系统按其工作原理，可分为以下五大类，即交互式、变异式、创成式、综合式和 CAPP 专家系统。每一类 CAPP 的工作原理、特点、应用对象、应用场合各有不同。

1. 交互式 CAPP 系统

交互式 CAPP 系统采用人机对话的方式进行工艺设计，工艺规程的设计质量对人的依赖性很大。目前，交互式 CAPP 系统在一些商品化软件中用的最多。从事 CAPP 系统设计开发的供应商为了追求 CAPP 软件的通用性，追求软件系统的商品化或产品化，在创成式 CAPP 和 CAPP 专家系统还不能满足实用化要求的情况下，重点转向开发完全人机交互填写方式的 CAPP 系统。

这类系统的特点是用户直接采用填写(或修改已生成的工艺文件)方式进行工艺设计。这种类型的 CAPP 系统不太强调产品设计标准化和工艺技术基础工作，在一定程度上可以满足一些基础工作较薄弱的企业对 CAPP 技术的初期需要。但是由于 CAPP 系统很大程度上依赖人的作用，忽略了系统在工艺设计过程中对人的引导、启发和提示作用，不仅设计步骤烦琐，工作效率低，要求用户具备较高的工艺设计水平，而且难以通过实施工艺标准化工作，最大限度地利用有限的制造资源，缩短生产准备周期和降低产品成本。

因此，在交互式 CAPP 系统中，做好工艺标准化、规范化的基础工作相当重要。基于标准工艺、标准工步、标准工序的交互式 CAPP 系统还应更加强调工艺信息和数据的管理。这类系统能够实现商品化，具有一定的通用性，会在实际中取得很好的应用效果。

2. 变异式 CAPP 系统

变异式 CAPP 系统，又称派生式 CAPP 系统或样件式 CAPP 系统。它以成组技术为基础，对制造系统已经生产过的或拟生产的零件作出适当地分类和编码，形成加工工艺相似的零件族，再根据工艺人员的经验进行工艺路线优化，编制出各零件族的标准工艺，将其储存在计算机数据库中。当为新零件编制工艺时，首先为新零件编制成组编码，然后在计算机数据库中根据该零件的成组编码检索和识别它所属的零件族。若新零件属于某一零件族时，即调出该零件的标准工艺，经过编辑和修改而派生出新零件的加工工艺规程。

图 2-42 所示为变异式 CAPP 系统工作原理,变异式 CAPP 系统分建立系统和使用系统两个阶段。

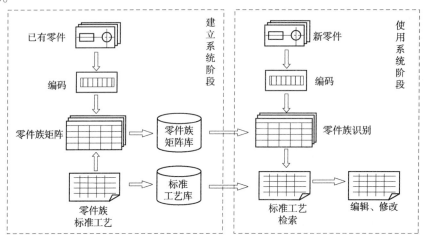

图 2-42　变异式 CAPP 系统工作原理

变异式 CAPP 系统原理简单,易于实现。从国内实际情况来看,以变异式为基础的 CAPP 设计方法较为适用,其主要原因是正在开展或准备推行 CAPP 的企业大都为几十年以上的老厂,产品种类比较固定,发展方向明确,并在多年的生产中积累了一定数量的切实可行的、稳定的产品工艺。在此基础上,通过整理和完善,可制定出变异式 CAPP 系统需要的零件族和标准工艺。但变异式 CAPP 系统是以前人的经验和大量的已有产品的工艺为基础,而且通常局限于特定的相似性大的企业和产品。

3. 创成式 CAPP 系统

创成式 CAPP 系统是根据工艺决策逻辑与算法进行工艺过程设计的,它是从无到有自动生成具体零件的工艺规程。创成法只要求输入零件的图形(主要为零件的特征信息描述)和工艺要求信息(如零件的材料、加工精度要求等),系统自动分析组成该零件的各种几何要素,对每个几何特征确定相应的加工方法,以及各几何特征之间的加工顺序,由系统按照决策逻辑和公式,在不需要人工干预的条件下制定工艺规程。

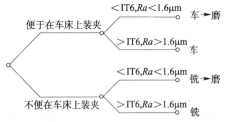

图 2-43　平面加工方法确定的决策树法

目前用于创成式 CAPP 系统的决策方法有:决策树法、决策表法。图 2-43 所示为利用决策树法为平面加工方法进行决策的例子。

创成式 CAPP 系统工艺决策不需人工干预,因此易于保证工艺规程的一致性。但是,由于工艺决策随制造环境变化的多变性及复杂性的因素,目前的创成式 CAPP 系统还局限于某一特定类型的零件,主要是回转体零件(如轴类、套类、盘类等),对于结构复杂、多样的零件,实现创成式 CAPP 系统非常困难。因此,创成式 CAPP 的通用性有待提高。

4. 混合式 CAPP 系统

混合式 CAPP 系统是将变异式、创成式和交互式 CAPP 系统的优点集为一体的系统,以变异法为主,创成法为辅。例如工序和工艺路线设计采用变异法,而工步设计采用创成法。

这种方法综合考虑了变异式和创成式的各自优点,因此很有发展前途,目前国内很多 CAPP 系统采用这类模式。

5. CAPP 专家系统

CAPP 专家系统是一种基于人工智能技术的 CAPP 系统,也称智能型 CAPP 系统。

工艺过程制定历来是一项经验性强而制约条件多的工作,主要依靠工艺人员多年积累的丰富经验和知识做出决策,因此需要将人工智能的原理和方法引入到 CAPP 中来。CAPP 专家系统以专家知识库加推理机为决策机制,更多的是利用逻辑判断、推理来进行决策。

二、CAPP 的功能

CAPP 系统不仅是实现工艺过程设计数字化的重要手段,对工艺管理的数字化也有重要作用,因此 CAPP 系统的功能应该覆盖工艺设计和管理、工艺装备设计和管理、工艺文件管理、工艺定额管理、工艺标准化管理。在这些管理内容中,工艺装备设计一般不包含在 CAPP 中,而是由独立的系统实现;工艺定额管理体现在工艺设计中,是对工艺设计的相关数据汇总;工艺标准化管理内容也局部体现在工艺设计中。

具体地说,CAPP 的功能主要包括以下几方面:

(1)具有工艺设计功能。这是工艺管理工作的核心工作,CAPP 应高效率、高质量的保证工艺设计的完成。一般包括:工艺过程卡和工序卡的编制、工序图的绘制等。实现的方式可以是交互式、变异式、创成式和综合式。

(2)具有对资源的利用和管理功能。在工艺设计的过程中,需要用到企业资源,所谓资源就是工艺设计需要支配工艺资源数据(设备、工装、物料和人力等),需要应用工艺技术支撑数据(工艺规范、国家/企业技术标准),需要参考工艺技术基础数据(标准工艺、工艺档案)。各个企业的资源是不同的,并且使用资源的方式也是不同的。CAPP 系统应广泛而灵活的提供资源内容和资源使用方式以及资源的管理与维护。

(3)具有工艺汇总功能。它也是工艺管理工作的一部分,工艺汇总卡中的数据基于工艺规程,工艺规程中的工艺数据修改后,必须修改汇总卡中的相关内容。其他汇总还包括材料定额汇总、工时定额汇总、制造物料清单(Manufacturing Bill Of Materials,M-BOM)生成等。

(4)能对工艺设计进行管理。诸如"工艺设计目录""工艺设计文件封面""工夹具申请单"等,对于规范工艺文件管理有着极为重要的意义。

(5)基于产品 BOM。不仅能实现零件的工艺设计,还能对装配工艺规程进行设计。在企业中,一切生产活动都是围绕产品 BOM 而展开的,工艺文件作为产品的属性之一,应在工艺设计计划指导下,围绕产品 BOM 展开。基于产品结构进行工艺设计,可以直观、方便、快捷的查找和管理工艺文件。

(6)能对工艺流程进行管理。工艺设计要经过设计、审核、批准、会签等工作流程,CAPP 系统应能实现这种工艺工作中的流程作业。

(7)具有标准工艺、标准工序或标准工步。CAPP 系统中应有标准或称典型工艺、工序、工步的存储、查询和利用。在工艺设计中根据相似零件具有相似工艺的原理,常常有作为以后进行类似工艺设计的参考或模板。

(8)能提供系统的角色和权限机制。工艺设计是由许多不同性质的子任务组成,如产品结构工艺性审查、工艺方案设计、设计工艺路线或车间分工明细表、专用装备设计、设计工艺规程、编制工艺定额、工艺的校对、审核、批准等。工艺设计涉及多个部门和人员,如计划处、生产处、工艺处、设备处、劳资科、标准化室等。因此,需要建立角色和权限管理控制机制。

(9)能提供与其他应用系统集成的接口。

三、CAPP 应用实例

下面以交互式 CAPP 系统为例,介绍其主要功能及应用。图 2-44 所示为某交互式 CAPP 系统结构图,主要功能包括:基础数据维护、工艺规程编制、工艺文件管理、系统维护功能等。

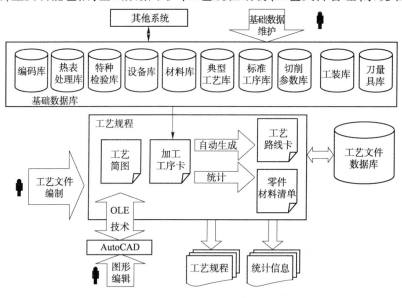

图 2-44 交互式 CAPP 系统体系结构

(1)基础数据维护功能。基础数据库包括工艺规程编制需要的所有基础数据,主要包括:编码库、材料库、标准件库、热处理库、表面处理库、特种检验库、设备库、工装库、刀量具库、典型工艺库、标准工序库、标准工步库等。

(2)工艺规程编制功能。由工艺路线编制、工序卡编制、工艺简图输入组成,工艺规程编辑采用交互输入方式进行。通过基础数据库中的标准工艺、标准工序和标准工步的选择,以提高工艺编制效率及工艺规范性;工艺简图输入模块,既可在 Auto CAD 软件中进行图形编辑,也可扫描输入或从其他的图形格式转入。

(3)工艺文件管理功能。包括工艺规程添加、删除等;工艺信息统计,如工装使用信息、刀具使用信息、机床使用信息、车间加工信息、工时定额统计信息、标准件清单、产品装配清单等;工艺文件状态管理,如工艺文件的版本管理、工艺文件的冻结/解冻状态管理等。

(4)系统维护功能。包括用户权限设置、系统数据备份等功能。

本 章 小 结

(1)机械加工工艺规程简称工艺规程,它是规定零件加工工艺过程和操作方法的工艺文件。机械加工工艺规程主要包括机械加工工艺过程卡、机械加工工序卡、调整卡和检验工序卡片等。

(2)机械加工工艺过程的设计是本章的重点内容,因此要很好地掌握定位基准的选择,加工方法的合理选择,加工阶段的划分,工序的集中与分散(由此确定工序数目的多少),工序顺序的安排等内容,要在保证加工质量的前提下,追求加工的效率和经济性。

(3)工序内容的设计中,要重点掌握加工余量和工序尺寸的确定方法。

(4)尺寸链的解算方法有极值法和统计法两种。极值法是从最不利的情况出发,来解算封闭环的极限尺寸和公差,一般用于中、小批量生产和可靠性要求高的场合;统计法一般用于大批大量生产或用于装配尺寸链的解算。重点应掌握用极值法解算典型工艺尺寸链的方法。

复习思考题

1. 解释下列名词术语。

机械加工工艺规程、工艺性、粗基准、精基准、基准重合、基准统一、经济加工精度、加工分阶段、工序分散、工序集中、加工余量、工序余量、毛坯余量、时间定额、生产率、成组技术、生产成本、投资差额回收期、计算机辅助工艺过程设计(CAPP)。

尺寸链、封闭环、组成环、增环、减环、直线尺寸链、平面尺寸链、独立尺寸链、并联尺寸链、装配尺寸链、零件设计尺寸链、工艺尺寸链。

2. 毛坯的类型及特点有哪些?
3. 在选择精基准时应考虑哪些原则?
4. 在选择粗基准时应该考虑哪些原则?为什么粗基准通常只允许使用一次?
5. 零件表面加工方法的选择主要考虑哪些因素?
6. 为什么对加工质量要求较高的零件在制定工艺路线时要划分加工阶段?通常分为哪几个阶段?
7. 机械加工顺序安排的原则有哪些?热处理工序应如何安排?
8. 工序集中与工序分散各有何特点?
9. 影响加工余量的因素有哪些?
10. 有一小轴零件,毛坯为热轧棒料,大量生产的工艺路线为:粗车→精车→淬火→粗磨→精磨,外圆的设计尺寸为 $\phi 30_{-0.013}^{0}$ mm。已知各工序的加工余量和经济加工精度,试确定各工序尺寸及其偏差,并填入表2-10。

各工序尺寸及偏差   表2-10

工序名称	工序余量(mm)	经济加工精度(mm)	工序尺寸及偏差(mm)	工序名称	工序余量(mm)	经济加工精度(mm)	工序尺寸及偏差(mm)
精磨	0.1	0.013(IT6)		粗车	6	0.21(IT12)	
粗磨	0.4	0.033(IT8)		毛坯尺寸		±1.2	
精车	1.5	0.084(IT10)					

11. 试说明时间定额的含义及其组成部分。

12. 提高机械加工劳动生产率的工艺措施有哪些？

13. 何谓工艺成本？工艺成本评比时如何区分可变费用与不变费用？

14. 图 2-45 所示零件，现除表面 A 外，其余表面均已加工完毕。成批生产时用端面 B 定位加工表面 A，试标注并计算铣此缺口 A 时的工序尺寸及偏差。

15. 加工如图 2-46 所示零件，设计尺寸为 $26\text{mm} \pm 0.05\text{mm}$ 和 $36_{-0.06}^{0}\text{mm}$ 已保证，现要求保证设计尺寸 $6\text{mm} \pm 0.1\text{mm}$。由于该设计尺寸不便测量，只好通过测量尺寸 L 来间接保证，试求测量尺寸 L 及其上、下极限偏差？

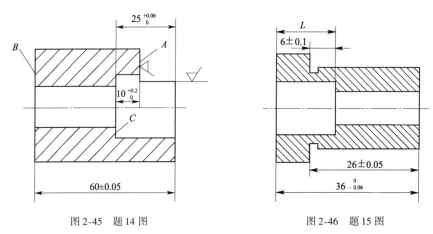

图 2-45 题 14 图   　　　　　　　图 2-46 题 15 图

16. 加工图 2-47 所示零件，加工过程为：车外圆尺寸达到 $\phi 80.5_{-0.1}^{0}$，铣键槽尺寸达到 A，磨外圆尺寸达到 $\phi 80_{-0.05}^{0}$。试求铣键槽的工序尺寸 A 及偏差。

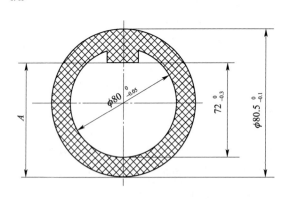

图 2-47 题 16 图

17. 图 2-48a) 所示为某柴油机机体零件图，相关表面加工的工艺过程：①精铣顶平面 P，工序尺寸为 A_1（图 2-48b）；②精镗曲轴主轴承座孔和凸轮轴轴承孔，工序尺寸分别为 B_1、B_2（图 2-48c）。试：

(1) 建立工艺尺寸链，并指出尺寸链间关系和封闭环。

(2) 计算工序尺寸 A_1、B_1 及 B_2，公差和极限偏差。

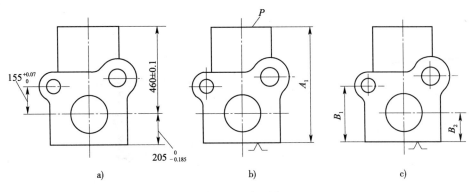

图 2-48 题 17 图

18. 加工套筒零件，其零件图及加工过程如图 2-49 所示，试求工序尺寸 L_1 和 L_2 及其极限偏差。

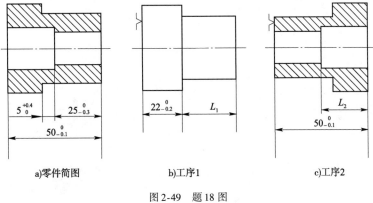

a)零件简图　　　　　b)工序1　　　　　c)工序2

图 2-49 题 18 图

第三章　汽车零件的机械加工质量

 教学目标

1. 掌握机械加工质量的基本概念。
2. 了解影响机械加工精度的因素,分析各种因素对加工精度的影响。
3. 掌握误差复映规律的含义。
4. 掌握加工误差的统计分析方法。
5. 了解表面质量的形成及影响因素,表面质量对零件使用性能的影响。

 教学要点

知识要点	掌握程度	相关知识
加工精度、表面质量	掌握加工质量的内容	加工质量、加工精度、表面质量
工艺系统几何精度对加工精度的影响因素	了解机床误差、刀具制造安装误差等对加工精度的影响	机床误差、刀具制造安装误差等对加工精度的影响
工艺系统刚度	掌握工艺系统刚度的影响因素	工艺系统刚度的影响因素、误差复映现象
工艺系统热变形	了解工艺系统热变形	工艺系统热变形
加工误差的综合分析方法	掌握加工误差的含义	系统性误差、随机性误差
加工表面质量的影响因素	了解加工表面质量的含义	表面质量对零件使用性能的影响

第一节　机械加工质量的基本概念

任何机械加工方法所得到的零件实际参数都不会绝对准确,从满足零件的使用功能上看,只要加工误差在汽车零件图要求的公差范围内,就认为保证了加工精度。汽车零部件的质量取决于零件的加工质量和部件的装配质量,汽车零件加工质量包含零件加工精度和表面质量两大部分。

一、加工精度和加工误差

1. 加工精度

加工精度是指零件加工后的实际几何参数(尺寸、几何形状和表面间相互位置)与图样要求的理想几何参数的符合程度。实际值越接近理想值,加工精度就越高。它包括以下 3 个方面:

(1) 尺寸精度。指零件加工后的直径、长度、表面距离等实际尺寸与图样要求的理想尺寸的接近程度。

尺寸精度是用尺寸公差来衡量的。尺寸公差是切削加工中零件尺寸允许的变动量。在公称尺寸相同的情况下,尺寸公差越小,则尺寸精度越高。国家标准《产品几何技术规范(GPS) 极限与配合 第 2 部分:标准公差等级和孔、轴极限偏差值》(GB/T 1800.2—2009)规定:尺寸公差分为 20 个公差等级,即 IT01,IT0,IT1,IT2,…,IT17,IT18,从 IT01~IT18,精度依次降低,公差数值依次增大。

(2) 形状精度。指零件加工后的线、面等实际形状与图样要求的理想形状的接近程度。

评定形状精度的项目按《产品几何技术规范(GPS) 几何公差形状、方向、位置和跳动公差标注》(GB/T 1182—2008)规定,有直线度、平面度、圆度、圆柱度、线轮廓度和面轮廓度等 6 项。形状精度是用形状公差来控制的,各项形状公差,除圆度、圆柱度分 13 个精度等级外,其余均分为 12 个精度等级。1 级最高,12 级最低。

(3) 位置精度。指零件加工后的点、线、面的实际位置与图样要求的理想位置的接近程度。

评定位置精度的项目按 GB/T 1182—2008 规定,有平行度、垂直度、倾斜度、同轴度、对称度、位置度、圆跳动和全跳动等 8 项。位置精度是用位置误差来控制的,各项目的位置公差分为 12 个精度等级。

零件加工精度的 3 个方面既有区别,又有联系。没有一定的形状精度,就谈不上尺寸和位置精度。例如,不圆的圆柱表面就没有确定的直径,不平的平面与基准之间就没有准确的平行度或垂直度。

对零件机械加工精度要求,习惯上是以公差值大小或公差等级来表示。为此,在零件图上对其尺寸、形状和有关表面间的位置都必须以一定形式标注出能满足该零件使用性能要求的公差或偏差。对一个零件来说,公差值或公差等级越小,表示对它的机械加工精度要求越高。

2. 加工误差

加工误差与加工精度相反,零件加工误差是指零件加工后的实际几何参数对其理想几何参数的偏离程度。在加工中,由于各种因素的影响,不可能将零件的每一个几何参数加工得与其理想几何参数完全相符,总会产生加工误差。只要它不超出零件图上所规定的公差,就可以说保证了零件加工精度要求。由此可见,"加工精度"和"加工误差"这两个概念是从两个不同侧面来评定零件几何参数加工状态的。加工精度高、低是通过加工误差大、小来度量的,加工精度越高,加工误差越小。所以,保证和提高加工精度,实际上就是限制和减小加工误差。一般情况下,零件加工精度越高则加工成本也越高,生产率也会相应下降。设计人员应根据使用要求合理地规定零件加工精度,工艺人员则应根据设计要求、生产条件等采取适当的工艺手段,以保证加工误差不超出允许范围,并在此前提下尽量提高生产率和降低成本。研究加工精度的目的,就是要弄清各种因素对加工精度影响的规律,掌握控制加工误差的方法,以获得预期的加工精度,必要时能提出进一步提高加工精度的途径。

二、表面质量

在机械加工中表面质量是指:机械加工后零件表面层的微观几何结构及表层金属材料性质发生变化的情况。经机械加工后的零件表面并非理想的光滑表面,它存在着不同程度的粗糙波纹、冷硬、裂纹等表面缺陷。虽然只有极薄的一层(0.05~0.15mm),但对机器零件的使用性能有着极大的影响;零件的磨损、腐蚀和疲劳破坏都是从零件表面开始的,特别是现代化工业生产使机器正朝着精密化、高速化、多功能方向发展,工作在高温、高压、高速、高应力条件下的机械零件,表面层的任何缺陷都会加速零件的失效。表面质量主要包括表面微观几何形状特征、表面层的物理力学性能和化学性能两大部分。

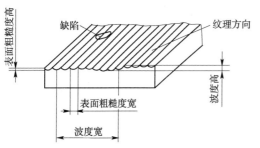

图 3-1 加工表面的微观几何形状特征

1. 表面微观几何形状特征

表面微观几何形状特征主要包括四个部分,如图 3-1 所示。

(1) 表面粗糙度。

表面粗糙度是指已加工表面的微观几何形状误差,其波距与波高的比值 $L/H < 50$。

(2) 表面波度。

表面波度即介于宏观几何形状误差与表面粗糙度之间的周期性几何形状误差,其波距与波高的比值 $L/H = 50 \sim 1000$,它主要是由机械加工中的振动引起的。波距与波高的比值 $L/H > 1000$ 的几何形状误差为宏观几何误差,如平面度误差、圆柱度误差等,它们并不属于表面质量的范畴,而是属于加工精度的范畴。

(3) 纹理方向。

纹理方向是指切削刀痕的方向,如图 3-2 所示,列出了几种加工纹理方向及其符号标注方法。运动副或者密封件的表面常常对纹理方向有一定的要求。

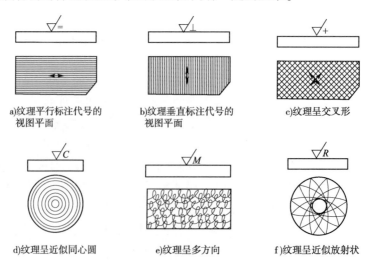

图 3-2 加工纹理方向及其符号标注

(4)表面缺陷。

表面缺陷是指在表面个别位置上随机出现的,包括砂眼、夹杂、气孔、裂痕等。

2. 表面层的物理力学性能和化学性能

在切削力和切削热的作用下,表面层的物理力学性能和化学性能将发生一定的变化,主要体现在以下三个方面:

(1)加工硬化。指工件加工后,表面层因塑性变形引起的强度和硬度提高的现象。

(2)表面层的残余应力。指机械加工中工件表面层所产生的残余应力。

(3)表面层金相组织变化。指工件加工后,工件表层因切削热引起的金相组织发生了变化。

随着汽车等机械产品性能的不断提高,一些在高应力、高速、高温等条件下工作的重要零件,对其表面质量的需求也不断提高。因此,出现了表面完整性的概念。表面完整性是指经加工后的零件,其表面层状态或性能无任何损伤甚至有所提高。表面完整性除包括上述三个方面外,还包括表面杂质、裂缝、再结晶、晶粒间腐蚀等。

第二节　影响机械加工精度的主要因素

加工精度的获得取决于工件和刀具在切削运动过程中相互位置关系,而工件和刀具又安装在夹具和机床上,并受到机床和夹具的约束。因此,在机械加工时,机床、夹具、刀具和工件构成了一个完整的系统,称为机械加工工艺系统(简称工艺系统)。加工精度涉及整个工艺系统精度。工艺系统中的种种误差,会使各组成部分之间的位置或运动关系偏离理想状态,在不同的具体条件下,以不同程度反映为工件加工误差。所以工艺系统误差是"因",零件加工误差是"果"。因此,把工艺系统中凡能直接引起加工误差的因素都称之为原始误差,它是影响加工精度的主要因素。原始误差中,一部分与工艺系统本身初始状态有关,是在零件切削加工前,加工方法本身存在着加工原理误差或由机床、夹具、刀具、量具和工件所组成的工艺系统本身就存在某些误差,称为加工前误差或工艺系统静误差;一部分是在零件加工过程中,由于力、热和刀具磨损等因素的影响,使工艺系统原有精度被破坏,产生新的附加原始误差,称为工艺系统动误差或加工中误差;还有一部分称之加工后原始误差,这类原始误差是指工件内应力重新分布引起的变形以及测量误差(这里指测量力引起的变形误差、测量环境误差及读数误差)等加工后产生的误差。

图 3-3 所示为汽车活塞销孔精镗工序中的各种原始误差。其中包括:①夹具制造误差;②工件装夹误差,包括定位误差和因夹紧力过大而产生的夹紧变形误差;③机床误差,因机床制造或使用中的磨损产生的导轨导向误差;④调整误差,因调整刀具与工件之间相对位置而产生的对刀误差;⑤工艺系统热变形,因切削热、摩擦热等因素的影响而产生的机床热变形;⑥加工过程中因刀具磨损产生的误差;⑦测量误差,因测量方法和量具本身而产生的误差。

因此,机械加工误差总体归纳如图 3-4 所示。

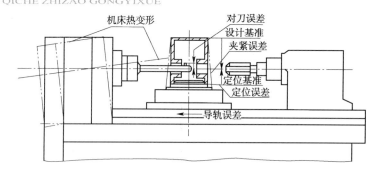

图 3-3 活塞销孔精镗工序中的各种原始误差

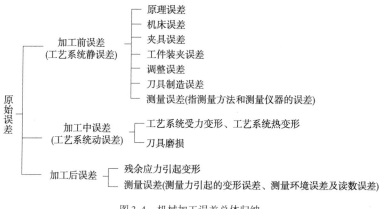

图 3-4 机械加工误差总体归纳

一、影响加工精度的主要因素及其控制

1. 机床误差对加工精度的影响

汽车零件加工中刀具相对于工件的成形运动,通常都是通过机床实现的。因此,机床精度在很大程度上决定了工件加工精度。机床的几何误差对加工精度会产生影响,主要有机床制造误差、机床安装误差和机床使用中磨损误差等。根据我国部颁的《机床专业标准》,机床在出厂前都要通过机床精度检验,现以车床为例。

导轨在车床中起导向和承载作用。它既是确定机床主要部件相对位置的基准,也是保持运动关系的关键。导轨各项误差,特别是导轨上对加工精度影响最大方向上(误差敏感方向)的误差,直接影响工件的加工质量。

1) 机床导轨的直线度误差对加工精度的影响

机床导轨是机床移动部件运动的基准。机床导轨的直线度误差影响机床移动部件的运动精度,从而影响加工精度。机床导轨在不同平面内的直线度误差对加工精度的影响程度视不同机床而异。以卧式车床为例,如果导轨在水平面内有直线度误差 Δy(图 3-5),则在纵向切削过程中,刀尖的运动轨迹相对工件轴线之间的距离会发生变化,引起工件半径上的尺寸变化,即产生圆柱度误差 $\Delta R = \Delta y$。该方向导轨的直线度误差引起的加工误差方向为加工表面的法线方向,由于该方向的误差对加工精度的影响最大(以 1:1 的关系转化为加工误差),一般把加工表面切削点处的法线方向称为误差敏感方向。

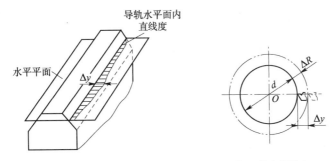

图 3-5　车床导轨在水平面内的直线度误差对加工精度的影响

如果车床导轨在垂直面内存在直线度误差 Δz（图 3-6），在纵向切削中则会引起刀尖产生相应的切向位移 Δz，导致工件沿轴向在半径上产生尺寸误差 ΔR。由图 3-6 可知

$$\left(\frac{d}{2}+\Delta R\right)^2 = \left(\frac{d}{2}\right)^2 + \Delta z^2$$

化简，并忽略 ΔR^2 项，得

$$\Delta R = \frac{\Delta z^2}{d} \tag{3-1}$$

由于 Δz 很小，所以 Δz^2 更小。例如，$d = 100\mathrm{mm}$，$\Delta z = 0.3\mathrm{mm}$ 时，则由 Δz 引起的误差为

$$\Delta R = \left(\frac{0.3^2}{100}\right)\mathrm{mm} = 0.0009\mathrm{mm}$$

因此，如果车床导轨在垂直内有直线度误差，对加工精度的影响甚微，可忽略不计。故在国家标准中，对车床导轨在水平面内的直线度公差较垂直面内的值规定得更小些。

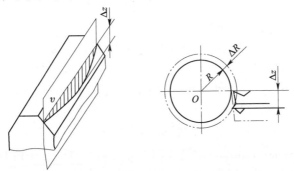

图 3-6　车床导轨在垂直面内的直线度误差对加工精度的影响

2）机床主轴旋转轴线与导轨的平行度对加工精度的影响

如果车床主轴旋转轴线与导轨在水平面内不平行，工件被加工成锥体。若此项平行度误差在长度 L 上为 a，则被加工表面的锥度为

$$k = \frac{2a}{L} \tag{3-2}$$

如果车床主轴旋转轴线与导轨在垂直面内不平行，则工件表面被加工成双曲面回转体，如图 3-7 所示。图中 OX 为工件轴线，AC 为刀尖轨迹，它与 XOY 面的倾斜角为 β，则

$$\tan\beta = \frac{b}{L}$$

式中：b——机床旋转轴线与导轨在垂直面内 L 长度上的平行度误差。

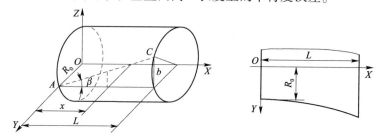

图 3-7 车床主轴旋转轴线与导轨在垂直面内不平行对加工精度的影响

令 $x=0$ 处工件半径为 R_0，则任意位置 x 处的半径为

$$R_x = \sqrt{R_0^2 + x^2\tan^2\beta}$$

或

$$R_x = \sqrt{R_0^2 + \frac{x^2 b^2}{L^2}}$$

用 y 代替 R_x，得

$$\frac{y^2}{R_0^2} - \frac{x^2}{\left(R_0\dfrac{L}{b}\right)^2} = 1 \tag{3-3}$$

这是双曲线方程式。任意位置 x 处半径上的增量为

$$\Delta R_x = \sqrt{R_0^2 + \frac{x^2 b^2}{L^2}} - R_0$$

车床导轨误差不仅取决于它的制造误差，还和机床的安装误差及使用过程中的磨损有关。如果安装不正确、水平调整不好，或者地基不良，都会造成导轨弯曲等变形。由于使用程度不同及受力不均，机床使用一段时间后导轨沿全长上各段的磨损量不等，并且在同截面上各导轨的磨损量也不等。导轨磨损会引起床鞍沿导轨移动时在水平面和垂直面内发生位移，且有扭曲，从而产生加工误差。

3）导轨间平行度误差对加工精度的影响

如图 3-8 所示，当卧式车床或外圆磨床的前后导轨在垂直平面内有平行度误差（扭曲）时，刀架将产生摆动，使刀架沿床身导轨做纵向进给运动时，刀尖运动轨迹变成一条空间曲线，从而使刀尖相对工件产生偏移，使工件产生形状误差（鼓形、鞍形、锥度）。

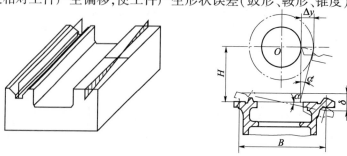

图 3-8 导轨间的平行度误差对加工精度的影响

若在垂直于纵向走刀的某一截面内,前后导轨平行度误差为δ,如图3-8所示,则零件半径误差ΔR 因δ很小,α≈α',近似地等于刀尖水平位移Δy,即

$$\Delta R \approx \Delta y = \delta \frac{H}{B} \tag{3-4}$$

一般车床 $H/B \approx 2/3$,外圆磨床 $H/B \approx 1$。因此这项原始误差对加工精度的影响不能忽略。因为δ在Z方向不同位置处的值不同,因此,加工出的零件将产生圆柱度误差。

4)导轨磨损对加工精度的影响

例如车床床身前导轨(图3-9中的K)的磨损要比后导轨的磨损严重(一般大5倍),若前导轨在车床长度上某处磨损成一个深度为Δ的凹坑,而后导轨还是平直的(图3-9),床鞍在沿床身导轨移动时将发生偏移,使导轨相对工件产生偏移,从而使工件产生形状误差。从图3-9可知,刀尖相对工件在水平方向上产生的偏移量为

$$\Delta y = H \frac{\Delta}{B} \tag{3-5}$$

式中:H——车床的中心高;
  Δ——床身前后导轨扭曲量;
  B——床身前后导轨的距离。

该偏移量最终反映到工件上,工件直径将增加约 $2\Delta y$。

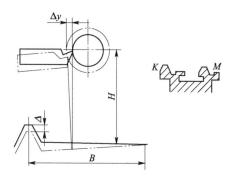

图3-9 车床床身导轨扭曲对加工精度的影响

2.刀具的制造、安装误差与磨损产生的误差

刀具产生误差主要包括切削部分、装夹部分的制造误差和刀具安装误差以及刀具磨损产生的误差。刀具误差对加工精度的影响随刀具种类不同而不同。

1)定尺寸刀具

采用定尺寸刀具,如钻头、铰刀、圆拉刀等加工时,刀具尺寸误差和形状误差以及磨损都将直接影响工件尺寸精度;同时刀具工作条件,如机床主轴跳动或因刀具安装不当引起径向或端面圆跳动等,将会使被加工面尺寸误差扩大。这类刀具的耐用度一般均较高,在加工批量不大的情况下其磨损量很小,影响可以忽略不计。但在加工余量过小或工件壁厚较薄的情况下,使用不锋利刀具加工时,工件加工表面会发生收缩现象。用钻头、铰刀等刀具加工孔时,孔径尺寸扩大主要是因两侧刃受力不均而引起径向振摆的缘故,对于受力不均,则往往是刃磨不当,两侧刃对尾柄轴线不对称造成的。钻孔时,使用适当钻套导向,可限制刀具径向振摆,减小加工孔径扩张量并提高孔位置精度。

2)成形刀具

采用成形刀具(例如成形车刀、成形铣刀、齿轮模数铣刀、成形砂轮等)加工时,刀具形状误差和磨损将直接影响工件形状精度。但这类刀具耐用度较高,在加工批量不大时,磨损很小,对加工精度的影响可忽略不计。但此类刀具因安装误差所引起被加工工件形状误差则不可忽视,刀具安装误差将直接映射到被加工工件的形状误差中。

3) 展成刀具

展成法刀具(如齿轮滚刀、插齿刀等)加工工件时,刀刃几何形状和有关尺寸精度以及安装、调整不正确时,将会直接影响被加工面形状精度。在加工批量不大时,这类刀具磨损很小,可忽略不计。

4) 一般刀具

对于一般刀具(如普通车刀、刨刀、单刃镗刀和面铣刀等)其制造误差对工件加工精度没有直接影响(因为加工表面形状主要由机床运动精度来保证,加工表面尺寸主要由调整来保证),但磨损后对工件尺寸或形状精度有一定影响。因为其刃口锋利程度与刀具位置调整存在一定关系。刀具刃口实际上是一个半径为 r_s 的圆弧,锋利刃口的 r_s 大小为 0.010 ~ 0.020mm,用钝后可达 0.10 ~ 0.15mm。当 r_s 较大时,刀刃就不能切除较薄的金属层,而只能从金属表面挤压过去,这样,在刀具的挤压、黏合和刮削的作用下,金属表面层将发生较大的弹性变形、塑性变形和撕裂,不仅表面质量变坏,并且工件加工尺寸也难以控制。

刀具磨损除使切削状态变坏外,还改变了刀尖与工件中心的相对位置,在调整法加工一批工件时,将会引起尺寸波动。一般刀具耐用度低,在一次调整加工中,磨损较显著,特别是在加工大型工件时,因加工持续时间长,刀具磨损更加严重,对工件尺寸及形状精度的影响不可小视。对于精细车和精细镗,若进给量很小,刀具磨损对加工精度的影响更大,必须采用高耐用度的刀具,如金刚石刀具等。

刀具磨损量 NB 是在被加工表面法线方向上测量的(即 NB 是刀具在加工误差敏感方向上的磨损量)。如图 3-10a)所示,刀尖在工件法向磨损量为 NB 时,调整尺寸 R 将变为 R',工件直径则将从 $2R$ 变为 $2R' = 2(R + NB)$。

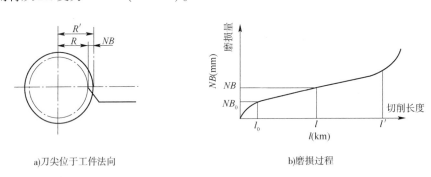

a)刀尖位于工件法向　　　　　b)磨损过程

图 3-10　刀具的尺寸磨损与切削长度的关系

刀具的磨损过程($l_0 < l < l'$)有三个阶段,如图 3-10b)所示。第一个阶段($l < l_0$)时间短,磨损剧烈,称为初期磨损阶段。第二阶段磨损量与切削长度成正比,称为正常磨损阶段,刀具绝大部分工作应在这个阶段内进行。第三个阶段($l > l'$)刀具磨损迅速,刀具将在很短时间内损坏,称为急剧磨损阶段。

3. 工艺系统的受力变形(压移)对加工精度的影响

如图 3-11a)所示,在车削细长轴时,工件在切削力的作用下会发生弯曲变形,从而引起切削深度的变化,使加工出的轴出现中间粗两头细(鼓形圆柱度误差)的情况;如图 3-11b)所示,在内圆磨床上以切入法磨孔时,同样是在切削力的作用下,由于内圆磨头主轴弯曲变形,磨出的孔会出现圆柱度误差(锥度);如图 3-11c)所示,被加工表面呈抛物回转体;如

图 3-11d)所示,在外圆磨床用宽砂轮横向进给磨削工件轴颈时,由于磨床头架刚度高于尾架刚度,在切削力的作用下,将造成被加工轴颈圆柱度误差;如图 3-11e)所示,在牛头刨床上加工矩形平板时,由于滑枕和工作台在切削力作用下产生变形,将使加工后的平板产生如图 3-11e)所示的平面度及平行度误差。诸如此类加工实例,均是因切削力引起的工艺系统相关部分变形而引起的。

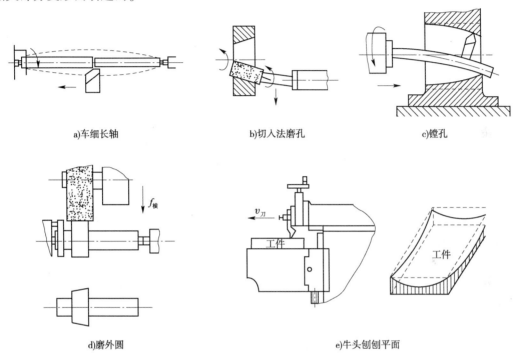

图 3-11 工艺系统的受力变形

1) 工艺系统的刚度

工艺系统受力变形通常是弹性变形。一般来说,工艺系统抵抗弹性变形的能力越强,则加工精度越高。工艺系统抵抗变形的能力,用刚度 K_S 来描述。加工过程中,工艺系统在外力作用下,将在各个受力方向上产生变形。但只有沿加工表面法线方向(误差敏感方向)的变形对加工精度影响最大。考虑到误差敏感方向及一般刚度概念中的力与位移方向的一致性,工艺系统刚度 K_S 定义为:作用在加工表面法线方向上的切削分力 F_P(称为背向力)与工艺系统在该方向上的变形量(即切削刃在此方向上相对于工件的位移)y 的比值,即

$$K_S = \frac{F_P}{y} \tag{3-6}$$

与一般刚度概念不同的是,式(3-6)中变形量(或位移)y 是综合性的,它是三个切削力:F_C(切削力)、F_P、F_f(进给力)同时作用的综合结果。

如果引起工艺系统变形的作用力是静态力,则由此力和变形关系所决定的刚度称为静刚度。如果作用力是随时间变化的交变力,则由该力和变形关系所确定的刚度称为动刚度。工艺系统的动刚度关系到系统的振动情况。本节只研究工艺系统的静刚度及其对加工精度的影响。

2) 工艺系统刚度及对其加工精度的影响

(1) 机床刚度及对其加工精度的影响。

机床的刚度取决于机床各有关部件的刚度。而各有关部件的刚度可通过试验确定。在已知机床各部件刚度的情况下,就可计算出机床的刚度。

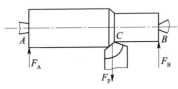

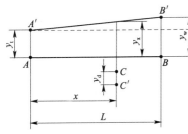

图 3-12　车床刚度的计算

现以图 3-12 所示在车床两顶尖间加工光轴的情况为例进行分析。在切削力的作用下,主轴箱的位置从 A 移至 A',尾座从 B 移至 B',刀架从 C 移至 C'。主轴箱、尾座和刀架的变形量分别为 y_t、y_w、y_d。假定工件为刚体(即工件不变形,只考虑机床的变形),则工件轴线由 AB 移至 $A'B'$,在离前顶尖 x 处的变形量为 y_x。机床的变形量 y_j 为

$$y_j = y_x + y_d \tag{3-7}$$

而

$$y_x = y_t + \frac{x}{L}(y_w - y_t) \tag{3-8}$$

设 F_A、F_B 分别为由背向力 F_P 在主轴箱和尾座处引起的作用力,则有

$$F_A L = F_P(L - x)$$

$$F_B L = F_P x$$

或

$$F_A = F_P\left(\frac{L - x}{L}\right)$$

$$F_B = F_P\left(\frac{x}{L}\right)$$

因为

$$y_t = \frac{F_A}{k_t}$$

$$y_w = \frac{F_B}{k_w}$$

所以

$$y_t = \frac{F_P}{k_t}\left(\frac{L - x}{L}\right)$$

$$y_w = \frac{F_P}{k_w}\left(\frac{x}{L}\right)$$

代入式(3-8),并整理得

$$y_x = \frac{F_P}{k_t}\left(\frac{L - x}{L}\right)^2 + \frac{F_P}{k_w}\left(\frac{x}{L}\right)^2 \tag{3-9}$$

将式(3-9)及 $y_d = F_P/k_d$ 代入式(3-7)得

$$y_j = \frac{F_P}{k_t}\left(\frac{L - x}{L}\right)^2 + \frac{F_P}{k_w}\left(\frac{x}{L}\right)^2 + \frac{F_P}{k_d} \tag{3-10}$$

故离前顶尖任意点 x 处的车床刚度 k_j 为

$$k_{\mathrm{j}} = \frac{F_{\mathrm{P}}}{y_{\mathrm{j}}} = \frac{1}{\frac{1}{k_{\mathrm{t}}}\left(\frac{L-x}{L}\right)^2 + \frac{1}{k_{\mathrm{w}}}\left(\frac{x}{L}\right)^2 + \frac{1}{k_{\mathrm{d}}}} \tag{3-11}$$

由式(3-11)可知,机床的刚度并不是一个常值,而是车刀切削点位置 x 的函数。一般取切削点位于工件中点处的刚度来代表车床的刚度,即以 $x = L/2$ 代入式(3-11),得

$$k_{\mathrm{j}(L/2)} = \frac{1}{\frac{1}{4}\left(\frac{1}{k_{\mathrm{t}}} + \frac{1}{k_{\mathrm{w}}}\right) + \frac{1}{k_{\mathrm{d}}}} \tag{3-12}$$

在式(3-11)中令 $\mathrm{d}k_{\mathrm{j}}/\mathrm{d}x = 0$,可求证在 $x = Lk_{\mathrm{w}}/(k_{\mathrm{t}} + k_{\mathrm{w}})$ 处刚度有最大值为

$$k_{\mathrm{jmax}} = \frac{1}{\frac{1}{k_{\mathrm{t}} + k_{\mathrm{w}}} + \frac{1}{k_{\mathrm{d}}}} \tag{3-13}$$

由上述分析可知,机床的刚度不是一个常值,而是切削点位置 x 的函数。因此,在车床加工轴类工件时,沿工件轴向方向的受力变形是不一致的。由于受力变形大的位置处工件被切除的金属层薄,受力变形小的位置处工件被切除的金属层厚,工件加工后的形状为鞍形,产生圆柱度误差。

(2)工件刚度对加工精度的影响。

工件的刚度及受力变形可根据工件的受力情况及装夹方法建立适当的力学模型来进行计算。现以车床上常见的加工情况为例进行说明。

①工件在两顶尖间装夹。这种装夹方式近似于支承在两个支点上的梁,在切削力的作用下,如果工件是一根光轴,则最大挠度发生在工件的中间位置。在纵向工作行程中,车刀所切下的切削厚度将不相等。如不考虑车床刚度的影响,在工件中点处,即挠度最大的位置处切削最薄,而两端切削最厚,最厚加工出的零件形状如图3-13所示为腰鼓形,产生圆柱度误差。

②工件在卡盘中装夹。这种装夹方式近似悬臂梁,如果工件是刚度较小的光轴,则最大挠曲发生在切削力作用在工件末端时,加工后的零件形状如图3-14所示,为喇叭口形,产生圆柱度误差。由于这种装夹方式工件的受力变形较大,因此,一般用于长径比不大的工件加工。

③工件装夹在卡盘上并用后顶尖支撑。这种装夹方式属于静不定系统,加工后的零件形状如图3-15所示。

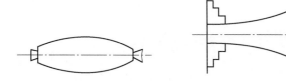
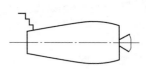

图3-13 工件在车床两顶尖间装夹　　图3-14 工件在车床卡盘中装夹　　图3-15 工件装夹在卡盘上并用后顶尖支撑

(3)刀具刚度对加工精度的影响。

多数情况下刀具刚度对工件精度无显著影响,如车刀受主切削力影响在切线方向变形引起的加工误差就很小,通常可不予考虑。但在某些情况下刀具变形也会产生显著影响,例

如镗小直径孔时,镗杆刚度对加工精度就影响较大。

3)工艺系统的受力对加工精度的影响

(1)切削力作用位置变化对加工精度的影响。

在切削过程中,工艺系统刚度随切削力作用点位置变化而变化,引起系统变形的差异,造成被加工零件加工误差。

(2)切削力大小变化引起的误差。

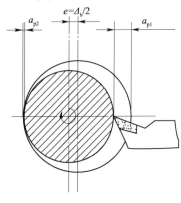

图3-16 车削偏心毛坯

如图3-16所示,在车床上加工具有偏心的毛坯,毛坯转一转时,背吃刀量从最小值a_{p2}增大到最大值a_{p1},然后再降至最小值a_{p2},切削力也相应地由最小增至最大,又减至最小。与此同时,工艺系统各部件也相应地产生位移,切削力的变化与位移变化成比例,切削力大时位移大,切削力小时位移小,所以偏心毛坯加工后得到的表面仍然是偏心的,即毛坯误差被复映下来了,只不过误差减小了很多,这称为误差复映规律,这个规律还可以推广到毛坯的其他形状和相互位置误差中去。当成批加工毛坯表面时,由于毛坯存在较大的尺寸误差,用静调整法获得工序尺寸时,加工后的工序尺寸将有一定程度的分散。

工件半径上的加工误差Δ_w可确定如下:

$$\Delta_w = y_1 - y_2 = \frac{\lambda F_{p1}}{K_S} - \frac{\lambda F_{p2}}{K_S} \tag{3-14}$$

式中:y_1、y_2——背吃刀量为a_{p1}、a_{p2}时工艺系统的压移;

λ——主要与刀具几何角度有关的系数,一般取$0.4 \sim 0.5$;

F_{p1}、F_{p2}——背吃刀量为a_{p1}、a_{p2}时的背向力;

K_S——工艺系统的刚度。

根据切削原理,外圆纵车、横车背向力F_p与切削力F_c有如下关系:

$$F_c = C_{F_c} a_p f^{0.75}$$

式中:f——进给量;

a_p——背吃刀量;

C_{F_c}——与工件材料、刀具几何角度等有关的系数。

将F_p值代入式(3-14)得

$$\Delta_w = \frac{\lambda F_{c1}}{K_S} - \frac{\lambda F_{c2}}{K_S}$$

$$= \frac{\lambda}{K_S}(C_{F_c} f^{0.75} a_{p1} - C_{F_c} f^{0.75} a_{p2})$$

$$= \frac{\lambda}{K_S} C_{F_c} f^{0.75}(a_{p1} - a_{p2})$$

$$= \frac{\lambda}{K_S} C_{F_c} f^{0.75} \Delta_b$$

式中：$\Delta_b = a_{p1} - a_{p2}$，为毛坯的半径误差。

从上式可知，当毛坯偏心 $e = \Delta_b/2$（或其他形状位置误差）一定时，工艺系统的刚度越大，加工后的偏心 $e' = \Delta_w/2$（或其他形状位置）越小，即加工后工件的精度越高。

为了表示工件加工后精度提高的程度，引入误差复映系数，以 ε 表示为：

$$\varepsilon = \frac{\Delta_w}{\Delta_b} = \frac{\lambda}{K_S} C_{F_c} f^{0.75} \tag{3-15}$$

ε 值越小，表面加工后零件的精度越高。

当表面分几次加工时，第一次的误差复映系数为 ε_1，第二次的误差复映系数为 ε_2，第三次的误差复映系数为 ε_3，…，则该表面总的误差复映系数为

$$\varepsilon = \varepsilon_1 \varepsilon_2 \varepsilon_3 \cdots \varepsilon_n = \prod_{i=1}^{n} \varepsilon_i \tag{3-16}$$

因为每个误差复映系数均小于1，故总的误差复映系数 ε 将是一个很小的数值。这样，经过几次工作行程的加工后，工件误差逐渐减小，从而达到所要求的加工精度。因此，精度要求高的表面，需通过粗、精和精整加工等几道工序完成加工。

例：镗主轴孔的圆度误差为 0.001。已知：测量人工时效后，精加工前的零件存在有误差 $\Delta_w = 1\mathrm{mm}$，并测得系统刚度 $K_S = 8000\mathrm{N/mm}$，$C_{F_c} = 2500$，$\lambda = 0.4$。求：当走刀量为 $f = 0.5\mathrm{mm/r}$ 时，加工出符合质量零件的走刀次数及各次走刀后的零件圆度误差。

解：$\varepsilon = \dfrac{\Delta_w}{\Delta_b} = \dfrac{\lambda}{K_S} C_{F_c} f^{0.75} = 0.4 \times 2500 \times 0.5^{0.75}/8000 = 0.074$

第一次走刀后的零件圆度误差 $\Delta_{w1} = \varepsilon\Delta_{w1} = 0.074 \times 1 = 0.074 (\mathrm{mm})$

第二次走刀后的零件圆度误差 $\Delta_{w2} = \varepsilon\Delta_{w2} = 0.074 \times 0.074 = 0.0055 (\mathrm{mm})$

第三次走刀后的零件圆度误差 $\Delta_{w3} = \varepsilon\Delta_{w3} = 0.074 \times 0.0055 = 0.00041 (\mathrm{mm})$

因 $\Delta_{w3} = 0.00041\mathrm{mm} < 0.001\mathrm{mm}$，所以应安排三次走刀。

4．工艺系统热变形对加工精度的影响

1）工艺系统热源

加工过程中，工艺系统热源主要有两大类：内部热源和外部热源。

（1）内部热源。

内部热源来自切削过程，主要包括以下三个来源。

①切削热。切削加工过程中，切削金属层的弹性、塑性变形及刀具、工件、切屑间摩擦消耗的能量绝大多数转化为切削热。这些热量以不同比例传给工件、刀具、切屑及周围介质，它是工艺系统中工件和刀具热变形的主要热源。如在车削加工中，传给工件的热量占总切削热的30%左右，切削速度越高，切屑带走热量越多，传给工件热量就越少；在镗削、刨削加工中，传给工件的热量占总切削热的比例小于30%；在钻孔和卧式镗孔加工中，因为大量切屑滞留在所加工孔中，传给工件的热量往往超过50%；磨削加工中传给工件热量有时多达80%以上，磨削区温度可高达 $800 \sim 1000\mathrm{℃}$。

②摩擦热和动力装置能量损耗产生的热。机床中各种运动副，如导轨副、齿轮副、丝杠螺母副、蜗轮蜗杆副、摩擦离合器等，在相对运动过程中，因摩擦而产生热量。机床各种动力源如液压系统、电动机、液压马达等，工作时也要产生能量损耗而发热。这些热量是机床热

变形的主要热源。

③派生热源。切削中部分切削热由切屑、切削液传给机床本身,摩擦热有润滑油传向机床各处,从而造成机床热变形,这部分热称为派生热源,也是重要的内部热源。

(2)外部热源。

外部热源主要来自于外部环境,主要是指周围环境温度通过空气对流以及日光、照明灯具、取暖设备等热源通过辐射传给工艺系统的热量。外部热源热辐射及环境温度变化对机床热变形的影响,有时也是不可忽视的。靠近窗口的机床受到日光照射,上、下午机床温升和变形就有所不同,而且日照通常是单向的、局部的,受到照射部分与未经照射部分之间存在温差。

①环境温度。一般来说,工作地周围环境温度随气温而变化,而且不同位置处的温度也各不相同,这种环境温度的差异有时也会影响加工精度。如加工大型精密件往往需要较长时间(有时甚至需要几个或几十个昼夜)。由于昼夜温差使工艺系统热变形不均匀,从而产生加工误差。

②热辐射。热辐射来自于阳光、照明灯、暖气设备及人体等。大量生产实践经验表明:工艺系统热变形关注的重点是机床和工件的热变形。

2)工件热变形对加工精度的影响

机械加工过程中,使工件产生热变形的热源主要是切削热。但对于精密零件的加工来讲,环境温度变化、日光、取暖设备等外部热源对工艺系统的局部辐射等也不容忽视,热变形对精密加工件影响特别大。

(1)工件均匀受热。

在加工比较简单的轴、套、盘类零件的内外圆表面时,由于切削热能比较均匀地传给工件,工件热变形也比较均匀,可根据其平均温升来估算工件热变形量 ΔL(mm):

$$\Delta L = \alpha L \Delta t \tag{3-17}$$

式中:α——工件材料的热膨胀系数;

L——工件在热变形方向的尺寸,mm;

Δt——工件温升,℃。

①加工盘类、套类或较短轴类零件的热变形。由于加工行程较短,可以近似认为沿工件轴向温升相等。因此,加工出的工件只产生径向尺寸误差而不产生形位误差。若工件精度要求不高,则可忽略热变形的影响。

②加工细长轴类零件的热变形。工件受热后,轴向也要伸长,但一般工件轴向尺寸精度要求不高,故影响不大。但当工件采用两顶尖装夹,且后顶尖固定锁紧时,则加工中工件的轴向热伸长会使工件发生弯曲变形并可能引起切削状态失稳。因此加工细长轴时,经常会车一刀后调整一下后顶尖,再车下一刀,或后顶尖改用弹簧顶尖,以消除工件热应力和弯曲变形的影响。对于轴向精度要求较高的精密丝杠,热变形会引起螺距误差。对于 5 级丝杠来讲,其螺距累积误差在 400mm 长度上不允许超过 5μm。可见,热变形对工件加工精度影响极大。因此,在加工精密丝杠时,必须采用有效的冷却措施,减少工件热变形量。

③加工薄壁类零件的热变形。磨削薄壁类零件(如薄壁套、环)时,可视其为近似均匀变形,由于磨削时产生磨削热较多,且工件质量小,故在加工这类零件过程中温升较高,产生热

变形较大。同时在零件夹压点处以及与外界接触面积较大部位,因散热条件好,该处温度较低,引起热变形小,就造成了工件热变形不均匀,引起加工余量不均匀,加工后工件将产生加工误差。

(2)工件不均匀受热。

长圆柱类零件的热变形。如磨削较长工件在开始走刀时,工件温度较低,变形较小。随着切削的进行,工件温度逐渐升高,直径逐渐增大,导致工件表面被切削去的金属层厚度越来越厚,冷却后不仅产生径向尺寸误差,而且还会产生圆柱度误差(呈锥度)。

在加工大型薄板时,要特别注意减少切削热的传入。工件凸起量与工件长度平方成正比,且工件越薄,工件凸起量越大。因此可采取充分供给切削液,或提高工件进给速度和砂轮横向进给量,使大部分热量由切屑带走,以降低切削表面温升。此外,对于铜、铝等有色金属的加工,由于线膨胀系数较大,热变形较其他工件材料大得多,对加工精度影响非常显著,更应特别注意。

3)刀具热变形对加工精度的影响

刀具热变形的热源主要是切削热。虽然切削热传给刀具的比例较少,但由于刀具体积小,热容量小,所以刀具工作面上的温度还是很高的。例如车削时,高速钢车刀的工作表面温度达 700~800℃,而硬质合金刀具可达 1000℃ 以上。

图 3-17a)所示为连续切削时车刀的热变形伸长 ξ 与切削时间 τ 的关系曲线。在开始切削时,刀具的热变形增加很快,随后变得比较缓慢,一般连续工作为 16~20min 便可达到热平衡状态,此后热变形的变化量就非常小。达到热平衡时,车刀的热变形一般在 0.03~0.05mm。

在车削加工一批短轴时,由于车刀加工完一件后停止加工,待装夹好另一个工件后在进行加工,车刀受热时间短,散热时间也短,车刀的温升曲线如图 3-17b)所示呈锯齿形。如果间歇时间在每个加工循环中相等(例如全为 t),车刀热变形对每个工件尺寸的影响相同;如果间歇时间不等($t \neq t_1, t_1 \neq t_2 \cdots$),则在每个加工循环中车刀的热变形是变化的,将会引起整批工件的尺寸分散。

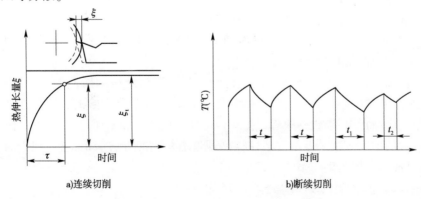

图 3-17 车刀热变形伸长与切削时间的关系

刀具的热变形与切削用量、刀具的几何参数、刀具材料及冷却润滑条件等有关,以车削为例:

(1)提高切削用量中的任何一项,都能使车刀的热伸长增加,但影响程度有所不同。

(2)车刀热伸长量与刀杆横截面尺寸近似地成反比。

(3)硬质合金刀片越厚,车刀的热伸长量越小。

(4)车刀的热伸长量与被加工材料的强度极限近似地成正比。

(5)有切削液时,车刀的热伸长量可大为减小。

5. 工件内应力对加工精度的影响

工件去掉外力后,存留在工件内部的应力称为内应力(或残余应力)。内应力总是拉伸应力和压缩应力并存而处于平衡状态,即合力为零。当外界条件发生变化,如温度改变或工件被切除一层金属,则原来的内应力平衡状态遭到破坏,工件将发生形状变化,形成新的平衡状态,这个形成新的平衡状态的过程称为内应力重新分布。

工件产生内应力的原因,从工艺过程来说,是由于零件材料不均匀的体积变化所引起的,它来源于:

零件不均匀的加热和冷却;零件材料金向组织的转变;强化时塑性变形的结果。

在有内应力的情况下对铸铁进行机械加工,由于切去一层金属,内应力将重新分布而使工件形状改变。因此,加工某些复杂铸件的重要表面(如发动机缸体的缸孔)时,在粗加工后,要经过很多别的工序才安排精加工,目的就是让内应力充分重新分布,待工件变形稳定后再进行精加工。为了减小复杂铸件的内应力,除了在结构上尽量做到壁厚均匀外,还可采用自然时效和人工时效的方法。经过表面淬火的零件,也会产生内应力,因为这时表面层的金属组织转变了,即从原来密度比较大的奥氏体转变为密度比较小的马氏体。因此表面层的金属体积要膨胀,但受到内层金属的阻碍,从而在表面层产生压缩应力;在内层产生拉伸应力。机械加工后,零件表面也产生内应力。

6. 其他原因引起的误差

1)原理误差

用近似的加工方法、近似的传动比和近似形状的刀具进行加工时,都会产生加工误差,这属于原理误差,亦称为理论误差或方法误差。滚切渐开线齿廓就是近似加工方法的实例,由于滚刀的齿数是有限的,所以滚切的渐开线不是理想的光滑渐开线,只是多条趋近于该曲线的折线。被加工齿轮的齿数愈多,滚刀的容屑槽数愈多且头数愈少时,形成的线段数就愈多,折线就愈接近于理论渐开线。不仅滚切法是近似的加工方法,滚刀也是近似形状的刀具,所以也会引起加工误差。

在许多情况下,一些机床的成型运动传动链只能近似地得到所需的表面,例如车螺纹时,如果螺距具有几位小数,在选择挂轮时,因为挂轮的齿数是固定的,所以,往往只能得到近似的螺距。应当指出,当包括原理误差在内的加工误差总和不超过规定的工序公差时,就可以采用近似的加工方法。近似方法往往比理论上精确的方法简单,它有利于简化机床结构,降低刀具成本和提高生产率。

2)测量误差

测量误差是指工件实际尺寸与量具表示出的尺寸之间的差值。加工一般精度的零件时,测量误差可占工件公差的1/10~1/5,而加工精密零件时,测量误差可占工件公差的1/3左右。

测量误差产生的原因通常包括如下方面。

（1）计量器具本身精度的影响。

计量器具的精度决定于它的结构、制造和磨损情况。所用的计量器具不同，测量误差的变动范围也很大，例如用光学比较仪测量轴类零件时，误差不超过 $1\mu m$；用千分尺测量时，测量误差可达 $5\sim10\mu m$；而用游标卡尺测量时则达 $150\mu m$，所以必修根据零件被测尺寸的精度程度选择适当的计量器具。

（2）温度的影响。

例如直径为 $\phi100mm$ 的钢轴在加工完毕后，温度从常温 $20℃$ 升高至 $60℃$，如果立即测量，由于材料热膨胀的原因，直径增大 $0.048mm$。即使在常温条件下，车间内的温度也不是固定的，其变动范围可达 $3℃\sim4℃$，在此温度变动范围内也将产生测量误差，对钢件来说，在 $100mm$ 长度上可达 $0.003\sim0.004mm$，所以精密测量要在恒温室内进行，以消除温度变化引起的误差。在精密测量时，还要十分注意辐射源（如太阳、灯光）的影响，有时不许用手直接接触量具，以防止热传导而产生测量误差。

（3）人的主观原因。

如测量时读数的误差；测量过程中因用力不当而引起量具、量仪的变形等。

3）调整误差

切削加工时，要获得规定的尺寸就必须对机床、刀具和夹具进行调整。在单件、小批生产中，普遍用试切法调整；而在成批、大量生产中，则常用调整法。显然，试切法不可避免会产生误差，而调整法中，对刀有误差，挡块、电器行程开关、行程控制阀等的精度和灵敏度都影响调整的准确。因此，不论哪种调整方法，想获得绝对准确的规定尺寸是不可能的，这就产生了调整误差。

二、加工误差的综合分析

在实际生产中，影响加工精度的因素很多，工件加工误差是多因素综合作用的结果，且其中不少因素的作用往往带有随机性。对于一个受多个随机因素综合作用的工艺系统，只有用概率统计的方法来分析，才能获得符合实际的结果。加工误差的统计分析法，不仅可以客观地评定工艺过程的加工误差和工序能力，而且还可以用来预测和控制工艺过程的加工精度。

1. 加工误差的分类

为了能准确地使用概率统计方法来分析加工误差，首先就要进行加工误差分类。按照加工误差的性质，加工误差可分为系统性误差和随机性误差。

1）系统性误差

系统性误差是指当连续加工一批工件时，其大小和方向皆保持不变或按加工顺序作有规律变化（通常是时间或刀具序号的函数）的误差。其中前者称为常值系统性误差，后者称为变值系统性误差。例如原理误差、定尺寸刀具制造误差、测量仪器对零误差等为常值系统性误差；刀具磨损，使一批工件尺寸依次逐渐变大或变小，此类误差是变值系统性误差。常值性系统误差与加工顺序无关，变值性系统误差与加工顺序有关。

2）随机性误差

在连续加工一批工件时，加工误差的大小和方向是随机变化的，这些误差称为随机性误差。如用同一把钻头加工一批工件的孔,条件虽然相同,但孔的直径尺寸却互不一样,这是由于加工余量不均匀、材料硬度不均匀等原因引起了加工误差,这种毛坯误差复映就是随机性误差。又如工件装夹误差、测量误差和由于内应力重新分布引起的变形误差等均属随机误差。

在生产中,误差性质判别应根据工件的实际加工情况来决定。在不同的生产场合,误差表现性质会有所不同,原属于常值系统性误差有时也会变成随机性误差。如对一次调整中加工出来的工件来说,调整误差是常值误差,但在大量生产中一批工件需要经多次调整,则每次调整的误差就是随机误差。

就工件加工误差而言,它经常是许多系统性误差和随机性误差综合作用的结果。首要任务就是要将这两大类误差区分开,确定系统性误差数值和随机性误差范围,以便采取相应措施来提高零件加工精度,解决此类问题最常用的方法就是统计分析法和分析计算法,本书仅介绍加工误差的统计分析法。

2. 加工误差的统计分析法

加工误差的统计分析法,就是在生产现场实际加工出的一批工件中,抽取一定数量的工件进行检查和测量,并运用数理统计方法对检测结果进行分析处理,从中找出产生加工误差的原因,进而提出提高加工精度的途径。常用的统计分析法有两种:分布曲线法和点图分析法。

1)分布曲线法

分布曲线法是通过测量在一定生产条件下加工的一批工件的实际尺寸或加工误差(其他工艺过程质量指标),根据测量结果作出该批工件的尺寸或加工误差的分布曲线,然后按该曲线来分析判断加工误差的一种方法。现举例说明如下。

在调整好的机床上加工一批轴类零件,逐个测量其直径尺寸。将测得尺寸分布范围适当划分若干个相等的尺寸间隔,每个尺寸间隔内包含一组一定数量的工件。以工件实际尺寸为横坐标,以每个尺寸间隔内工件数与工件总数之比(称频率)为纵坐标,画出折线如图 3-18 所示,称为实际分布折线。测量的工件数量越多,尺寸间隔越小,折线越接近一条平滑的曲线。图 3-18 中距离 ab 为该批零件的尺寸分布范围,它相当于所测量尺寸的最大值和最小值之差。要是不加工出废品,必须使尺寸分布范围 $\Delta = b - a$ 不超出规定的公差范围。

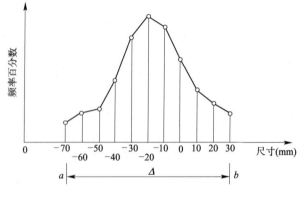

图 3-18 工件加工尺寸实际分布折线

根据测量值得出的实际分布折线的形状在很大程度上取决于被测量一批工件的数量,并与划分的尺寸间隔的数量有关。根据这样的曲线来得出一个关于加工误差具有一般意义的规律性推论有时是困难的。因此,在进行分析研究时,常用某些理论曲线来代替实际分布折线。

在调整好的机床上连续对一批工件进行机械加工时,若无变值系统性误差,也无起决定性作用的随机性误差,则其尺寸误差(或形状、位置误差)是由许多相互独立的随机误差综合作用的结果。根据概率理论,加工后的工件尺寸近似服从正态分布规律。

正态分布曲线的形状如图 3-19 所示,其概率密度函数为

$$y = \frac{1}{\sigma\sqrt{2\pi}} e^{-\frac{(x-\bar{x})^2}{2\sigma^2}} \quad (-\infty < x < +\infty, \sigma > 0) \tag{3-18}$$

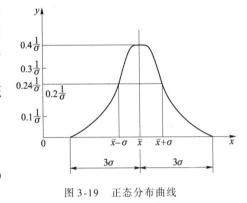

图 3-19 正态分布曲线

式中:y——分布的概率密度;

x——工件尺寸;

$\bar{x}$—— 一批工件的平均尺寸,$\bar{x} = \frac{1}{n}\sum_{i=1}^{n} x_i$,它表示加工尺寸分布中心;

σ—— 一批工件的标准差(均方差)

$$\sigma = \sqrt{\frac{1}{n-1}\sum_{i=1}^{n}(x-\bar{x})^2} \tag{3-19}$$

n—— 一批工件的数量(样本容量)。

分布曲线与 x 轴之间的面积代表一批工件的全部,即 100%,其中 $\bar{x} \pm 3\sigma$ 范围内的工件数占 99.73%。生产中常认为一批工件的尺寸全部在 $\bar{x} \pm 3\sigma$ 的范围内,该范围称尺寸分散范围,这在工艺上称"6σ 原则"。6σ 的大小代表了某种加工方法在一定的生产条件下所能达到的加工精度,所以在一般情况下可以认为,如果工序公差大于 6σ,就能保证加工精度。

加工中的常值系统性误差决定了分布曲线相对坐标原点的位置,分布曲线的形状不受其影响。例如铣削平面时,第一次调整机床后加工一批工件得到尺寸分布曲线 A(图3-20),在同一机床上重新调整后再加工另一批工件时,工作台相对刀具的位置不会与第一次调整时的位置绝对一致。如果尺寸比第一次大了一些,当其他条件相同时,得到的分布曲线 B 的形状和第一次的一样,但是它向右移动了 ΔL,ΔL 即为常值系统性误差(此处是调整误差)。全部工件不出废品的条件为

$$T \geqslant \Delta L + \Delta \tag{3-20}$$

式中:T——工件的工序公差;

Δ——尺寸分散范围。

加工中的随机性误差的影响程度决定了分布曲线的形状和尺寸分散范围。随机误差越大则 σ 也越大,曲线形状越平坦,尺寸分散范围越大,加工精度越低(图 3-21)。

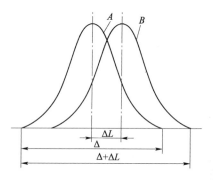

图 3-20 常值系统性误差的影响

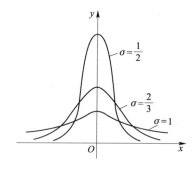

图 3-21 不同 σ 的分布曲线

2) 点图分析法

(1) 个值点图。

按加工顺序逐个测量一批工件尺寸,以工件序号为横坐标,以工件加工尺寸为纵坐标,就可作出个值点图。个值点图反映了工件逐个尺寸变化与加工时间的关系。图 3-22 是按自动车床上加工的工件直径的测量结果而绘制的。若以点图的上、下极限点包络成两根平滑曲线 AA'、BB',并作这两根曲线平均值曲线 OO',就能较清楚地揭示出加工过程中误差的性质及其变化趋势。AA' 线和 BB' 线之间的宽度代表了随机误差作用下加工过程的尺寸分散,反映了随机性误差变化规律。平均值曲线 OO' 表示每一瞬时的分散中心,反映了变值系统性误差随时间变化规律,其起始点 O 位置高低表明常值系统性误差大小,整个几何图形将随常值系统性误差大小而不同,在垂直方向处于不同位置。从图中可以看出,在测到 50 号工件时,尺寸超出了公差上线。在进行一次刀具调整后,产生常值系统误差 $\Delta_{常值}$。

(2) $\bar{x} - R$ 点图。

为了能直接反映出加工中系统性误差和随机性误差随加工时间的变化趋势,实际生产中常用样组点图来代替个值点图,如图 3-23 所示。样组点图的种类很多,最常用的是 $\bar{x} - R$ 点图(平均值极差点图)。它由 $\bar{x}$ 图和 R 点图结合而成。前者控制工艺过程质量指标分布中心,反映了系统性误差及其变化趋势;后者控制工艺过程质量指标分散程度,反映了随机性误差及其变化趋势。单独的 $\bar{x}$ 图和 R 点图不能全面反映加工误差的情况,必须结合起来应用。

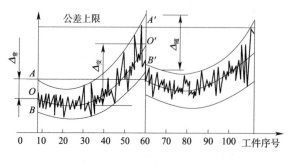

图 3-22 个值点图上反映误差变化规律

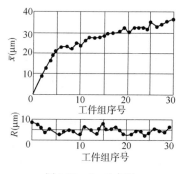

图 3-23 $\bar{x} - R$ 点图

（3）点图分析法的应用。

点图分析法是全面质量管理中用以控制产品加工质量的主要方法之一，它是用于分析和判断工序是否处于稳定状态所使用的带有控制界限的图，又称管理图。$\bar{x} - R$ 点图主要用于工艺验证、分析加工误差以及对加工过程的质量控制。

第三节 表面质量的形成及对零件使用性能的影响

一、影响表面质量的因素及其控制

1. 影响表面粗糙度的因素

在用金属切削刀具对零件表面进行加工时，造成加工表面粗糙度的因素有几何因素、物理因素。而物理因素是切削过程中产生的积屑瘤、鳞刺和工艺系统的振动等。

1) 几何因素

切削加工过程中，若将切削过程理想化，则刀具相对工件作进给运动时，刀具几何形状在工件表面上留下的残留面积形成表面粗糙度，如图 3-24a) 所示，对于直线刃刀具其切削加工形成表面残留面积的最大高度可用下式求得

$$H = \frac{f}{\cot k_r + \cot k_r'} \tag{3-21}$$

式中：f——刀具的进给量，mm/r；

k_r、k_r'——刀具的主偏角和副偏角。

如图 3-24b) 所示，若刀尖制成圆弧 r_ε，其切削加工形成的表面残留面积的最大高度可用下式求得

$$H = r_\varepsilon \left(1 - \cos\frac{\alpha}{2}\right) = 2r_\varepsilon \sin^2\frac{\alpha}{4} \tag{3-22}$$

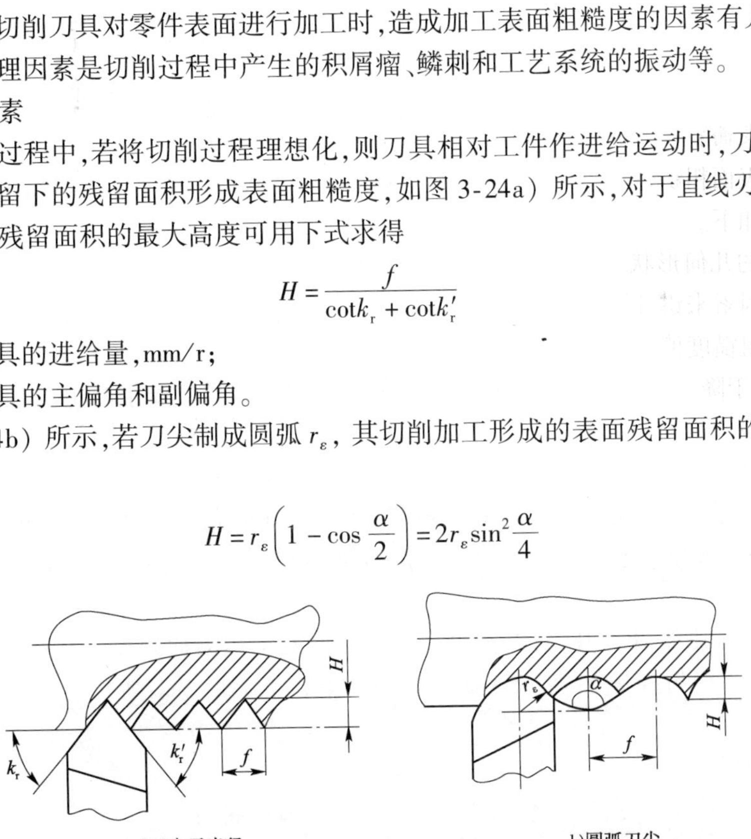

a) 刀尖无半径 b) 圆弧刀尖

图 3-24 车削加工时影响表面粗糙度的几何因素

式中，当中心角 α 很小时，可用 $\frac{1}{2}\sin\frac{\alpha}{2}$ 代替 $\sin\frac{\alpha}{4}$，且 $\sin\frac{\alpha}{2} = \frac{f}{2r_\varepsilon}$，故得

$$H \approx 2r_\varepsilon \left(\frac{f}{4r_\varepsilon}\right)^2 = \frac{f^2}{8r_\varepsilon} \tag{3-23}$$

从上述分析可知，采用小的进给量 f 和改变车刀几何参数（K_r、K_r^1、r_ε）均可以减小表面粗糙度值。这也是在精加工时常用小的进给量 f 的原因之一。

2) 物理因素

切削加工后表面的实际轮廓与纯几何因素所形成的理想轮廓往往有着较大差别,如图 3-25 所示。这主要是因为在加工过程中还存在塑性变形等物理因素的影响。物理因素的影响一般比较复杂,与切削原理中所叙述的加工表面形成过程有关,如在加工过程中产生的积屑瘤、鳞刺和振动等对加工表面粗糙度均有很大影响。

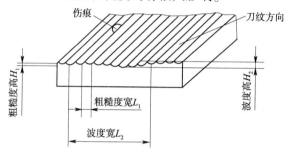

图 3-25 切削加工塑性材料的实际表面轮廓

2. 改善表面粗糙度的方法

从上述表面粗糙度的成因可知,主要影响因素有三类:切削刀具、加工条件及工件材料。现具体讨论如下。

1) 刀具的几何形状、材料及刃磨质量的影响

从几何因素来讲,减小刀具的主偏角 k_r、副偏角 k_r' 的值,增大刀尖圆弧半径 r_ε 均能有效地降低表面粗糙度值。另外,适当增大刀具的前角 γ_0,保证刀具轻松切入工件,减少切屑的塑性变形,对于降低工件表面粗糙度值也是十分有利。同时应注意前角 γ_0 也不能太大,否则,刀刃有嵌入工件的倾向,反而会增大表面粗糙度值,尤其是对于钢件的加工一定要注意前角的选取。

刀具材料与刃磨质量对产生刀瘤、鳞刺等现象影响很大。如用金刚石车刀精车铝合金时,由于摩擦系数小,刀具上就不会产生切屑黏附、冷焊现象,对降低表面粗糙度值十分有利。

不同的刀具材料,由于化学成分不同,在加工时其前后刀面硬度及粗糙度的保持性、刀具材料与被加工材料金属分子的亲和程度以及刀具前后刀面与切削和加工表面间的摩擦系数等均有所不同。

2) 加工条件的影响

加工条件包括切削用量、工艺系统的抗振性及冷却条件等。

(1) 进给量 f 的影响。从式(3-21 和式 3-23)可以看出,减少进给量 f 就可减小切削残留面积高度,切削塑性变形减小,有利于表面粗糙度值下降。但若进给量太小,对刀刃在切削过程形成挤压效应不利,增加了工件塑性变形,反而会使表面粗糙度值变大。

(2) 切削速度的影响。在切削用量中,切削速度 v_c 对表面粗糙度的影响最为复杂。一般情况下,低速或高速切削时,因不会产生积屑瘤,加工表面粗糙度值较小。但用中等速度切削塑性材料时,最有利于积屑瘤、鳞刺的产生,从而会造成工件表面粗糙度值变大。

(3) 切削深度 a_p 的影响。一般来讲切削深度 a_p 对表面粗糙度的影响不明显,通常可忽略不计。然而当 $a_p = 0.02 \sim 0.03\text{mm}$,由于刀刃不是绝对尖锐,而应有一定过渡圆弧半径,就

会使正常切削不能维持,易发生刀具与工件挤压和摩擦,造成表面粗糙度值变大,在加工过程中不可选取过小的切削深度 a_p。

(4)工艺系统振动。工艺系统的低频振动,一般在工件的已加工表面上产生表面波度,而工艺系统的高频振动将会对已加工表面的粗糙度产生影响。为了降低加工表面的粗糙度值,应确保工艺系统有足够的刚度和采用积极的消振和减振措施,如适当增加阻尼、接触刚度等。

在上述影响加工表面粗糙度的几何因素和物理因素中,究竟哪个为主,这要根据不同情况而定。一般来说,对脆性金属材料的加工是以几何因素为主,而对塑性金属材料的加工,特别是韧性大的材料则是以物理因素为主。此外,还要考虑具体的加工方法和加工条件,如对切削截面很小和切削速度很高的高速细镗加工,其加工表面的粗糙度主要是由几何因素引起的。此外合理选用切削液,提高冷却润滑效果,可以抑制积屑瘤和鳞刺的形成,减小切削过程中的塑性变形,有利于减小表面粗糙度值。如在切削液中添加含有表面活性的如硫、氯等化合物,效果非常显著。

3)工件材料的影响

工件材料的韧性和塑性变形倾向越大,切削加工后的表面粗糙度值越高。工件材料的金相组织的晶粒越均匀、粒度越细,加工后越能获得较低的表面粗糙度值。

二、表面质量对零件使用性能的影响

表面质量对零件使用性能如耐磨性、配合质量、疲劳强度、抗腐蚀性、接触刚度等都有一定程度的影响。

1. 对零件耐磨性的影响

零件的耐磨性与摩擦副的材料、润滑条件和表面质量有关。特别是在前两个条件已确定的情况下,表面质量将起决定性的作用。

通过对零件的磨损情况分析可知,零件磨损过程通常分为三个阶段:摩擦副开始工作时磨损比较明显,称为初期磨损阶段(亦称磨合阶段);磨合后的摩擦副磨损不明显,进入正常磨损阶段;最后,磨损又突然加快导致零件不能继续正常工作,称为急剧磨损阶段。

摩擦副表面的初期磨损量与表面粗糙度有很大关系。如图3-26所示是表面粗糙度对初期磨损量影响的试验曲线。由此可知,在一定条件下,摩擦副表面存在着最佳粗糙度值,再则无论过大或过小的粗糙度值都会使初期磨损量增大。

试验表明:在初期磨损过程中,摩擦副表面粗糙度随磨损程度而变化。若摩擦副的原始粗糙度太大,开始时两表面仅仅是若干凸峰相接触,实际接触面远小于名义接触面积,接触部分的实际压强很大,破坏润滑油膜,接触凸峰处形成局部干摩擦,因此,接触部分金属的挤裂、破碎、切断等作用都较强,磨损也较大。但随着磨合

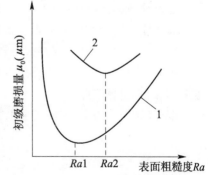

图3-26 初期磨损量与表面粗糙度参数值的关系
1-轻载;2-重载

过程的进行,表面粗糙度参数值逐渐减小,实际接触面积增大,磨损也随之逐步减小,从而进入正常磨损阶段。

2. 对零件疲劳强度的影响

在交变载荷作用下，表面粗糙度波谷、划痕和裂纹等部位极易引起应力集中，产生疲劳裂纹，导致其疲劳破坏。表面越粗糙，应力集中越严重，因此，减小表面粗糙度值对提高零件的疲劳强度十分有利。不同材料对应力集中的敏感程度是不同的。一般来讲，钢的极限强度越高，其应力集中的敏感程度越大。表面粗糙度值越大对疲劳强度的影响越明显。

表面残余应力对疲劳强度的影响极大。因为疲劳损坏是由拉应力产生疲劳裂纹引起的，并且从表面开始。因此，表面若存在残余压应力，将可抵消工作载荷施加的拉应力，从而提高零件的疲劳强度。反之，若存在表面残余拉应力将会导致疲劳强度明显下降。

表面冷硬能阻碍表层疲劳裂纹的出现，保证零件疲劳强度的提高。但冷硬程度过大，反而极易造成零件表面产生裂纹，降低零件抗疲劳能力。因此，零件表面的冷硬程度和深度都应控制在一定的有效范围内。

3. 对配合质量的影响

对于间隙配合，如果表面粗糙度参数值太大，初期磨损较严重，工作时间一长，就会使配合间隙增大，以致改变原设计的配合性质，影响间隙配合的稳定性。对于过盈配合表面，装配时表面粗糙部分的凸峰会被挤平，从而使实际过盈量比设计过盈量小，影响过盈配合可靠性。因此，对有配合要求的结合表面都应选用较小的表面粗糙度值。

4. 对零件耐腐蚀性的影响

当零件在潮湿的空气中或在腐蚀性介质中工作时，常会发生化学腐蚀或电化学腐蚀。电化学腐蚀一般发生在表面粗糙度的波谷与波峰处，因为波谷容易积聚腐蚀性化学介质，同金属材料表面接触的波峰化学反应敏感；另外，表面越粗糙，零件表面与有害介质的接触面积越大，表面被腐蚀的概率越大。因此，减小表面粗糙度值，可有效提高零件的耐腐蚀性。

另外，零件在应力状态下工作时，还会产生应力腐蚀，加速腐蚀作用。如表面存在裂纹，则对应力腐蚀更加敏感。因此表面残余应力一般都会降低零件的耐腐蚀性。表面冷硬或金相组织变化时，往往都会引起表面残余应力，因而会降低零件的耐腐蚀性。

5. 对其他使用性能的影响

表面粗糙度对零件的密封和摩擦性能的影响也很大。降低表面粗糙度值是保证良好密封、防止泄漏、降摩减摩、提高效率和节能降耗的有效途径。

表面质量对零件的使用性能有着重大影响，如耐磨性、抗腐蚀能力、疲劳强度和配合精度等，同时对机械产品的精度、寿命等也起着重要作用。在进行零件设计阶段，当确定表面粗糙度要求时，一方面应考虑使用，另外应考虑工艺方法的可行性和经济性。

本 章 小 结

1. 加工精度的定义及具体内容，加工精度与加工误差的区别。
2. 表面质量的定义及具体内容。
3. 影响机械加工精度的因素及对其加工精度的影响。
4. 机床误差对加工精度的影响，刀具误差对加工精度的影响，工艺系统的受力变形对加工精度的影响,工艺系统热变形对加工精度的影响。

5. 误差复映规律。

6. 加工误差的统计分析方法。

7. 表面质量的形成及影响因素,表面质量对零件使用性能的影响。

复习思考题

1. 解释下列名词术语。

加工精度、加工误差、表面质量、尺寸精度、形状精度、位置精度、工艺系统、工艺系统刚度、误差复映、原理误差、调整误差、测量误差、系统性误差、常值系统性误差、变值系统性误差、随机性误差。

2. 评定机械加工质量包括哪几方面内容?

3. 机械加工精度包括哪些内容?机械加工表面质量包括哪些内容?

4. 影响机械加工精度的因素都有哪些?

5. 刀具制造误差及其在使用中的磨损,在哪些场合会直接影响加工精度?试举例说明。

6. 影响机床刚度的因素有哪些?

7. 何为误差复映规律?如何运用这一规律解释:

1) 为何加工要求高的表面需经多次加工?

2) 为什么用静调整法加工一批工件时会产生尺寸分散?

3) 为什么精加工时采用小的进给量?

8. 一批零件加工时按加工误差的性质加工误差分为哪几种?试举例说明他们产生的原因。

9. 何谓分布曲线法和点图法分析法?各自有什么特点?

10. 机械加工表面质量对机器零件的使用性能有何影响?

11. 试分析在车床上用两顶尖装夹车削细长轴时,出现图 3-27a)、b)、c)所示三种误差的主要原因,并指出分别采取什么方法来减小或消除。

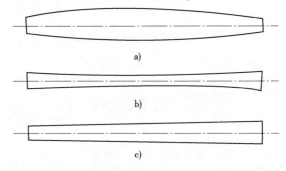

图 3-27 车削细长轴时产生的三种误差

第四章　工件的定位及机床夹具设计

 教学目标

1. 了解机床夹具的分类及组成。
2. 掌握工件定位原理、常用定位方式与定位元件和夹紧力的确定方法。
3. 学会工件以平面定位、以圆孔定位、以外圆表面定位时的定位误差分析。
4. 掌握夹具设计的方法、步骤，并能进行定位精度分析。
5. 了解计算机辅助夹具设计方法。
6. 能灵活运用所学知识分析和解决夹具设计中的实际问题。

 教学要点

知识要点	掌握程度	相关知识
机床夹具的组成及分类	理解机床夹具的组成、机床夹具的类型	机床夹具的组成、分类
工件的定位	掌握定位基本原理	六点定位原理
常用定位方式与定位元件	掌握工件应限制的自由度和常用定位元件限制的自由度分析	工件以平面、圆孔、外圆柱面、组合表面定位常用的定位元件
工件在夹具中的定位误差分析	掌握常用定位方式定位误差的分析计算	定位误差的概念、产生的原因及分析方法
工件在夹具中的夹紧	掌握夹紧力三要素的确定要求	工件夹紧的基本要求、夹紧力的确定、典型的夹紧机构
典型机床夹具设计要点	学会典型机床夹具设计要点	钻床夹具、铣床夹具
专用夹具的设计方法	学会专用夹具设计方法、步骤	专用夹具设计方法、步骤
计算机辅助夹具设计	了解计算机辅助夹具设计	计算机辅助绘制夹具装配图

第一节 机床夹具的组成及分类

一、机床夹具的组成

机床夹具的种类和结构虽然繁多,各不相同,但它们的组成均可概括为以下几个部分,这些组成部分既相互独立又相互联系。

1. 定位元件

定位元件保证工件在夹具中处于正确的位置。如图 4-1 所示后盖零件,钻后盖上的 $\phi 10mm$ 孔,其钻夹具如图 4-2 所示。夹具上的圆柱销 5、菱形销 9 和支承板 4 都是定位元件,通过它们使工件在夹具中占据正确的位置。

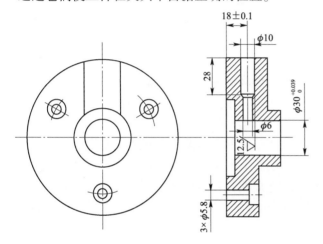

图 4-1 后盖零件钻径向孔的工序图

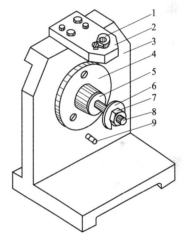

图 4-2 后盖钻夹具

1-钻套;2-钻模板;3-夹具体;4-支承板;5-圆柱销;
6-开口垫圈;7-螺母;8-螺杆;9-菱形销

2. 夹紧装置

夹紧装置的作用是将工件压紧夹牢,保持工件在定位时所占据的正确位置,并在加工过程中受到外力(切削力等)作用时不发生变化(即位移及振动)。图中的螺杆 8(与圆柱销合成一个零件)、螺母 7 和开口垫圈 6 就起到了上述作用。

3. 对刀或导向装置

对刀或导向装置用于确定刀具相对于定位元件的正确位置。如图 4-2 所示中钻套 1 和钻模板 2 组成的导向装置,确定了钻头轴线相对定位元件的正确位置。铣床夹具上用对刀块和塞尺作为对刀装置。

4. 连接元件

连接元件是确定夹具在机床上正确位置的元件。如图 4-2 所示中夹具体 3 的底面为安装基面,保证了钻套 1 的轴线垂直于钻床工作台以及圆柱销 5 的轴线平行于钻床工作台。因此,夹具体可兼作连接元件。车床夹具上的过渡盘、铣床夹具上的定位键都是连接元件。

5. 夹具体

夹具体是机床夹具的基础件,如图 4-2 所示中的件 3,通过它将夹具的所有元件连接成一个整体。

6. 其他装置或元件

它们是指夹具中因特殊需要而设置的装置或元件。

二、机床夹具的分类

机床夹具的种类很多，形状千差万别。为了设计、制造和管理的方便，往往按某一属性进行分类。

1. 按夹具的通用特性分类

按这一分类方法，常用的机床夹具有通用夹具、专用夹具、可调夹具、组合夹具、成组夹具和自动线夹具等六大类。它反映夹具在不同生产类型中的通用特性，因此，是选择夹具的主要依据。

1）通用夹具

通用夹具是指结构、尺寸已规格化，且具有一定通用性的夹具，如三爪自定心卡盘、四爪单动卡盘、机用虎钳、万能分度头、中心架、电磁吸盘等。其特点是适用性强、不需调整或稍加调整即可装夹一定形状范围内的各种工件。这类夹具已商品化，且成为机床附件。采用这类夹具可缩短生产准备周期，减少夹具品种，从而降低生产成本。其缺点是夹具的加工精度不高，生产率也较低，且较难装夹形状复杂的工件，故适用于单件小批生产中。

2）专用夹具

专用夹具是针对某一工件的某一工序的加工要求而专门设计和制造的夹具。其特点是针对性极强，没有通用性。在产品相对稳定、批量较大的生产中，常用各种专用夹具，可获得较高的生产率和加工精度。专用夹具的设计制造周期较长，随着现代多品种及中、小批生产的发展，专用夹具在适应性和经济性等方面已产生许多问题。

3）可调夹具

可调夹具是针对通用夹具和专用夹具的缺陷而发展起来的一类新型夹具。对不同类型和尺寸的工件，只需调整或更换原来夹具上的个别定位元件和夹紧元件便可使用。可调夹具的通用范围大，适用性广，加工对象不太固定，在多品种、小批量生产中得到广泛应用。

4）成组夹具

这是在成组加工技术基础上发展起来的一类夹具。它是根据成组加工工艺的原则，针对一组形状相近的零件专门设计的，也是具有通用基础件和可更换调整元件组成的夹具。这类夹具从外形上看，它和可调夹具不易区别。但它与可调夹具相比，具有使用对象明确、设计科学合理、结构紧凑、调整方便等优点。

5）组合夹具

组合夹具是一种模块化的夹具，并已商品化。标准的模块元件具有较高精度和耐磨性，可组装成各种夹具，夹具用完即可拆卸，留待组装新的夹具。使用组合夹具可缩短生产准备周期，元件能重复多次使用，并具有可减少专用夹具数量等优点。组合夹具在单件、中小批多品种生产和数控加工中，是一种较经济的夹具。

6）自动线夹具

自动线夹具一般分为两种：一种为固定式夹具，它与专用夹具相似；另一种为随行夹具，使用中夹具随着工件一起运动，并将工件沿着自动线从一个工位移至下一个工位进行加工。

2. 按夹具使用的机床分类

按使用的机床分类,可把夹具分为车床夹具、铣床夹具、钻床夹具、镗床夹具、磨床夹具、齿轮机床夹具、数控机床夹具等。

3. 按夹具动力源来分类

按夹具夹紧动力源可将夹具分为手动夹具和机动夹具两大类。为减轻劳动强度和确保安全生产,手动夹具应有扩力机构与自锁性能。常用的机动夹具有气动夹具、液压夹具、气液夹具、电动夹具、电磁夹具、真空夹具和离心力夹具等。

第二节 工件的定位

一、工件定位原理

1. 六点定位规则

一个自由刚体在空间可有任何方向的转动或移动,即位置不确定。在空间直角坐标系中,则有六个方向活动的可能性,即沿三个坐标轴方法的移动,用符号 $\vec{X}$、$\vec{Y}$ 和 $\vec{Z}$ 表示;和绕三个坐标轴方向的转动,用符号 $\hat{X}$、$\hat{Y}$ 和 $\hat{Z}$ 表示。通常把工件想象成自由刚体,则工件在空间直角坐标系中某个方向活动的可能性称为一个自由度,故工件有六个自由度。

要使工件在某个方向有确定的位置,就必须限制该方向的自由度。在三个相互垂直的坐标平面上,按一定规律布置六个固定支点,使工件与之接触,则工件的六个自由度就完全限制了,这一规则称为六点定位规则,如图4-3所示。

2. 工件定位应限制的自由度

工件的定位,就是根据加工要求,限制工件的自由度,使工件具有一个正确的位置,以满足

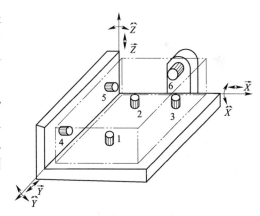

图4-3 工件在空间的六点定位
1、2、3、4、5、6—固定支点

加工要求。在用调整法加工一批工件的过程中,刀具相对于机床和夹具的位置是调整好的,刀具的运动轨迹也是一定的。为了保证工件被加工表面相对于机床上的刀具有正确的位置,用来确定被加工表面位置的工序基准就必须具有正确的位置。工件定位时应限制哪些自由度(方向和数量),完全由工件在该工序中的加工要求和工序基准的结构特点来决定,下面结合实例加以说明。

如图4-4所示,有六个待加工工件,图4-4a)要在一个球体工件上加工一个平面,根据如图4-4所示的工序尺寸要求,只需限制1个自由度 $\vec{Z}$;同理,图4-4b)要在球体上钻孔,只需限制 $\vec{x}$、$\vec{y}$ 这2个自由度;图4-4c)要在长方体上通铣平面,只需限制 $\vec{z}$、$\hat{x}$、$\hat{y}$ 3个自由度;图4-4d)要在圆柱轴上通铣键槽,只需限制 $\vec{x}$、$\vec{z}$、$\hat{x}$、$\hat{z}$ 4个自由度;图4-4e)要在长方体上通铣

键槽,只需限制 $\vec{X}$、$\vec{Z}$、$\hat{X}$、$\hat{Y}$ 和 $\hat{Z}$ 5个自由度;图4-4f)要在长方体上铣不通键槽,则6个自由度都要限制。

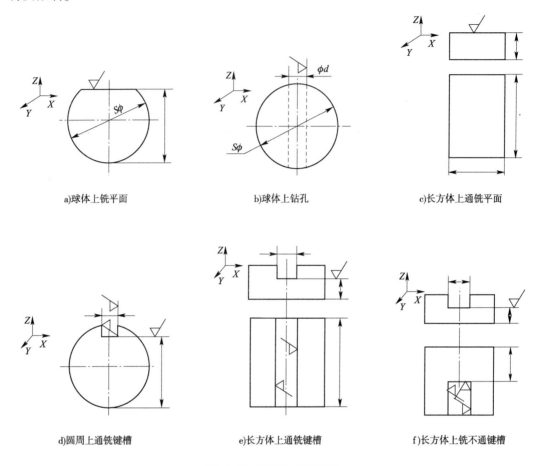

图 4-4 工件应限制自由度实例

在考虑工件定位方式时,首先要找出哪些自由度会影响加工要求(尺寸和位置公差),哪些自由度与加工要求无关。前者,工件定位时必须限制,不能遗漏,因为它对加工要求有直接影响。至于后者的自由度是否应加以限制,应按照加工系统所承受的切削力、夹紧力和定位方案的可能性等因素,决定是否限制。

特别应该注意的是定位与夹紧是两个不同的概念。夹紧不等于定位,它不限制工件的自由度。工件夹紧了,不等于其自由度就限制了。

为保证加工要求应限制的自由度,称为第一类自由度。而对加工要求无关的自由度称为第二类自由度。工件的六个自由度全部被夹具中的定位元件所限制,而在夹具中占有完全确定的唯一位置,称为完全定位。根据加工要求,工件应限制的自由度少于6个,这种定位情况称为不完全定位。

二、工件正确定位与自由度的关系

在实际生产中,工件自由度的限制,是通过工件定位基准(或基面)与夹具定位元件的接触或配合来实现的。

工件在夹具中定位时,由于其结构特点和工序的加工要求的不同,选择的定位基准(基面)有平面、内孔、外圆、圆锥面和型面等,不同的定位基准(基面)选择的定位元件的类型也不相同。定位元件对工件自由度的限制与定位元件的结构形式、采用的数量、布置的位置等有关,也与定位元件与工件定位基面接触及配合的面积或长度的大小等有关。

为使工件具有一个正确位置,所以定位元件必须满足以下几点要求:

(1)应具有一定的精度。定位元件的精度直接影响工件的加工精度。除定位元件本身应具有一定尺寸精度外,定位元件间也应具有一定的位置精度及其公差,一般应取与工件相应尺寸及位置公差的1/5~1/2。

(2)应具有良好的耐磨性。定位元件与定位基准(基面)直接接触,易磨损。为能较长期保持其精度,定位元件的定位表面必须具有良好的耐磨性。

(3)应具有足够的刚性。为了保证在切削力、夹紧力及其他外力的作用下,不致发生较大的变形而影响工件的加工精度,定位元件必须具有足够的刚性。

(4)应具有良好的工艺性。定位元件应便于制造、装配和维修。

第三节 常用定位方式与定位元件

工件的定位,除根据工件的加工要求选择合适的表面作定位基准面外,还必须选择正确的定位方式,将定位基面支承在适当分布的定位支承点上,然后将各支承点按定位基面的具体结构形状,再具体化为定位元件。

工件的定位基准面有多种形式,如平面、内孔、外圆柱面等。根据工件上定位基准面的不同而采用不同的定位元件,使定位元件的定位面和工件的定位基准面相接触或配合,实现工件的定位。常见定位元件均已标准化。

一、工件以平面定位

工件以平面定位时,定位元件常用三个支承钉或两个以上支承板组成的平面进行定位。各支承钉(板)的距离应尽量大,使得定位稳定可靠。常用定位元件有以下几种。

1. 固定支承

它是指高度尺寸固定,不能调节的支承,包括固定支承钉和支承板两类。一个支承钉限制工件1个自由度,一条支承板限制工件2个自由度。

1)支承钉

如图4-5所示,图4-5a)为平头支承钉,多用于精基准定位。图4-5b)为球头支承钉,图4-5c)为齿纹支承钉,这两种适用于粗基准定位,可减少接触面积,以便与粗基准有稳定的接触。其中,球头支承钉较易磨损而失去精度。齿纹支承钉能增大接触面间的摩擦力,防止工件受力移动,但落入齿纹中的切屑不易清除,故多用于侧面定位。图4-5d)为带套筒的支承钉,用于大批大量生产,便于磨损后更换。

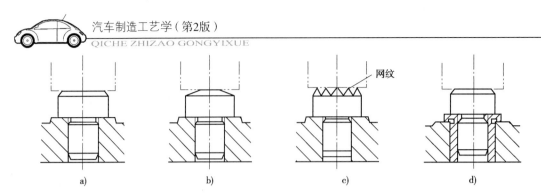

图4-5 各种固定支承钉

2) 支承板

多用于精基准定位,有时可用一块支承板代替两个支承钉。如图4-6所示,A型支承板结构简单、紧凑,但切屑易落入内六角螺钉头部的孔中,且不易清除,因此多用于侧面和顶面的定位。B型支承板在工作面上有45°的斜槽,且能保持与工件定位基面连续接触,清除切屑方便,所以多用于底平面定位。

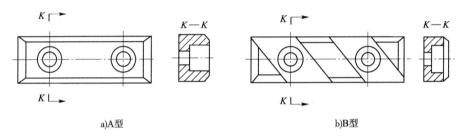

a) A型　　　　　　　　　　　　　　b) B型

图4-6 固定支承板

2. 可调支承

它是指顶端位置可在一定高度范围内调整的支承,适用于形状、尺寸变化较大的粗基准定位,亦可用于同一夹具加工形状相同而尺寸不同的工件。可调支承的常用形式如图4-7所示,可调支承与工件接触后应用螺母将其锁紧。在同一批工件加工中,一般不再进行调节,其定位作用与支承钉相同。

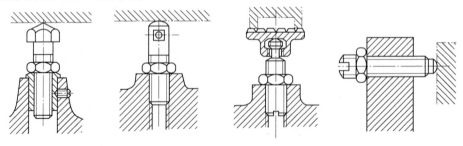

图4-7 可调支承的结构及其应用

3. 自位支承

它是在工件定位过程中,能随工件定位基准面位置的变化而自动与之适应的多点接触的浮动支承。其作用相当于一个定位支承点,限制工件的一个自由度。由于接触点数的增多,可提高工件的支承刚度和定位的稳定性,适用于粗基准定位或工件刚度不足的定位情况。自位支承常用的几种结构形式如图4-8所示。

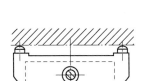 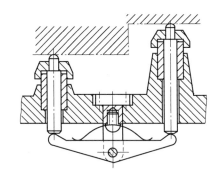 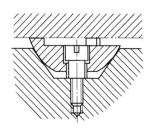

图 4-8　自位支承的结构形式

在生产中为了提高工件的刚度和定位稳定性,常采用辅助支承。如图 4-9 所示的加工表面 1 远离定位支承和夹紧点,由于加工面 1 悬伸较大,刚性差,虽然工件已定位并夹紧(夹紧力 F_{c1}),但加工时工件仍容易发生变形和振动。因此,在悬伸部位设置辅助支承 2,并在辅助支承对面处施加夹紧力 F_{c2},这样,缩短了力臂,提高了工件在加工中的刚度和稳定性。但辅助支承不限制工件的自由度。

二、工件以圆孔定位

工件以孔轴线为定位基准,常在圆柱体(定位销、心轴等)、圆锥体及定心夹紧机构中定位。该方

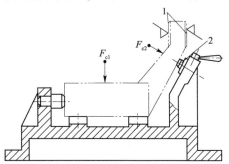

图 4-9　辅助支承的应用示例
1-加工面;2-辅助支承

式定位可靠,使用方便,在实际生产中获得广泛使用。常用定位元件有以下几种。

1. 定位销

定位销是长度较短的圆柱形定位元件,其工作部分的直径可根据工件定位基面的尺寸和装卸的方便设计,与工件定位孔的配合按 g5、g6、f6、f7 制造。基本结构有以下几种。

1) 固定式定位销

如图 4-10 所示,它是直接用过盈配合(H7/r6 或 H7/n6)装在夹具体上的定位销,有圆柱销和菱形销两种类型。其中,圆柱销限制工件的两个移动自由度,菱形销限制工件的一个自由度。

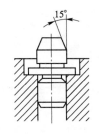 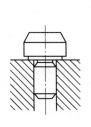 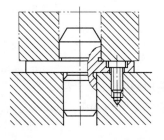

图 4-10　固定式定位销的典型结构

2) 可换式定位销

在大批量生产时,因装卸工件频繁,易磨损,往往丧失定位精度,常采用可换式定位销,如图 4-11 所示。

3) 圆锥定位销

如图4-12所示,工件圆孔与圆锥销定位,圆孔与锥销的接触线为一个圆,可限制工件的三个自由度 $\vec{X}$、$\vec{Y}$ 和 $\vec{Z}$。图4-12a)用于粗基准面定位,图4-12b)用于精基面定位。工件以圆孔与圆锥销定位能实现无间隙配合,但单个圆锥销定位时容易倾斜,因此,圆锥销一般不单独使用。如图4-13所示,图4-13a)为圆锥销与圆柱心轴组合定位;图4-13b)为用活动圆锥销与平面组合定位;图4-13c)为一个固定圆锥销与一个活动圆锥销的双圆锥销组合定位。

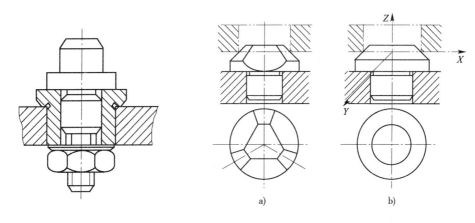

图 4-11 可换式定位销　　　　　图 4-12 圆锥定位销

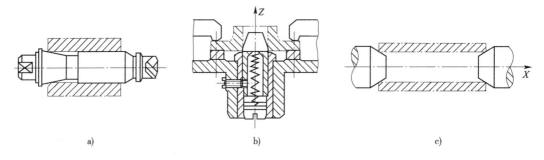

图 4-13 圆锥销组合定位

2. 定位心轴

心轴的结构形式很多,应用也很广泛。常用的定位心轴分为圆柱心轴和锥度心轴。

1) 圆柱心轴

如图4-14所示,图4-14a)是间隙配合心轴,图4-14b)是过盈配合心轴,由导向部分1、工作部分2和传动部分3组成。图4-14c)为花键心轴,用于以花键孔定位的工件。一个圆柱心轴限制工件4个自由度。

2) 锥度心轴

工件楔紧在心轴上,定心精度较高,但轴向位移较大。工件是靠基准孔与心轴表面的弹性变形夹紧的,故传递转矩较小,适于精加工或检验工序。一个圆锥心轴限制工件5个自由度。

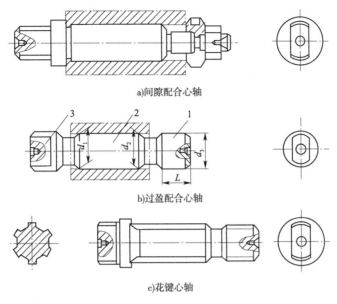

a) 间隙配合心轴

b) 过盈配合心轴

c) 花键心轴

图 4-14　圆柱心轴
1—导向部分；2—工作部分；3—传动部分

三、工件以外圆柱面定位

工件以外圆柱面定位在生产中很常见，例如凸轮轴、曲轴、阀门以及套类零件的定位等。常用于外圆表面定位的定位元件有 V 形块、定位套和半圆孔定位座等。V 形块能实现对外圆表面的定心对中定位，是用得最广泛的外圆表面定位元件。

1. V 形块

如图 4-15 所示，V 形块已经标准化，两斜面夹角有 60°、90°、120°，其中 90°V 形块使用最广泛，使用时可根据定位圆柱面的长度和直径进行选择。

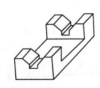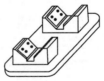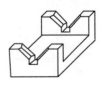

图 4-15　V 形块

V 形块可分固定式与活动式两种。固定式的长 V 形块限制工件四个自由度，短 V 形块限制工件两个自由度，活动短 V 形块只限制工件一个自由度。V 形块的公称尺寸如图 4-16 所示。

2. 定位套筒

定位套筒的结构形式如图 4-17 所示，图 4-17a) 结构用于工件以端面为主要定位基准，支承面限制三个自由度，工件短圆柱面定位于夹具定位套内孔内，定位套孔限制两个自由度；图 4-17b) 结构用于以工件外圆柱为主要定位基面，在长定位套孔内定位，长定位套孔限制工件四个自由度；图 4-17c) 结构用于工件以圆柱端面为定位基面，定位于锥孔内，定位锥孔限制工件三个自由度。

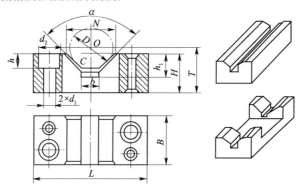

图 4-16 V 形块的公称尺寸

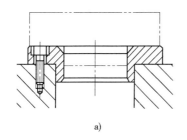 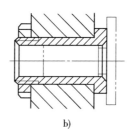 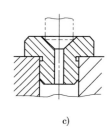

a)   b)   c)

图 4-17 定位套筒的结构

四、工件以组合表面定位

通常工件多是以两个或两个以上表面组合起来作为定位基准使用,称为组合表面定位。当以多个表面作为定位基准进行组合定位时,夹具中也有相应的定位元件组合来实现工件的定位。

1. 一个平面和两个与其垂直的孔的组合

在成批和大量生产中加工箱体、杠杆、盖板等零件时,常常采用以一平面和两定位孔作为定位基准实现组合定位,该组合定位方式简称为一面两孔定位。这时,工件上的两个定位孔,可以是工件结构上原有的,也可以专为工艺定位需要而特地加工出来的,称为工艺孔。因该定位方案所需夹具结构简单、定心精度高、夹具敞开性好、易于实现定位过程自动化及定位基准统一等优点,因此,在实际生产中应用非常广泛。

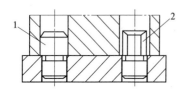

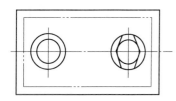

图 4-18 工件以一面两孔定位
1—短圆柱销;2—削边销

如图 4-18 所示,所用的主要定位元件为一大支承板,它限制了工件的 3 个自由度;短圆柱销 1 限制了工件的 2 个自由度;削边销 2 限制了工件绕圆柱销转动的 1 个自由度。值得注意的是,若不是采用一个圆柱销和一个削边销,而是采用 2 个圆柱销定位,必然会在两孔中心线连线方向上产生过定位干涉现象。因为两孔的中心距与两圆柱销的中心距均有误差,当误差较大时,这种过定位会使工件无法正确装入夹具上定位。因此,在实际生产中采用的是一个圆柱销和一个削边销。

根据零件的加工要求,工件限制的自由度数目少于应该限制的自由度数目时,称为欠定位。欠定位是不允许的,因为工件在欠定位的情况下,将不可能保证加工精度的要求。

如果工件的同一个自由度被多于一个的定位元件限制了,称为过定位,也称为重复定位。过定位一般是不允许的,因为它可能产生破坏定位、工件不能装入、工件变形或夹具变形等后果,导致同一批工件在夹具中位置的不一致性,影响加工精度。但如果工件与夹具定位面的精度都较高时,过定位又是允许的,因为它可以提高工件的安装刚度和加工的稳定性。

2. 一孔与一端面组合

一孔和端面组合定位时,孔与销或心轴定位采用间隙配合,此时应注意避免过定位,以免造成工件和定位元件的弯曲变形,如图4-19所示。

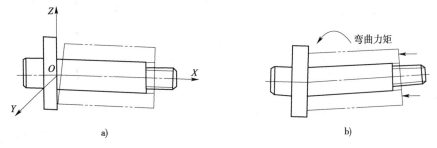

图4-19 孔与平面的组合定位

(1)如图4-20所示,通常采用端面为第一定位基准,限制工件的 $\vec{X}$、$\vec{Y}$、$\vec{Z}$ 三个自由度,孔中心线为第二定位基准,限制工件的 $\vec{Y}$、$\vec{Z}$ 两个自由度,定位元件是平面支承和短圆柱销组合,实现五点定位。

(2)如图4-21所示,以孔中心线作为第一定位基准,限制工件的 $\vec{X}$、$\vec{Y}$、$\hat{X}$、$\hat{Y}$ 四个自由度,平面为第二定位基准,限制工件的 $\vec{Z}$ 一个自由度,用的定位元件为小平面支承(小支承板或浮动支承)和长圆柱心轴,实现五点定位。

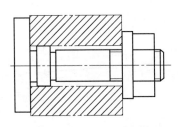

图4-20 端面为第一定位基准

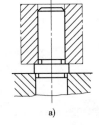 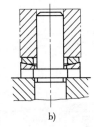

图4-21 孔的中心线为第一定位基准

此外,生产中有时还会采用V形导轨、燕尾导轨等成形表面组合作为定位基面,此时应当注意避免由于过定位而带来的定位误差。

第四节 工件在夹具中的定位误差分析

设计夹具过程中选择和确定工件的定位方案,除了根据定位原理选用相应的定位元件外,还必须对选定的工件定位方案能否满足工序的加工精度要求作出判断,为此需对可能产生的定位误差进行分析和计算。

一、定位误差产生的原因

应用六点定位原理解决了消除工件自由度的问题,即解决了工件在夹具中位置的"确定与不确定"的问题。但是,由于一批工件逐个在夹具中定位时,各个工件所占据的位置不完全一致,即出现工件位置定得"准与不准"的问题。这种由于定位不准而造成工序基准在工序尺寸方向上发生的最大位移量,称为定位误差,用 Δ_D 表示。

在工件的加工过程中,产生误差的因素很多,定位误差仅是加工误差的一部分,为了保证加工精度,一般限定定位误差不超过工件加工公差 T 的 $1/5 \sim 1/3$,即

$$\Delta_D \leq (1/5 \sim 1/3)T \tag{4-1}$$

式中:Δ_D——定位误差,mm;

T——工件的工序尺寸公差,mm。

工件在夹具中定位时,各个工件位置不一致的原因主要有两种情况:一是定位基准与限位基准不重合,产生的基准位移误差;二是定位基准与工序基准不重合,产生的基准不重合误差。

1. 基准位移误差 Δ_Y

由于定位副的制造误差或定位副配合间隙所致的定位基准在加工尺寸方向上的最大位置变动量,称为基准位移误差,用 Δ_Y 表示。不同的定位方式,基准位移误差的计算方式也不同。

如图 4-22a)所示,工件以圆柱孔在心轴上定位铣键槽,要求保证尺寸 $b_0^{+\delta_b}$ 和 $a_{-\delta_a}^0$。其中尺寸 $b_0^{+\delta_b}$ 由铣刀保证,而尺寸 $a_{-\delta_a}^0$ 按心轴中心调整的铣刀位置保证。如果工件内孔直径与心轴外圆直径制成完全一致,作无间隙配合,即孔的轴线与轴的轴线位置重合,如图 4-22b)所示,则不存在因定位引起的基准位移误差。但实际上,如图 4-22c)所示,心轴和工件内孔都有制造误差。于是工件套在心轴上必然会有间隙,孔的轴线与轴的轴线位置不重合,导致这批工件的加工尺寸 a 中附加了工件定位基准变动误差,其变动即为最大配合间隙。可按下式计算:

$$\Delta_Y = \frac{D_{\max} - d_{0\min}}{2} = \frac{1}{2}(\delta_D + \delta_{d0} + X_{\min}) \tag{4-2}$$

式中:Δ_Y——基准位移误差,mm;

$D_{\max}$——孔的最大直径,mm;

$d_{0\min}$——心轴的最小直径,mm;

δ_D——工件孔的直径公差,mm;

δ_{d0}——圆柱心轴的直径公差,mm;

$X_{\min}$——最小配合间隙。

减小定位配合间隙,提高定位副的制造精度,即可减小基准位移误差 Δ_Y 值,以提高定位精度。

2. 基准不重合误差 Δ_B

如图 4-23 所示,加工尺寸 h 的基准是外圆柱面的下母线,但定位基准是工件圆柱孔轴线。

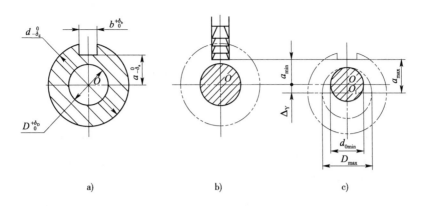

图 4-22 基准位移误差

这种由于工序基准与定位基准不重合所导致的工序基准在加工尺寸方向上的最大位置变动量,称为基准不重合误差,用 Δ_B 表示。在图 4-23 中,基准不重合误差为

$$\Delta_B = \frac{1}{2}\delta_D \tag{4-3}$$

式中:Δ_B——基准不重合误差,mm;

δ_D——工件的外圆直径公差,mm。

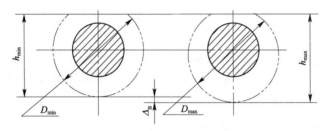

图 4-23 基准不重合误差

计算基准不重合误差时,应注意判别定位基准和工序基准。

工件在夹具中的定位误差为 $\Delta_D = \Delta_Y \pm \Delta_B$。

二、定位误差的分析与计算

1. 平面定位时的定位误差

工件以平面定位时可能产生的定位误差,主要由基准不重合引起。分析和计算基准不重合误差的重点,在于找出联系设计基准和定位基准间的定位尺寸 L_d,然后按下式计算即可求出基准不重合误差的大小。

$$\Delta_B = (L_d)_{max} - (L_d)_{min} \tag{4-4}$$

至于基准位移误差,在工件以平面定位时,只是表面的不平整误差,一般可不考虑。

如图 4-24a) 所示,工件顶面 A 和底面 B 都已经加工,本工序要求加工阶梯面,保证设计尺寸 20±0.15。在图 4-24a) 中,工件以底面 B 作为定位基准,而加工尺寸 20±0.15 的设计基准则为顶面 A,因此必然存在基准不重合定位误差。定位误差的大小由定位尺寸的公差确定。此时,定位尺寸 $L_d = 40 ± 0.14$,其公差值 $\Delta L_d = 0.28$ mm。因平面定位时不考虑定位副

制造不准确的误差,所以有

$$\Delta_D = \Delta_B = 0.28(\text{mm}) \tag{4-5}$$

本工序要求保证的加工尺寸(20 ± 0.15)mm,其允许的误差为0.3mm,由于Δ_D在加工误差中所占比重太大,以至留给其他加工误差的允许误差仅0.02mm,此值太小,在实际加工时极易超差而产生废品。因此,通过对此方案的定位误差的分析和计算,可以判断此方案不宜采用。最好改为基准重合的定位方式,如图4-24b)所示,这样可使$\Delta_D = 0$。但是,改用新的定位方案后,工件须由下向上夹紧,夹紧方式不理想,而且夹具结构也变得较为复杂。因此,生产实际中一般还是采用图4-24a)所示定位方案,通过提高定位尺寸L_d的尺寸精度来保证定位精度及加工要求。

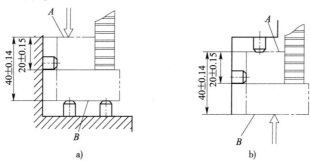

图4-24 铣台阶面的两种定位方案

2. 工件以圆孔定位时的定位误差

一批工件在夹具中以圆孔表面作为定位基准进行定位,其可能产生的定位误差将随定位方式和定位时工件圆孔与定位元件配合性质的不同而各不相同,下面分别进行分析和计算。

(1) 工件上圆孔与刚性心轴或心轴间隙配合,定位元件水平放置。

图4-25a)所示为一个套筒类零件在心轴上定位铣键槽的例子。加工时要求保持尺寸$b_0^{+T_b}$和$H_{-T_H}^{0}$,现分析计算采用水平心轴定位的定位误差。

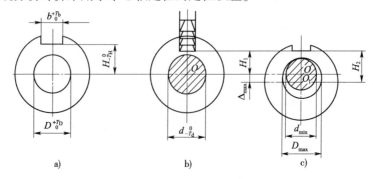

图4-25 套筒工件铣键槽工序(水平放置)简图及定位误差分析

尺寸$b_0^{+T_b}$完全是由铣刀本身的刃宽尺寸决定的。尺寸$H_{-T_H}^{0}$由于定位心轴水平放置且与工件内孔间隙配合,这样,每个工件在自身重力作用下均使其内孔上母线与定位心轴单边接触。在设计夹具时,由于对刀元件相对定位心轴中心的位置已定,且定位心轴和工件内孔、外圆等尺寸均有制造误差,因此,工件定位孔的轴线偏离心轴的轴线,如图4-25c)所示,最大

位移量为最大间隙 X_{max} 的一半，故基准位移误差为

$$\Delta_Y = \frac{X_{max}}{2} = \frac{D_{max} - d_{min}}{2} = \frac{T_D + T_d + X_{min}}{2} \tag{4-6}$$

式中：D——工件圆孔直径；

　　　d——定位心轴直径；

　　　X_{min}——定位副之间最小间隙；

　　　T_D——工件圆孔直径公差；

　　　T_d——心轴外圆直径公差。

（2）工件圆孔与刚性心轴或定位销间隙配合，定位元件垂直放置。

仍以套筒类工件上铣键槽为例，只是定位心轴改为垂直放置，工件内孔与定位心轴仍为间隙配合，如图4-26所示，定位基准偏移的方向可以在任意方向上。工序尺寸 $H_{-T_H}^{0}$（取定位心轴尺寸最小和工件内孔尺寸最大，且工件内孔分别与定位心轴左、右母线接触）的定位误差为

$$\Delta_Y = O_1 O_2 = T_D + T_d + X_{min} \tag{4-7}$$

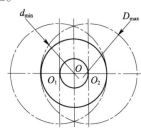

图4-26　套筒工件铣键槽工序
定位误差分析

（3）工件圆孔与刚性心轴或定位销过盈配合，定位元件水平或垂直放置。

当一批工件在刚性心轴上定位，虽然作为定位基准的内孔尺寸在其公差 T_D 的范围内变动，但由于与刚性心轴系过盈配合，故每个工件定位后的内孔中心 O 均与定位心轴中心 O' 重合。此时，一批工件的定位基准在定位时没有任何位置变动，即定位副不准确引起的定位误差 $\Delta_Y = 0$。

采用这种定位方案，可能产生的定位误差与工件有关表面的加工精度有关，而与定位元件的精度无关。

3. 工件以外圆表面定位时的定位误差

在夹具设计中，外圆表面定位的方式是定心定位和支承定位，常用的定位元件为各种定位套、支承板和V形块。采用各种定位套或支承板定位，定位误差的分析计算与工件以圆孔在心轴上定位时类似，与平面定位类似。下面主要分析工件以外圆在V形块上定位的情况。

工件以外圆面在V形块上定位时，其定位误差的大小不仅与工件外圆表面的制造误差和V形块工作面的夹角 α 有关，而且与工件尺寸的标注方法有关。

如图4-27a)所示的铣键槽工序，工件在V形块上定位，定位基准为圆柱轴线。如果忽略V形块的制造误差，则定位基准在垂直方向上的基准位移误差为

$$\Delta_Y = OO_1 = \frac{d}{2\sin\frac{\alpha}{2}} - \frac{d - \delta_d}{2\sin\frac{\alpha}{2}} = \frac{\delta_d}{2\sin\frac{\alpha}{2}}$$

对于图4-27b)中的三种尺寸标注，下面分别计算其定位误差。当尺寸标注为 B_1 时，工序基准和定位基准重合，故基准不重合误差 $\Delta_B = 0$。所以 B_1 尺寸的定位误差为

$$\Delta_{D(B_1)} = \Delta_Y = \frac{\delta_d}{2\sin\frac{\alpha}{2}}$$

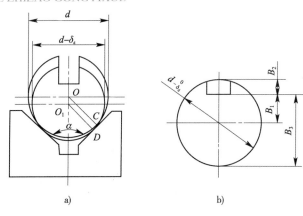

图 4-27 工件在 V 形块上的定位误差分析

当尺寸标注为 B_2 时,工序基准为上母线。此时存在基准不重合误差,即

$$\Delta_B = \frac{1}{2}\delta_d$$

所以 Δ_D 应为 Δ_B 与 Δ_Y 的矢量和。由于当工件轴径由最大变到最小时,Δ_B 和 Δ_Y 都是向下变化的,所以,它们的矢量和应是相加。故

$$\Delta_{D(B_2)} = \Delta_Y + \Delta_B = \frac{\delta_d}{2\sin\frac{\alpha}{2}} + \frac{1}{2}\delta_d = \frac{\delta_d}{2}\left(\frac{1}{\sin\frac{\alpha}{2}} + 1\right)$$

当尺寸标注为 B_3 时,工序基准为下母线。此时基准不重合误差仍然是 $\Delta_Y + \Delta_B$,但当 Δ_Y 向下变化时,Δ_B 是方向朝上的,所以,它们的矢量和应是相减。故

$$\Delta_{D(B_3)} = \Delta_Y + \Delta_B = \frac{\delta_d}{2}\left(\frac{1}{\sin\frac{\alpha}{2}} - 1\right)$$

综上分析可知,工件以外圆在 V 形块上定位时,加工尺寸的标注方法不同,所产生的定位误差也不同,所以定位误差一定是针对具体尺寸而言的。在这三种标注中,从下母线标注的定位误差最小,而从上母线标注的定位误差最大。

第五节　工件在夹具中的夹紧

一、夹紧装置的组成

工件在夹具中正确定位后,由夹具的夹紧装置将其压紧夹牢,该装置称为夹紧装置。如图 4-28 所示为一典型的夹紧装置。一般夹紧装置由三部分组成。

(1)力源装置。力源装置是指产生夹紧力的动力装置,如图 4-28 所示中的气缸。夹紧力的动力来自气动、液压和电力等动力源的,称为机动(或动力)夹紧;夹紧力的力源来自人力的称为手动夹紧。

(2)夹紧元件。夹紧元件是指直接用于夹紧工件的元件,如图 4-28 所示的压板 4。

(3)中间传力机构。将原动力以一定的大小和方向传递给夹紧元件的机构,称为中间传力机构,如图4-28所示中由斜楔2、滚子3等组成的斜楔铰链传力机构。中间传力机构有三个使用功能,使夹紧元件获得夹紧力、改变夹紧力的大小和改变夹紧力的方向。

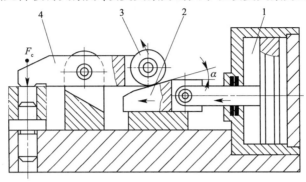

图4-28 夹紧装置的组成
1-气缸;2-斜楔;3-滚子;4-压板

二、工件夹紧的基本要求

夹紧装置是夹具中的重要组成部分,其设计或选用的是否合理,对于保证加工质量、提高生产效率、降低成本及创造良好的工作条件都有很大影响,因此,设计夹紧装置时应满足以下基本要求:

(1)在夹紧过程中应能保持工件定位时所获得的正确位置。

(2)夹紧应可靠和恰当。夹紧机构一般要有自锁作用,保证在加工过程中不会产生松动或振动。夹紧工件时不允许工件产生不适当的变形和表面损伤。

(3)夹紧机构的复杂程度、工作效率应与生产类型相适应,尽量做到结构简单,便于制造和维修,并尽量采用标准化元件。

(4)夹紧装置应操作方便,省力、安全。

三、夹紧力的确定

1. 夹紧力作用点的选择原则

(1)夹紧力的作用点应正对定位元件或作用在定位元件所形成的支承面内。如图4-29a)所示,当夹紧力作用点位于定位元件支承面之外,将产生转动力矩,使工件发生倾斜或变形,从而破坏工件的定位。如图4-29b)所示夹紧力 F_c 作用点位于定位元件上方的位置是正确的。

(2)夹紧力的作用点应位于工件刚性好的部位。这对刚性较差的工件尤为重要,如图4-30所示,作用点由图4-30a)的刚性较差的中间部位改为图4-30b)刚性好的两侧点,可避免工件发生变形,且夹紧也较为可靠。

(3)夹紧力的作用点应尽量靠近加工表面。可减小切削力对夹紧点的力矩,防止或减少工件加工时的振动。如图4-31所示,因切削力矩 $FR' < FR$,夹紧力作用于 O_1 点较 O_2 点夹紧更加牢固可靠。

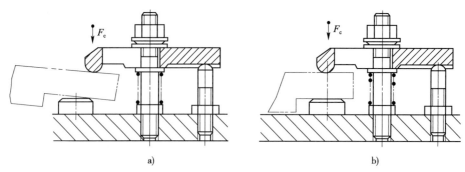

图 4-29 夹紧力作用点的选择

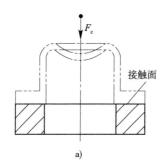
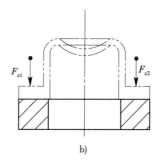

图 4-30 夹紧力作用于工件刚性强的部位

2. 夹紧力作用方向的选择原则

（1）夹紧力的方向应垂直于主要定位基面，以保证加工精度。如图 4-32 所示，在工件上镗孔要求保证内孔轴线与 A 平面垂直，应选择 A 平面为主要定位基准，这样不仅符合基准重合原则，而且定位稳定，工件夹紧和加工中的变形也小。

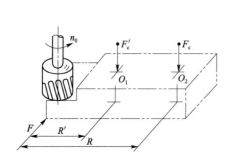
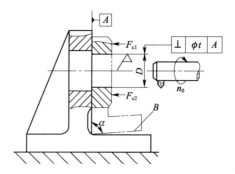

图 4-31 夹紧力作用点尽量靠近加工面　　图 4-32 夹紧力作用方向垂直于主要定位基面

（2）夹紧力方向应与工件刚度最大的方向一致，以减小工件的夹紧变形。如图 4-33 所示加工活塞时的两种夹紧方式：图 4-33a）所示为夹紧力 F_c 作用在刚性较差的径向方向，活塞将产生过大的夹紧变形而无法保证加工精度。若采用如图 4-33b）所示沿活塞刚性较大的轴向夹紧，则夹紧变形较小，加工精度容易得到保证。

（3）夹紧力方向应尽量与切削力、重力等力的方向一致，以减小夹紧力。如图 4-34 所示，钻孔时，图 4-34a）中的轴向进给力、夹紧力和工件重力的方向一致，需要的夹紧力较小；

图4-34b)中的夹紧力与轴向进给力、工件重力的方向相反,需要的夹紧力较大。加工时所需的夹紧力小,可以简化夹紧装置的结构和便于操作。

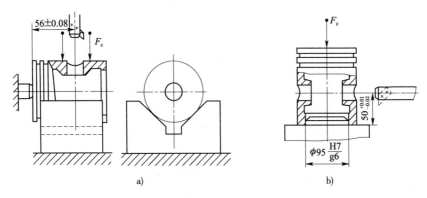

图4-33 夹紧力方向与工件刚性关系

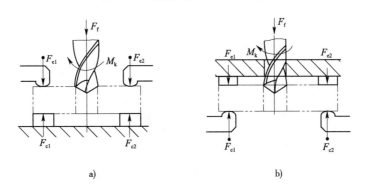

图4-34 夹紧力与切削力方向的关系

3. 夹紧力大小的估算

设计专用夹具时,估算夹紧力是一件十分重要的工作。夹紧力过大可能会增大工件夹紧变形,还会增大夹紧装置的结构尺寸,造成成本增加;夹紧力过小工件夹不紧,切削加工中工件的定位遭到破坏,而且容易引发安全事故。

在确定夹紧力时,可将机床夹具和工件看成为一个整体,将作用在工件上的切削力、夹紧力、重力和惯性力等列出静力平衡方程式,求出理论夹紧力。为使夹紧可靠,应再乘以一安全系数k。考虑到切削力的变化、切削条件的变化、夹紧装置产生的夹紧力的稳定性等因素的影响,一般在粗加工时取$k=2.5\sim3$;精加工时可取$k=1.5\sim2$。

在专用夹具的设计中,夹紧力的确定并非在所有情况下都需要理论计算。通常可根据经验或类比法估算确定所需的夹紧力。对于关键工序所使用的夹具,如果需要准确计算夹紧力时,通常可通过工艺试验来实测切削力的大小,然后再进行夹紧力计算。

四、几种典型夹紧机构

各类夹紧装置中,不论采用何种动力源形式,一切外加的作用力都要转换成夹紧力,并通过夹紧机构来实现工件的夹紧。常用的夹紧机构有斜楔夹紧机构、螺旋夹紧机构、圆偏心夹紧机构、定心夹紧机构、铰链夹紧机构和多位多件夹紧机构等。下面将介绍几种常用的典型夹紧机构的结构、特点和应用等内容。

1. 斜楔夹紧机构

斜楔夹紧机构是以斜楔的斜面楔入作用来实现对工件的夹紧的。如图4-35所示为几种斜楔夹紧机构示例。其中如图4-35a)所示为夹具直接采用斜楔夹紧,如图4-35b)所示为斜楔、滑柱与杠杆组合夹紧机构,如图4-35c)所示为利用斜楔原理的自动夹紧心轴。

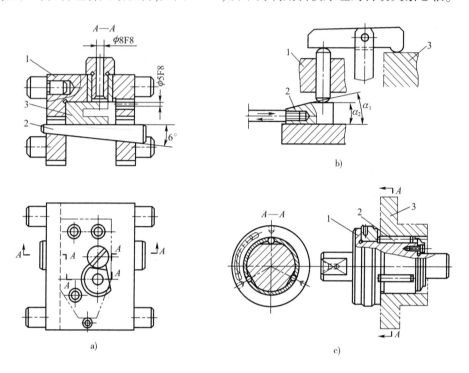

图4-35 几种斜楔夹紧机构
1-夹具体;2-斜楔;3-工件

斜楔的斜度一般为1:10,其斜度的大小主要是根据满足斜楔的自锁条件来确定。

一般对夹具的夹紧机构都要求有自锁性能,所谓自锁就是当外加的作用力消失或撤除后,夹紧机构在纯摩擦力的作用下,仍应保持其处于夹紧状态而不松开。对于斜楔夹紧机构而言,这时摩擦力的方向应与斜楔企图松开和退出的方向相反。

斜楔具有扩力作用,即外加一个较小的夹紧力,却可获得一个比夹紧作用力大几倍的力,当夹紧作用力一定时,α越小,则扩力作用越大。因此,以气动或液压作为力源的高效率机械化夹紧装置中,常用斜楔作为扩力机构。一般斜楔的夹紧行程很小,而且夹紧行程直接与斜楔的斜角α有关。当α越小,自锁性越好,但夹紧行程也越小;反之,当α越大,则自锁性越差,而夹紧行程却能增大。因此,增加夹紧行程和斜楔的自锁性能是相互矛盾的,在选择升角时,应综合考虑到自锁、扩力、行程三方面问题。如果要求较大的夹紧行程,且机构又要求自锁,可以采用双升角的斜楔。

在实际生产中,因手动操作的简单斜楔夹紧机构操作不方便,故直接应用得很少。但是利用斜楔与其他机构组合起来夹紧工件的机构却用得比较普遍,如图4-36所示的气动斜楔夹紧机构就是一例。夹紧工件的源动力是压缩空气,通过气缸推杆5推动斜楔4向左移动,在斜楔 4 斜面的作用下,滚轮 3 上移并通过其上部的蝶形杠杆推动两个夹紧元件 2,对工件实施夹紧。拆卸工件时反之。

2. 螺旋夹紧机构

螺旋夹紧机构是用螺纹旋入的方法夹紧工件的夹紧机构。由于螺旋夹紧机构结构简单,夹紧可靠,所以在夹具中得到广泛应用。螺旋机构既可以单独组成夹紧机构(图 4-37),也可以与其他机构联合组成夹紧机构(图 4-38)。单螺旋夹紧机构与工件的接触形式有两种,一种如图 4-37a)所示,螺钉头部与工件表面直接接触,在夹紧时会使工件产生移动,且容易损伤与工件接触的表面;另一种如图 4-37b)所示,

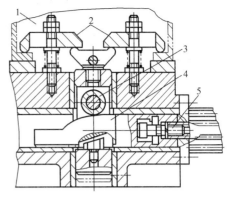

图 4-36 气动滚子斜楔夹紧机构
1-工件;2-夹紧元件;3-滚轮;4-斜楔;5-气缸推杆

螺杆 3 的头部通过活动压块 4 与工件接触,这样就防止了在夹紧时带动工件转动,并避免螺钉头部与工件接触面产生压痕。

螺旋夹紧机构也是扩力机构,其扩力比较大,一般可达 $i_c = 60 \sim 100$。它的缺点是动作慢,夹紧费时。在生产中,它常与其他机构联合使用,组成各种高效、可靠的夹紧机构。

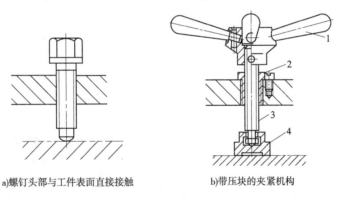

a)螺钉头部与工件表面直接接触　　b)带压块的夹紧机构

图 4-37　单螺旋夹紧机构
1-手柄;2-中间螺母;3-螺杆;4-活动压块

如图 4-38 所示为三种典型的螺旋压板式夹紧机构。根据所附的三个受力分析简图可知,在 $F_{c,x}$ 相同的情况下,图 4-38c)中产生的夹紧力最大,图 4-38a)夹紧力最小,图 4-38b)夹紧力介于中间。

由于螺旋夹紧机构具有结构简单、制造容易、夹紧可靠、扩力比大、夹紧行程不受限制等优点,所以在手动夹紧装置中被广泛使用。为了克服螺旋夹紧动作慢、效率低的缺点,可以采用快速螺旋夹紧机构。

3. 偏心夹紧机构

偏心夹紧机构是通过偏心作用原理或与其他元件组合而夹紧工件的,属斜楔夹紧机构的一种变形。偏心零件有圆偏心和曲线偏心两种,曲线偏心采用阿基米德螺旋线或对数螺旋线作为轮廓曲线,曲线偏心虽有升脚变化均匀等优点,但因制造复杂,应用较少;常用的是圆偏心(偏心轮或偏心轴)。图 4-39 所示为偏心压板夹紧机构。下面重点介绍圆偏心夹紧机构。

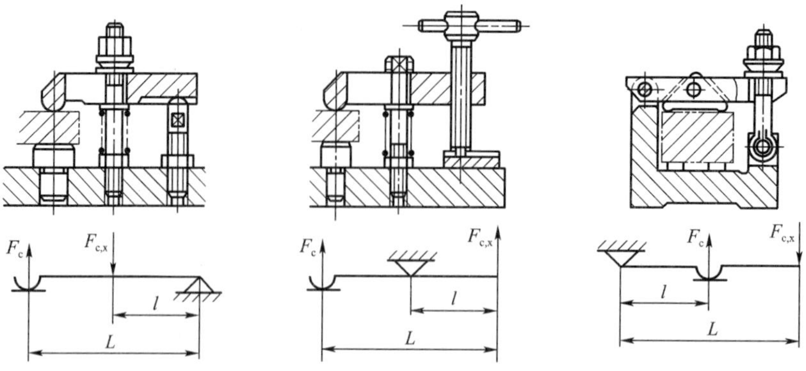

图 4-38 三种典型的螺旋压板夹紧机构

如图 4-40a)所示,D 是圆偏心轮的直径,其转动轴心 O_2 与外圆中心 O_1 间存在偏心距 e。因转动轴心 O_2 至圆偏心轮工作表面上各点的距离不相等,当转动手柄时,就相当于一个弧形楔楔入在基圆和工件受压表面之间而产生夹紧作用。转动轴心 O_2 与外圆中心 O_1 处于水平位置时的夹紧接触点为 P。若将偏心的弧形楔轮廓假想展开,得到如图 4-40b)所示的曲线斜楔。曲线上任意点的斜率为该点的斜楔升角,其值为一变值。随着圆偏心旋转角度的增加,斜楔升角由 m 点的最小值逐渐增大到 P 点附件的最大值。因 P 点附件这段曲线接近于直线,升角的变化较小,此处夹紧比较稳定,所以常取 P 点左右 30°作为偏心轮的工作表面。

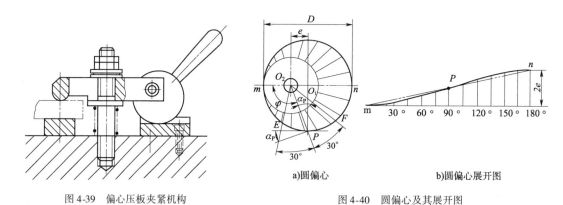

图 4-39 偏心压板夹紧机构

图 4-40 圆偏心及其展开图

圆偏心夹紧机构适用范围:

(1)由于圆偏心的夹紧力小,自锁性能又不是很好,所以只适用于切削负荷不大,又无很大振动的场合。

(2)为满足自锁条件,其夹紧行程也相应受到限制,一般用于夹紧行程较小的情况。

(3)一般很少直接用于夹紧工件,大多是与其他夹紧机构联合使用。

4. 定心夹紧机构

定心夹紧机构是在实现使工件的定位基准与工序基准重合于机床夹具定位元件的对称轴线或对称中心平面(即定心)的同时,又将工件夹紧的机构,如图 4-41 所示。定心夹紧机构中与工件定位基准(基面)相接触的元件,既是定位元件,又是夹紧元件。定心夹紧机构是利用定位夹紧元件的等速移动或均匀的弹性变形的方式,来实现工件的定心或对中的机构。定心夹紧机构有两种类型。

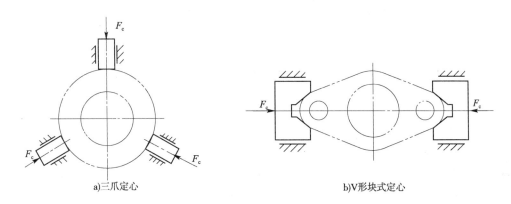

图4-41 几何形状对称工件的定心与夹紧

(1)是利用斜楔、螺旋、偏心、齿轮和齿条等刚性元件,使定位夹紧元件作等速位移来实现定心夹紧。常见的有三爪定心卡盘、齿轮式偏心机构等。

图4-42所示为螺旋活动V形块式夹紧机构。工件装在两个可左右移动的V形块2及3之间,V形块的移动由具有左、右螺纹的螺杆1操纵。螺杆1的中部支承在叉形支架4上,支架用螺钉紧固在夹具体7上。借助调整螺钉5及6可调节支架4的位置,以保证两个V形块的对中性。

该定心夹紧机构的结构简单,工作行程较长,通用性好。但定心精度不高,适用于工作行程较长、精度要求不高工件的装夹。

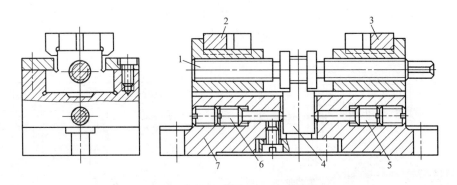

图4-42 螺旋双移动V形块式定心夹紧机构
1-左右旋螺杆;2、3-V形块;4-叉形支架;5、6-调整螺钉;7-夹具体

图4-43所示为齿轮偏心式定心夹紧机构。在三个齿轮轴3上方装有偏心爪2,并与中心齿轮4相啮合。使用时,将手柄1顺时针转动使三个偏心爪张开,装入盘类工件后松开手柄,偏心爪在拉弹簧5的作用下同时将工件定心夹紧。

该夹具的特点是结构简单,操作方便,通用性好,夹紧力随切削力矩增大而加大。但定心精度较低,适用于以毛坯外圆为粗基准定位的盘类(如圆柱齿轮)工件的钻孔、扩孔等工序

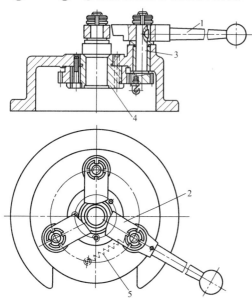

图 4-43 齿轮偏心式定心夹紧机构
1-手柄；2-偏心爪；3-齿轮轴；4-中心齿轮；5-弹簧

的工件装夹。

（2）利用薄壁弹性元件受力后产生的均匀变形，使工件定位夹紧的机构。

图 4-44 所示为一液性塑料夹具，用于加工连杆小头衬套孔。夹具体 1 的主通道与属于弹性元件的薄壁套筒 2 内孔中部的环形槽相通，形成一密封腔，腔内灌满液性塑料。液性塑料在常温下是一种半透明冻胶状物质，具有一定的弹性和流动性，不可压缩，物理性能稳定。拧紧加压螺钉 3，螺钉头部的柱塞对腔内的液性塑料施加压力，液性塑料能将所受的压力均匀地传递至套筒的薄壁上，迫使薄壁套筒产生均匀的径向弹性变形，将工件定心夹紧。

液性塑料夹具夹紧可靠、定心精度高，一般可保证同轴度误差为 0.01~0.02mm。但薄壁套筒的变形量有限，夹持范围较小，故只适用于精加工工序。

5. 铰链杠杆增力机构

铰链杠杆夹紧机构具有扩力系数大和摩擦损失小等优点，它多用作夹紧装置的中间传动机构，以扩大夹紧力及需要较大夹紧力的场合。此机构一般安置在夹紧元件和动力源（气缸或液压缸）之间，组成复合式增力机构。

如图 4-45 所示为单作用铰链杠杆夹紧机构。当活塞向左移动时，滚子 2 在垫块 1 上移动，把压板 4 的左端向下拉而将工件松开。活塞若向右移动，则夹紧工件。借助螺纹可调节杠杆 3 的长度，从而调整其夹紧时的工作位置。

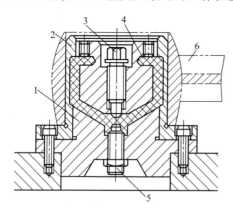

图 4-44 液性塑料夹具
1-夹具体；2-薄壁套筒；3-加压螺钉；4-液性塑料；
5-定程螺钉；6-连杆

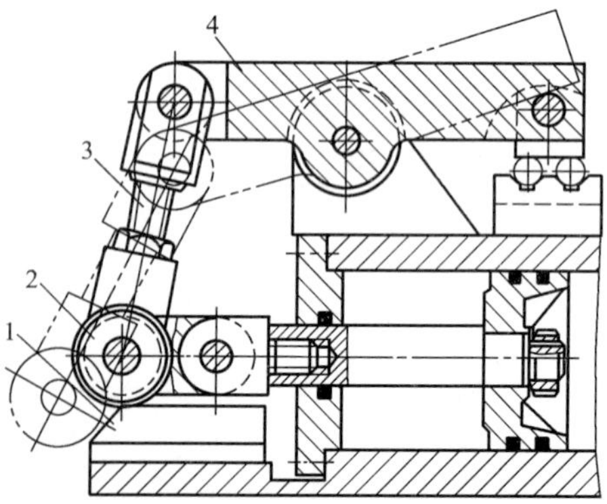

图 4-45 单作用铰链杠杆夹紧机构
1-垫块；2-滚子；3-杠杆；4-压板

铰链杠杆夹紧机构虽具有扩力比较大、摩擦损失较小的优点，但自锁性能较差。

6. 多件多位夹紧机构

若需要同时在几个点对工件进行夹紧或需要同时夹紧几个工件,则可采用多件多位联动夹紧机构。

1) 多件平行夹紧机构

如图 4-46 所示。图 4-46a) 是四根轴在 V 形块上定位,用螺旋压板机构夹紧多件工件的夹具。夹紧元件制成铰链式结构是因为工件有尺寸偏差,这样可使夹紧力均匀地分布在四个工件上。图 4-46b) 结构为液性塑料多件夹紧机构,夹紧柱塞通过液性塑料的流动补偿同批工件尺寸误差的变化,实现多件均匀地夹紧。这两种夹具都是平行夹紧多个工件的,总的夹紧力较大。

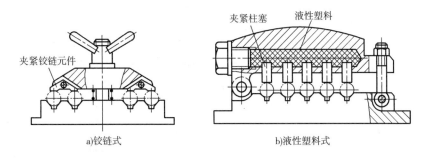

图 4-46 多件平行夹紧机构

2) 多件顺序夹紧机构

如图 4-47 所示。用于铣轴承盖两端面。夹紧时通过夹紧螺钉 2 将工件顺序地夹紧,夹紧力顺次地由一个工件传递至另一个工件上。V 形定位压板 1 可绕销轴 3 转动,以保证各工件都被夹紧。若不计摩擦损失,每个工件的夹紧力等于螺钉产生的夹紧力。这种夹紧方式,因工件的尺寸误差依次传递,逐个积累,故适用于工件的加工表面和夹紧力方向相平行的场合。

3) 多位夹紧机构

如图 4-48 所示,可将一套夹紧机构的夹紧力施加在同一工件表面的多处。当旋转左边的夹紧螺母 1 时,压板 2 向下夹紧工件,而螺杆 3 向上提起,使与螺杆相连接的杠杆 4 绕中间支点摆动,导致右边螺杆 5 向下移动,从而使右边压板 6 同时夹紧工件。这种机构借助于浮动夹紧实现多点夹紧。一般多用于多夹紧点相距较远的场合,如箱体零件的夹紧。

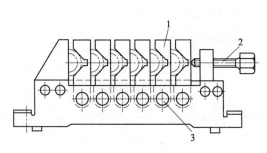

图 4-47 多件顺序夹紧机构
1-V 形定位压板;2-夹紧螺钉;3-销轴

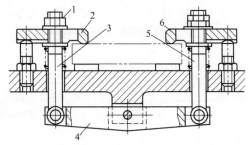

图 4-48 多位夹紧机构
1-夹紧螺母;2、6-压板;3、5-螺杆;4-横杆

7. 夹紧装置的动力源

夹紧装置的夹紧方式有两种,手动夹紧和机动夹紧。手动夹紧时的动力源是人力。在大批量生产中均使用气动、液压、气液联动等动力源的机动夹紧方式,以代替手动夹紧。这样可改善劳动条件和提高生产率。其中用得较多的是气动和液压传动装置。下面介绍一种气动夹紧的动力装置。

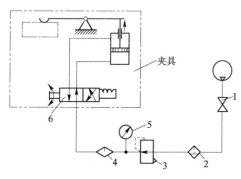

图4-49 气动夹紧的供气系统
1-气源开关;2-空气过滤器;3-调压阀;4-油雾器;
5-压力计;6-换向阀

气动夹紧的能源是压缩空气,它一般由集中的压缩空气站通过管路供应,因此每台机床无须空气压缩机等设备。动力执行装置为各种形式的气缸或气室。如图4-49所示为气动系统原理图。压缩空气通过管路经气源开关1、空气滤清器2、调压阀3、压力计5、油雾器4以及换向阀6等元件进入气缸,推动气缸中的活塞运动。空气滤清器的作用是滤去压缩空气中的污物和水分;调压阀的作用是控制进入气缸的空气压力,并使其保持稳定;油雾器的作用是当压缩空气通过油雾器时,使空气与雾化的润滑油混合,用以润滑气缸;换向阀的作用是控制进、排气方向,操纵气缸动作。

第六节 典型机床夹具的设计要点

夹具种类繁多,这里仅介绍钻床夹具和铣床夹具两种典型夹具设计要点,以了解机床夹具的组成、主要特点和应用。

一、钻床夹具

在各种钻床或组合机床上,用来钻、扩、铰各种孔所采用的装置,称为钻床夹具。这类夹具的特征是装有钻套和安装钻套用的钻模板,习惯上称之为"钻模"。其特点是具有引导钻头、铰刀等孔加工刀具的导向元件——钻套和安装钻套的钻模板,钻套和钻模板是钻床夹具的特有的元件。

1. 钻床夹具的类型

根据工件被加工孔的分布情况和钻床夹具使用上的不同要求,钻床夹具有固定式、回转式、滑柱式和翻转式等形式。滑柱式钻床夹具已经标准化了,翻转式钻床夹具应用不多,故不作介绍。

1) 固定式钻床夹具

固定式钻床夹具是指钻模板与夹具体是固定连接的,在加工过程中安装在钻床工作台上的钻床夹具,这类钻模的夹具体上,设有专供夹压用的凸缘或凸边。如图4-50所示,在阶梯轴工件的大端钻孔,工序图已确定了定位基准,钻模上采用V形块及其端面和限制角度自由度的手动拔销定位,用偏心压板夹紧,夹具体周围留有供夹紧用的凸缘。

固定式钻床夹具可用于立式钻床、摇臂钻床和多轴组合钻床上。用于立式钻床时一般只能加工单孔,用于摇臂钻床时,则常加工位于同一钻削方向上的平行孔系。加工直径大于 10mm 的孔,则需将夹具固定,以防止工件因受切削力矩而转动。

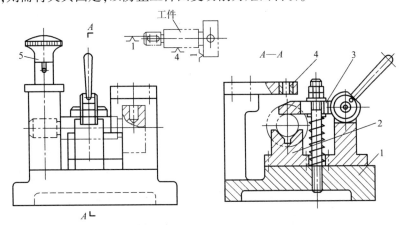

图 4-50　固定式钻床夹具
1-夹具体;2-V形块;3-偏心压板;4-钻套;5-手动拔销

2）回转式钻床夹具

在钻削加工中,回转式钻床夹具使用得较多,它用于加工工件上同一圆周上的平行孔系,或加工分布在同一圆周上的径向孔。回转式钻床夹具的基本形式有立轴、卧轴和斜轴三种。

如图 4-51 所示多工位回转式钻床夹具可加工同一圆周上的轴向平行孔系,该夹具由立式回转工作台与钻床夹具组合而成的一多工位钻床夹具。

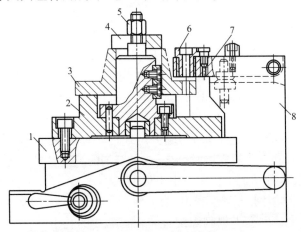

图 4-51　标准立轴回转台与钻床夹具组合成的回转式钻床夹具
1-回转工作台;2-钻床夹具;3-工件;4-开口垫圈;5-夹紧螺母;6-钻套;7-钻模板;8-支架

图 4-52 所示为用来加工扇形工件上三个等分径向孔的水平回转式钻床夹具。工件以内孔、键槽和端面为定位基准,在夹具上分别定位于短定位销 6、键 7 和圆支承板 3 上,限制六个自由度。用夹紧螺母 5 和开口垫圈 4 夹紧工作。多工位分度装置由分度盘 9、等分锥套 2、分度插销 1 等组成。转轴后端的螺杆和手柄螺母 11 为分度盘的锁紧和松开机构。工件分度时,首先拧松手柄螺母 11,松开分度盘 9,然后用把手 12 抽出分度插销 1,用手旋转分度

盘9带动工件一起分度,当旋转分度盘至下一等分锥套孔时,将分度插销插入,最后拧紧锁紧手柄11将分度盘锁紧,即可以加工下一径向孔。钻头的导向由安装在固定式钻模板上的钻套8实现。

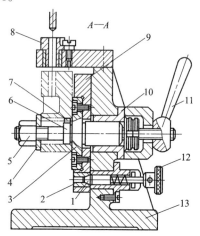
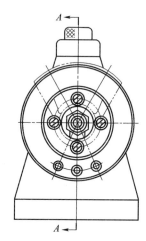

图4-52 水平轴回转式钻床夹具

1-分度插销;2-等分锥套;3-圆支承板;4-开口垫圈;5-夹紧螺母;6-短定位销;7-键;8-钻套;9-分度盘;10-衬套;11-手柄螺母;12-把手;13-夹具体

目前,除了大量生产或因特殊需要须自行设计专用回转式钻床夹具外,为了缩短设计和制造周期,提高工艺装备的利用率,夹具的回转分度部分,都采用标准回转工作台,这样当一种工件加工完了以后,只要从标准回转工作台上拆下并更换上其他夹具,即可用于另一种工件的加工。

2. 钻套

钻套是用来引导钻头、铰刀等孔加工刀具的导向元件。钻套的功能是确定刀具相对于夹具定位元件间的位置和引导刀具,提高刀具的刚度,防止其在加工中发生偏移。

钻套的基本类型有固定式、可换式、快换式和特殊结构钻套等多种,如图4-53和图4-54所示。

(1)固定式钻套。如图4-53a)、b)所示,固定式钻套直接以过盈配合压入钻模板内。固定式钻套分为无台肩式和有台肩式两种结构,这种结构的缺点是导向孔磨损后更换时,会破坏钻模板上的安装孔,这种钻套主要用于中小批生产。

(2)可换式钻套。在大批大量生产中,为了便于更换被磨损了的钻套,可使用图4-53c)所示可换式结构的钻套。钻套1以间隙配合装在衬套2的孔中,衬套2以过盈配合装在钻模板3上,螺钉4则是为防止钻套1上下窜动而设置的。

(3)快换式钻套。在工件一次装夹中,如需顺序进行钻、扩、铰或攻螺纹等多种加工,为了便于迅速更换钻套,可使用图4-53d)所示快换式钻套。更换钻套时,不需卸下螺钉,只需逆时针方向转动钻套使削边平面对准螺钉位置,即可快速向上拔出钻套换上另外一种钻套。

上述三种钻套均已标准化,在"机床夹具设计手册"中可查到。

(4)特殊钻套。特殊钻套是根据具体加工情况自行设计的,以补充标准钻套性能的不足。如图4-54a)是供钻凹坑内孔用的;图4-54b)是供钻圆弧或斜面上孔用。为了使钻头有良好的起钻条件和钻套具有必要的导引长度,它们在结构上都与标准钻套不同。图4-54c)是加工三个孔距很小的内孔,无法分别采用钻套时所应用的一种特殊钻套。图4-54d)是用在滑柱式钻模上的一种特殊钻套。因需用它压紧工件,故钻套与衬套之间用螺纹连接,而且衬套台肩在下面。为了保证加工精度,除螺纹连接外,还要增加一段圆柱面与衬套配合。

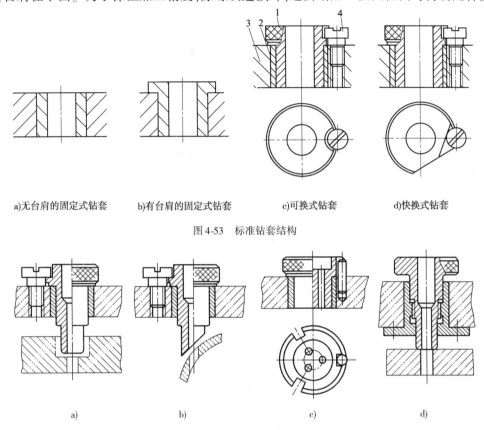

a)无台肩的固定式钻套　　b)有台肩的固定式钻套　　c)可换式钻套　　d)快换式钻套

图4-53　标准钻套结构

图4-54　特殊钻套结构

3. 钻模板

钻模板有固定式、铰链式、悬挂式等结构形式。固定式钻模板与夹具体可用螺钉和圆柱销连接成一体。其优点是钻套的位置精度较高。为了便于在钻孔后进行攻螺纹和便于装卸工件而使用铰链式钻模板。其钻模板与夹具体用销轴连接。因铰链销轴与钻模板上铰链孔间存在间隙,影响加工的位置精度。

图4-55所示为悬挂式钻模板结构。当采用多轴动力头进行平行孔系钻孔时,所使用的钻模板3悬挂在主轴箱5上。它们之间用两根导向柱2和弹簧4等连接。钻孔时钻模板将随机床主轴向下移动。当悬挂钻模板下降至钻孔位置时停止下移,钻模板利用弹簧4在工件平面上压紧。钻头下移时继续压缩两个弹簧,夹紧力也随之增加。由于带有悬挂钻模板的钻床夹具可实现多孔加工和利用钻模板夹紧工作,所以生产率较高,适合于大批生产中箱体零件上多孔的加工,可在立式钻床上配合多轴传动头或在组合机床上使用。

4. 钻套的高度和排屑间隙

钻套的高度与工件材料、钻孔直径、孔深、刀具刚度、工件表面形状等因素有关。如

图4-56所示,钻套高度尺寸 H 对孔加工刀具的导向作用和刀具与钻套内孔间的摩擦都有很大的影响。一般取 $H/d = 1 \sim 2.5$,如被加工孔的加工精度要求高、工件材料强度高、钻头刚度较差和在工件斜面上钻孔时,取较大的比值。

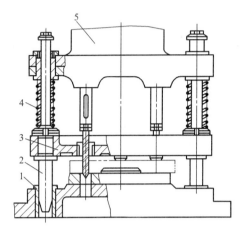

图4-55 悬挂式钻模板
1-导向套;2-导向柱;3-钻模板;4-弹簧;5-主轴箱

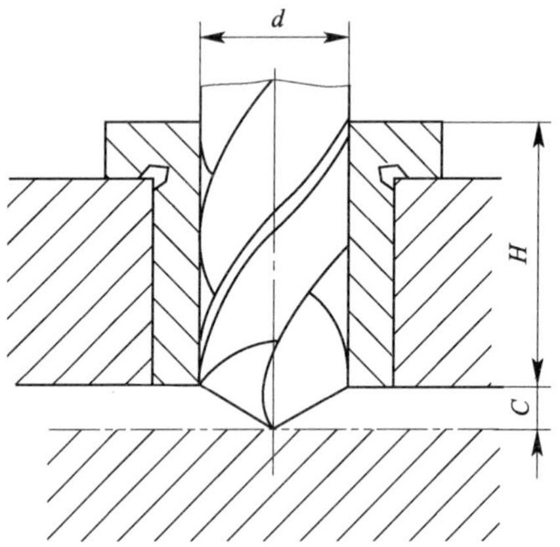

图4-56 钻套高度与排屑间隙的尺寸

钻套与工件间的间隙是排屑的空间。其间隙值 C 太大,将影响刀具的导向精度,进而影响孔的加工精度;如尺寸 C 太小,切屑难以自由排出,会影响被加工孔的表面质量,甚至会因阻力矩的增大而折断钻头。根据经验,加工钢件材料时取 $C = (0.7 \sim 0.5)d$;加工铸铁等脆性材料时取 $C = (0.3 \sim 0.4)d$,其中大孔取小值,小孔取大值。

二、铣床夹具

铣床夹具是应用较为广泛的一类机床夹具,主要用于加工平面、键槽、缺口、花键、齿轮及成形表面等。其结构与铣削的进给方式有关。常用的有直线进给和圆周进给两种铣床夹具。下面介绍的铣床夹具是直线进给的。

1. 单件加工的铣床夹具

图4-57所示为用于铣削槽的铣床夹具。工件以一面两孔作为定位基准,夹具上相应的定位元件为支承板7、圆柱销1和菱形销3。为减小定位误差,两销斜对角布置,定位元件共限制六个自由度。使用两个螺旋压板实现工件的夹紧。夹具上的对刀块用来进行对刀,以保证铣刀相对于夹具定位元件间的正确位置。铣床夹具相对于铣床工作台的正确位置,依靠夹具体底面上的两个定位键6来实现。这套铣床夹具的夹紧靠两个分别操作的螺旋压板夹紧机构来完成,所以生产率较低,劳动强度较大,只适用于中小批生产。

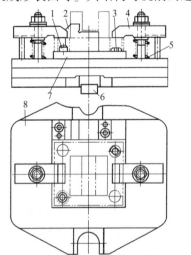

图4-57 单件直线进给的铣床夹具
1-圆柱销;2-对刀块;3-菱形销;4-压板;5-弹簧;
6-定位键;7-支承板;8-夹具体

2. 多件加工的铣床夹具

多件加工的直线进给式铣床夹具常用于大批或大量生产中。图 4-58 所示是铣削连杆小头两个端面的夹具。工件以大头孔及大头孔端面为定位基准在定位销 2 上定位,每次装夹六件,用铰链螺栓 7 与装有六个滑柱 3 的长压板 6 将六件工件分别同时夹紧;六个滑柱之间充满液性塑料,用以实现各个滑柱的滑动而产生均压。为了使夹紧力的作用点接近被加工表面,提高工件的刚度,用螺母 4 借助压板 5 与浮动压板 1 从两面将两组工件(每组三件)同时压向止动件 8 而实现多件依次连续夹紧。操作时,先在端面略为施力预紧,再从侧面夹紧,最后从端面夹紧,对刀块 9 用来调整铣刀的位置。此夹具的优点是夹紧可靠,但操作稍为复杂。

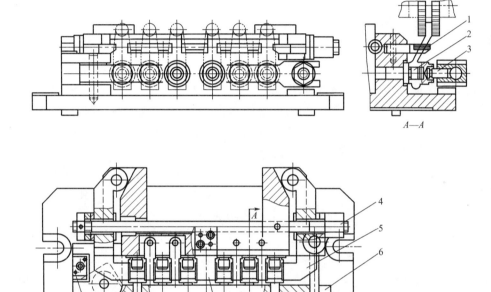

图 4-58 多件加工的直线进给铣床夹具
1-浮动板;2-定位销;3-滑柱;4-螺母;5、6-压板;7-铰链螺栓;8-止动件;9-对刀块

3. 铣床夹具的结构特点

1) 对刀元件

对刀元件是专用铣床夹具上确定铣刀相对于夹具定位元件间正确位置的元件。对刀元件由对刀块和塞尺组成。采用对刀块元件对刀时,为防止铣刀切削刃损坏和对刀块的过快磨损,铣刀切削刃与对刀块工作表面不应直接接触,而是保持一定的间隙。在调整铣刀位置时,用塞尺塞入铣刀切削刃与对刀块工作表面的间隙内,凭与两者接触的松紧程度的感觉来判断铣刀的正确位置。图 4-59 所示为加工不同表面使用的对刀元件。图 4-59a) 所示为用于铣削平面的对刀;图 4-59b) 所示为直角形对刀块,用于对立铣刀、槽铣刀等的对刀;图 4-59c) 所示为成形铣刀的对刀。当夹具结构上不便设置对刀块时,也可使用试切法或样件来对刀。

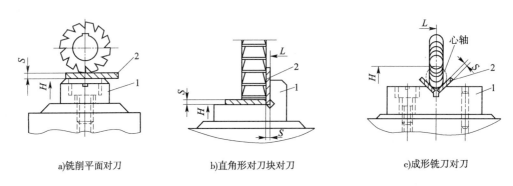

a) 铣削平面对刀　　　　b) 直角形对刀块对刀　　　　c) 成形铣刀对刀

图4-59　对刀元件
1-对刀块；2-塞尺；S-与间隙值相等的塞尺厚度

2）定位键

定位键是保证铣床夹具对铣床工作台间相对位置的连接元件。如图4-60所示，定位键2安装在夹具体1底面的纵向槽中，在槽两端各布置一个，并用螺钉4将其紧固在夹具体1上。将铣床夹具安装在铣床工作台上时，定位键的外露部分嵌入在铣床工作台的T形槽内，使铣床夹具相对于铣床工作台进给方向上有一正确位置。

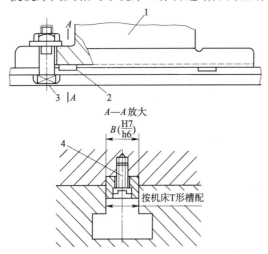

图4-60　定位键及在铣床工作台上的安装
1-夹具体；2-定位键；3-T形螺钉；4-螺钉

铣削加工的切削用量和切削力一般较大，切削力的大小和方向也是变化的，而且又是断续切削，因而，加工时的冲击和振动也较严重。所以设计这类夹具时，要特别注意工件定位稳定性和夹紧可靠性；夹紧装置要能产生足够的夹紧力，手动夹紧时要有良好的自锁性能；夹具上各组成元件的强度和刚度要高。为此，要求铣床夹具的结构比较粗壮低矮，以降低夹具重心，增加刚度、强度，夹具体的高度 H 和宽度 B 之比取 $H/B = 1 \sim 1.25$ 为宜，并应合理布置加强筋和耳槽。夹具体较宽时，可在同一侧布置两个耳槽，这两个耳槽的距离要与所选择铣床工作台两T形槽之间的距离相同，耳槽的大小要与T形槽宽度一致。

铣削的切屑较多，夹具上应用足够的排屑空间，应尽量避免切屑堆积在定位支承面上。因此，定位支承面应高出周围平面，而且在夹具体内应尽可能制出便于清除切屑和排出切削液的出口。

粗铣时振动较大，不宜采用偏心夹紧，因振动时偏心夹紧易松开。

在侧面夹紧工件（如加工薄而大的平面）时，压板的着力点应低于工件侧面的定位支承点，并使夹紧力有一垂直分力，将工件压向主要定位支承面，以免工件向上抬起；对于毛坯件，压板与工件接触处应有尖齿纹，以增大摩擦系数。

第七节 专用机床夹具的设计方法

夹具的设计过程大体上可以划分为六个阶段。

一、设计准备

在决定夹具总体方案之前,应该搜集和掌握下列必要的资料。

(1)生产纲领。工件的生产纲领对于工艺规程的制定及专用夹具的设计都有着十分重要的影响。夹具结构的合理性及经济性与生产纲领有着密切的关系。大批大量生产时,多采用气动或其他机动夹具,自动化程度高,同时夹紧的工件数量多,结构也比较复杂,而单件小批生产时,宜采用结构简单、成本低廉的手动夹紧夹具,以及万能通用夹具或组合夹具,以便尽快投入使用。

(2)零件图及工序图。零件图是夹具设计的重要资料之一,它给出了工件在尺寸、形状等方面的精度要求;工序图则给出了所用夹具加工工件的工序尺寸,工序基准,已加工表面,待加工表面,工序精度要求等,它是夹具设计的主要依据。

(3)零件工艺规程。了解零件的工艺规程主要是指了解该工序所使用的机床、刀具、加工余量、切削用量、工步安排、工时定额、同时安装的工件数目等。关于机床、刀具方面应了解机床主要技术参数、规格、机床及夹具连接部分的结构与尺寸,刀具的主要结构尺寸、制造精度等。

(4)夹具结构及标准。搜集有关夹具零部件标准(国家标准、厂标等)、典型夹具结构图册。了解本厂制造、使用夹具的情况以及国内外同类型夹具的资料。结合本厂实际,吸收先进经验,尽量采用国家标准。

应分析研究工件的结构特点、材料、生产类型及有关的工艺文件,了解本工序的加工要求及与前后工序的联系,弄清夹具设计的具体任务。

图 4-61 所示是连杆铣槽的工序图,该零件是中批量生产,现要求设计加工该零件上尺寸为 $10_{\ 0}^{+0.2}$ mm 槽口所用的铣床夹具。

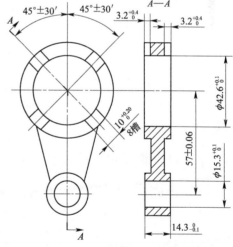

图 4-61 连杆铣槽工序图

二、定位方案的确定

在考虑定位方案时,应该按工件的精度要求,工序内容,来决定应限制的自由度数目,进而选择好定位基准,并考虑所需的定位元件。

本例中,在槽口深度方面的工序基准是工件的相应端面。从基准重合的要求出发,定位基准最好选择此端面。但由于要在此端面上开槽,开槽时此面必须朝上,相应的夹具定位面势必要设计成朝下,这对定位、夹紧等操作和加工都不方便。因此,定位基准选在与槽相对的那个端面比较合适(此面限制三个自由度)。由于槽深的尺寸公差较大(0.4mm),而基准不重合造成的误差仅为 0.1mm，所以这样选择定位基准是可以的。在保证夹角 45°±30′方面，工序基准是双孔中心线所在平面，所以定位件采用一圆柱销和一菱形销最为简便。由双孔定位分析，已知圆柱销和孔的定位精度总是比菱形销和孔的定位精度高。由于槽开在大头端面上，槽的中心面应通过孔 $\phi42.6^{+0.1}_{\ 0}$ mm 的中心线，这说明大头孔还是槽口的对称中心面的工序基准。因此，应选择大头孔 $\phi42.6^{+0.1}_{\ 0}$ mm 作为主要定位基准，定位元件选择圆柱销（限制两个自由度）。而小头孔 $\phi15.3^{+0.1}_{\ 0}$ mm 作为次要定位基准，定位元件选择菱形销（限制一个自由度），如图 4-62 所示。

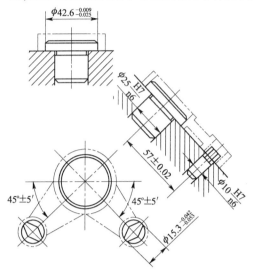

图 4-62 定位元件结构及其布置

三、夹紧方案的确定

考虑夹紧方案时，应该遵循前面讲过的夹紧原则，运用夹紧的有关的知识，确定夹紧力的方向，施力点的布局，进行夹紧力的估算，设计或选择动力源，并初步考虑夹紧机构的具体结构。在具体绘制其结构图时，还可能会遇到一些限制或困难。如体积过大，夹紧机构与其他元件相碰等。部分地修改方案，甚至推倒重来都是可能发生的。

根据工件结构特点、定位方案和确定夹紧力的原则，确定夹紧力的作用点及方向，以及设计或选用夹紧机构。在本例中，可供选择的夹紧部位有两个方案：一是压在大端上，需用两个压板（让开加工位置）；另一是压在杆身上，此时只需用一个压板。前者的缺点是夹紧两次，后者的缺点是夹紧点离加工面较远，而且压在杆身中部可能引起工件变形。考虑到铣削力较大，确定采用第一方案。但如杆身截面较大，加工的槽也不深时，后一种方案也是可以采用的。

四、对刀装置和夹紧装置的确定

本工序被加工槽的加工精度一般，主要保证槽深和槽中心线通过大孔（$\phi42.6^{+0.1}_{\ 0}$）中心等要求。夹具中采用标准直角对刀块及塞尺对刀装置来调整铣刀相对于夹具的位置。其中，利用对刀块的垂直对刀面及塞尺调整铣刀，使其宽度方向的对称面通过圆柱销的中心，从而保证零件加工后，两槽中心对称线通过 $\phi42.6^{+0.1}_{\ 0}$ 大孔中心。利用对刀块水平对刀面及塞尺调整铣刀圆周刃口位置，从而保证槽深位置尺寸 $3.2^{+0.4}_{\ 0}$ 的加工要求。对刀块采用销钉定位，螺钉紧固的方式与夹具体连接。具体结构如图 4-63 所示。

铣削加工的特点是铣削力比较大，又是断续切削，加工中易引起振动，因此要求夹紧机构所提供的夹紧力应足够大，并且要求具有较好的自锁性，为此选用增力特性和自锁性能均好的螺旋压板夹紧机构。又根据确定夹紧力方向和作用点的选择原则，夹紧力方向应垂直指向主要定位面，夹紧力作用点应正对支承元件所形成的支承面内，且作用在刚性好的部位。具体结构如图 4-64 所示。

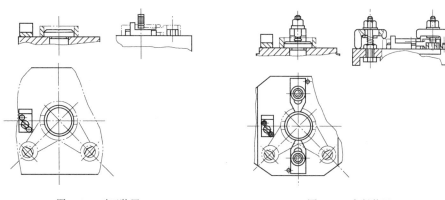

图 4-63 对刀装置　　　　　　　图 4-64 夹紧装置

五、夹具总图的绘制

绘制夹具总图时应遵循国家制图标准，绘图比例应尽量取 1:1，以便使图形有良好的直观性。如工件尺寸大，夹具总图可按 1:2 或 1:5 的比例绘制；零件尺寸过小，总图可按 2:1 或 5:1 的比例绘制。总图中视图的布置也应符合国家制图标准，在清楚表达夹具内部结构及各装置、元件位置关系的情况下，视图的数目应尽量少。

绘制总图时，主视图应取操作者实际工作时的位置，以便于夹具装配及使用时参考。工件看作为"透明体"，所画的工件轮廓线与夹具的任何线条彼此独立，不相干涉。其外廓以黑色双点画线表示。

绘制总图的顺序是：先用双点画线绘出工件的轮廓外形和主要表面，并用网纹线表示出加工余量。围绕工件的几个视图依次绘出定位元件、导向或对刀元件、夹紧装置，最后绘出夹具体及连接件，把夹具的各组成元件、装置连为一体。

夹具总图上应标出夹具名称、零件编号、填写零件明细表等，其余和一般机械装配图相同，如图 4-65 所示。

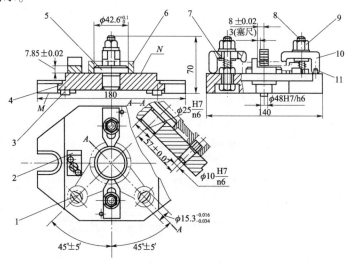

图 4-65 连杆铣槽夹具总装图

1-菱形销；2-对刀块；3-定位键；4-夹具体；5-圆柱销；6-工件；7-弹簧；8-螺栓；9-螺母；10-压板；11-止动销

六、有关尺寸和技术要求的标注

1. 应标注的尺寸

在夹具总图上应标注出轮廓尺寸，必要的装配、检验尺寸及其偏差，主要元件之间的公差等技术要求。通常应标注如下 5 种公称尺寸及位置偏差。

（1）工件与定位元件的联系尺寸。常指工件以孔在心轴或定位销上定位时，工件孔与上述定位元件间的配合尺寸及公差等级。

（2）夹具与刀具的联系尺寸。用来确定夹具上导向或对刀元件位置的尺寸。对于铣、刨夹具而言是指对刀元件与定位元件的位置尺寸；对于钻、镗夹具来说，是指钻（镗）套与定位元件间的位置尺寸、钻（镗）套之间的位置尺寸，以及钻（镗）套与刀具导向部分的配合尺寸。

（3）夹具与机床的联系尺寸。用于确定夹具在机床上正确位置的尺寸。对于车、磨床夹具，主要是指夹具与主轴端的连接尺寸；对于铣、刨床夹具则是指夹具上的定位键与机床工作台上的T形槽的配合尺寸。标注尺寸时，还常以夹具上的定位元件作为位置尺寸的基准。

（4）夹具内部的配合尺寸。它们与工件、机床、刀具无关，主要是为了保证夹具装配后能满足规定的使用要求。

（5）夹具的外廓尺寸。一般指夹具最大外形轮廓尺寸。当夹具上有可动部分时，应包括可动部分处于极限位置时所占的空间尺寸。例如，夹具体上有超出夹具体外的移动、旋转部分时，应注出最大旋转半径；有升降部分时，应注出最高及最低位置。标出夹具最大外形尺寸时，就能知道夹具在空间实际所占的位置和可能活动的范围，以便能够发现夹具是否会与机床、刀具发生干涉。

2. 应标注的技术条件

（1）定位元件之间或定位元件与夹具体底面间的位置要求，其作用是保证加工面与定位基面间的位置精度。

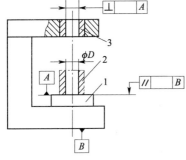

图 4-66 定位元件与导向元件间的位置要求
1-定位元件；2-工件；3-导向元件

（2）定位元件、对刀元件与连接元件（或找正基面）间的位置要求。如本例总图中（图 4-65）对刀块与对刀工作面相对定位键侧面的平行度公差为 0.05mm。

（3）定位元件与导向元件的位置要求，如图 4-66 所示。若要求所钻孔的轴心线与定位基面垂直，必须以钻套轴线与定位元件工作表面 A 垂直、定位元件工作表面 A 与夹具体底面 B 平行为前提。

上述技术条件是保证工件相应的加工要求所必需的，其数值应取工件相应技术要求所规定数值的 1/3 ~ 1/5。

第八节 计算机辅助夹具设计

CAD/CAM 系统中，计算机辅助夹具设计（CAFD）以其本身特点是相对独立的一部分，并和其他部分尤其是和计算机辅助加工工艺规程设计（CAPP）紧密连接。

一、计算机辅助夹具设计基本原理

图 4-67 所示为计算机辅助夹具设计系统的总体框图,图中显示的计算机辅助夹具设计流程与人工夹具设计过程基本一致。首先根据夹具设计任务要求,输入与被加工零件有关的原始信息。然后计算机反复对存储在程序库和数据库中的有关信息进行检索,调出有关的程序和数据,协助人来完成夹具的定位方案、导向方案、夹紧方案的设计与计算,并完成对其他夹具元件的选择或设计。最后根据夹具各部分方案设计的信息和图形库内存储的夹具元件或组件的图形,采用人机交互方式进行夹具总体结构设计,在屏幕上绘制夹具装配图及非标准夹具零件图。设计结果由绘图机输出夹具装配图和非标准夹具零件图,由打印机输出夹具元件清单及有关的分析计算结果。

二、计算机辅助夹具设计应用软件

计算机辅助夹具设计系统(图 4-67)通常要求配置如下软件:
(1)系统软件。包括操作系统、高级语言编辑系统等。

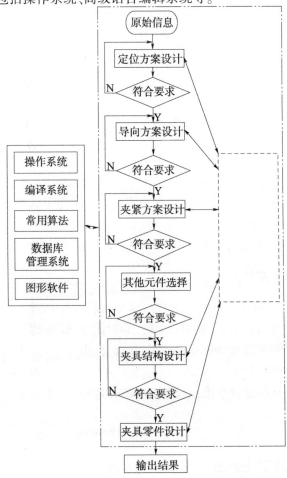

图 4-67　计算机辅助夹具设计系统总体框图

(2) 支撑软件。包括常用数值计算方法、数据库管理系统、绘图软件等。

(3) 应用软件。计算机辅助夹具设计系统应用软件是该系统所独有的,也是该系统的核心。这部分软件是根据系统软件和支撑软件所提供的环境,结合夹具设计的特点与要求而开发的软件,并分别存储在相应的程序库、数据库和图形库中。夹具设计时,通过流程控制程序或人机交互方法,从上述各库中调用相应的程序、数据和图形,以完成夹具设计工作。

三、程序库及其建立方法

程序库是指夹具设计中全部设计计算程序的集合,通常包括以下内容:

(1) 用于定位元件尺寸设计计算与定位精度分析的程序。

(2) 用于导向和对刀元件尺寸设计计算与导向精度分析的程序。

(3) 用于夹紧力计算与夹紧元件设计计算的程序。

(4) 用于其他夹具元件设计计算的程序。

(5) 用于夹具设计中平面及空间角度和坐标的计算程序。

(6) 用于某些典型夹具(如齿面定位夹具、薄膜卡盘等)设计计算程序等。

上述各种程序均以文件形式储存在程序库内,或通过夹具设计流程程序调用,系统程序库的建立,除要开发夹具设计计算所需的各种程序外,还要研制相应的夹具库管理程序,使程序库有效地工作。

四、数据库及其建立方法

数据库通常是指以一定组织方式存储在一起的相互有关的数据集合,它能以最佳方式为多种用途服务。计算机辅助夹具设计系统的功能:一是存储夹具设计所用的各种数据;二是保留夹具设计过程中产生的各种信息。夹具设计所用的数据主要包括两大类:一类是标准夹具元件的结构尺寸;另一类是设计中使用的各种表格数据、公式及线图数据等。这两类数据的存储均可利用现有的微机数据库系统来实现。当采用上述微机数据库系统时,各种数据均以二维数表的形式输入。数据库管理系统是数据库的核心,负责数据的存储、检索、修改及安全保护等,同时,数据库管理系统的建立是一项很复杂的工作。

五、图形库的建立方法

计算机辅助夹具设计系统的图形库主要内容有以下四类:

(1) 标准夹具元件及组件图形,如定位元件、导向元件、辅助支承、典型夹紧机构等。

(2) 夹具设计时用到的通用机械零件图形,如螺钉、螺母等。

(3) 夹具体等非标准夹具元件图形。

(4) 夹具设计时用到的各种标准符号、文字、框格等图形,如定位夹紧符号、形位公差标注等。

图形库中图形可采用直接输入法和参数法生成图形。

六、计算机辅助绘制夹具装配图

按照图 4-67 的流程进行计算机辅助夹具设计时,重要的一步是绘制夹具装配图。下面介绍借助于 CAD 图形软件来绘制夹具装配图的要点。

1. 夹具元件图形的编目与检索

夹具装配图实际上是有关夹具元件图形在二维空间的有序集合。为了绘制夹具装配图,首先要解决夹具元件图形的编目与检索问题。在 CAD 的环境下,常采用"菜单"的形式,对夹具元件图形进行编目与检索。设计者在建立图形库时,就要对夹具元件按其类型、功能进行分类、编目,然后利用 CAD 提供的自定义"菜单"功能,编制一个夹具设计用的菜单文件,以便设计时从菜单区按点菜方式调出所需要的图形,并按设计人员的意图将图形置于夹具装配图的某一位置上。

2. 图形的拼接

夹具由若干夹具元件装配而成,夹具装配图则由若干夹具元件图形拼接而成。在对夹具元件图形进行拼接时,不可避免地会遇到元件的一部分被其他元件遮挡的情况,此时要进行消隐处理,将夹具元件被遮挡的部分消去。

七、绘图步骤

设计者在采用交互方式在计算机屏幕上绘制夹具装配图时,首先要对夹具总体结构进行构思,然后按照手工绘制夹具草图大体相同的步骤绘制夹具装配图。具体过程如下:

(1)用假想线画出零件轮廓图,并将定位、夹紧及加工部位表示出来。(如图形库已存在被加工零件图,可直接调用)。

(2)根据程序或菜单方法调出选用的定位元件图形,并将其布置在适当的位置上。

(3)根据程序或菜单方法调出选用的导向元件图形,并将其布置在适当的位置上。

(4)根据程序或菜单方法调出选用的夹紧元件或夹紧装置的图形,并将其布置在适当的位置上。

(5)根据程序或菜单方法调出选用的夹具体,或利用图形软件的绘图命令来构造夹具,并将上述已调用的各元件图形通过夹具体拼接在一起。在此过程中要不断地采用消隐方法,将有关元件图形的重叠部分消去。

(6)根据需要调用其他元件图形(或利用图形软件的绘图命令实时构造其他夹具元件图形),并将其布置在适当的位置上。

(7)采用剖视或局部剖视方法将有关元件的连接与配合清楚地表达出来。

(8)利用图形软件提供的标注尺寸命令标注夹具有关尺寸。

(9)利用通用、专用程序或命令对夹具零件进行编号,编制明细表和标题栏。

为了使用计算机快速、准确地绘制夹具装配图及零件图,除了要建立完善的、便于使用的数据库和图形库以外,熟练掌握所使用的图形软件的各种命令是很重要的。

本章小结

1. 机床夹具由定位元件、夹紧装置、对刀或导向装置、连接元件、夹具体、其他装置或元件组成。

2. 工件常用的定位方式有:以平面定位、以圆孔定位、以外圆表面定位、以组合表面定位等。

3.常见的定位误差有：基准位移误差、基准不重合误差。掌握工件以平面定位、以圆孔定位、以外圆表面定位时的定位误差分析与计算。

4.夹紧装置由力源装置、夹紧元件、中间传力机构组成，典型的夹紧机构有斜楔夹紧机构、螺旋夹紧机构、偏心夹紧机构、定心夹紧机构、铰链杠杆增力机构、多件多位夹紧机构。掌握常用夹紧机构的原理、特点及应用。

5.专用夹具的设计方法与步骤：设计前的准备、确定定位方案与夹紧方案、选择对刀元件和导向元件、绘制夹具总图及标注相关尺寸。了解典型钻床夹具、铣床夹具设计要点。

复习思考题

1.解释下列名词术语。

专用机床夹具、自位支承、辅助支承、第一类自由度、第二类自由度、完全定位、不完全定位、欠定位、过定位、定位误差、夹紧装置、夹具自锁、对刀或导向装置。

2.机床夹具有哪几类，由哪些部分组成？

3.什么是六点定位规则？如何判断工件定位时应限制的自由度？

4.常用定位元件有哪些？它们如何限制工件的自由度？

5.工件以组合表面定位时的定位形式有哪几种？一面两销定位有何特点？

6.试分析图4-68的各定位方案中，各定位元件所限制的自由度？判断有无过定位？应如何改进？

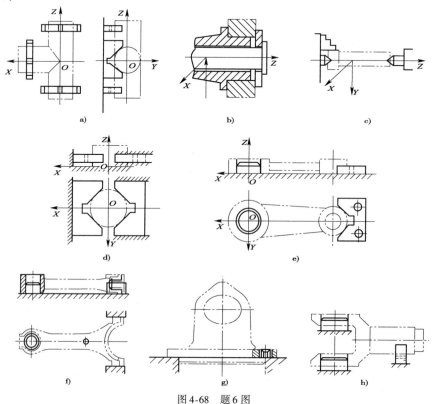

图4-68 题6图

7. 产生定位误差的原因有哪几种？如何计算？

8. 用图 4-69 所示的定位方式铣削连杆的两个侧面，试计算加工尺寸 $12_{0}^{+0.3}$ mm 的定位误差。

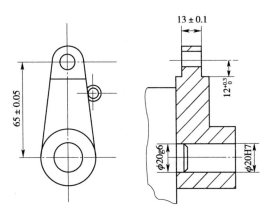

图 4-69　题 8 图

9. 用图 4-70 所示定位方式在阶梯轴上铣槽，V 形块的 V 形角 $\alpha = 90°$，试计算加工尺寸 (74 ± 0.1) mm 的定位误差。

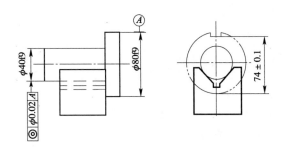

图 4-70　题 9 图

10. 如图 4-71 所示零件，外圆及两端面已加工好（外圆直径 $D = 50_{-0.1}^{0}$）。现加工槽 B，要求保证位置尺寸 L 和 H。试：

(1) 确定加工时必须限制的自由度。

(2) 选择定位方法和定位元件，并在图中示意画出，分析定位元件限制的自由度。

(3) 计算所选定位方法的定位误差。

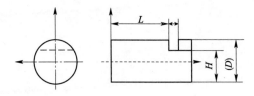

图 4-71　题 10 图

11. 如图 4-72 所示，在阶梯轴上铣削一平面，其工序尺寸为 $30_{-0.28}^{0}$ mm，分析五种定位方案中的定位误差。

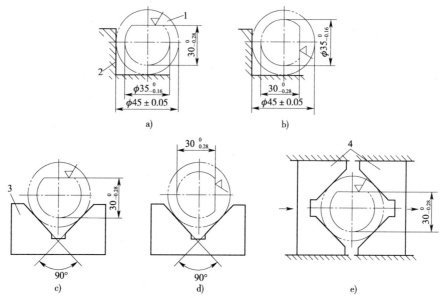

图 4-72 题 11 图

12. 夹紧装置由哪几部分组成？工件夹紧时应满足哪些基本要求？
13. 选择夹紧力的方向和作用点应遵循哪些原则？
14. 如何估算夹紧力的大小？
15. 常用的典型夹紧机构有哪些？它们各有何特点？分别用于哪些场合？
16. 钻床夹具有哪几种？各有何特点？
17. 钻套有哪几种？各有何特点？
18. 铣床夹具由哪几部分组成？有何特点？
19. 专用夹具的设计有哪些步骤？
20. 简述计算机辅助夹具设计绘图步骤。

第五章　汽车部件的装配工艺

 教学目标

1. 了解装配及装配工作的主要内容。
2. 掌握装配结构工艺性的分析。
3. 掌握装配尺寸链的建立和解算方法。
4. 掌握保证装配精度的方法及特点。
5. 学会装配工艺规程的制定。
6. 了解装配自动化及计算机辅助装配工艺设计。

 教学要点

知识要点	掌握程度	相关知识
装配及装配结构工艺性	了解装配的概念,学会装配结构工艺性分析	装配、装配结构工艺性
装配尺寸链的建立和解算	学会装配尺寸链的建立和解算方法	装配精度、装配尺寸链、装配方法
装配工艺规程	学会制定装配工艺规程	制定装配工艺规程的方法步骤
装配自动化及CAAPP	了解装配自动化和CAAPP的应用	装配自动化及CAAPP

第一节　装配及装配结构工艺性

任何机器都是由许多零件和部件装配而成的,装配是机器制造的最后阶段,它包括连接、调整、检验等。机器的质量是通过装配来保证的,另外通过装配也可以发现产品设计和零件加工中存在的问题,并加以改正。

一、装配

所谓装配,是将各种零件、部件和总成按规定的技术要求,采用一定的连接方法组装成完整产品的生产过程。汽车的装配分为将零件与零件组合成组件的组装过程、将零件和组件装配到一起的部件装配过程和将零件、组件与部件装配成汽车的总装过程。这章主要介绍部件的装配过程。

汽车产品装配工作主要包括以下环节和内容。

1. 零件的清洗和检查

对所有参与装配的零件,包括标准件,均要先进行清洗,以除去在制造、储存、运输过程中所黏附的灰尘、切屑、油脂等,并涂少量的防锈油。清洗剂一般采用酒精、汽油、煤油或化学清洗剂。清洗对于保证装配质量、延长产品的使用寿命有着重要意义。

清洗完毕的零件,必须进行尺寸检查,以确保参与装配的零件符合设计制造要求。同时,还需对零件数量进行清点,不得有缺失。

2. 零件的连接

零件的连接包括螺纹连接、过盈连接、黏结、销连接、键连接和铆接等形式。

3. 平衡

对旋转件,尤其是旋转速度高、运转平稳性要求高的零部件,进行动、静平衡,是一项必要的工作。经平衡的零部件,可以抵消和减少不平衡离心力,以最大限度地消除机器运转时的振动和噪声,提高设备精度。如对带轮、飞轮等盘状旋转零件,一般只进行静平衡,而对曲轴、传动轴等轴类零件,需要进行动平衡。

旋转件内的不平衡质量可以用加工去除法(如钻、磨、铣、锉等)进行平衡;也可以用增加质量法(如螺纹连接、铆接、补焊、胶接、喷涂等)进行平衡。

4. 充注

充注是对汽车各种油液的充注,包括机油、变速器齿轮油、动力转向液、冷却液和制动液等。机油和齿轮油一般在分装线上充注,而其他液体都在后段车身装饰线上充注。机油、齿轮油和制动液等都有专门的液体库,并由定量加注装置定量充注。现在轿车装配中,抽真空、自动检漏与自动定量加注机已得到广泛的使用,以确保加注质量。

5. 校正和调整

校正和调整主要是调节零件或部件本身及相互位置、配合间隙情况等。此外,还可能需要进行配钻、配铰、配磨和配刮等。

6. 试验与验收

按照装配技术文件,对于装配完成的产品进行检验、试运行和包装工作,并进行验收。

二、装配的结构工艺性

装配的结构工艺性是指所设计的零部件在满足产品使用要求的情况下,装配的可行性和经济性。零部件的装配工艺性直接影响着装配的效率和质量,零部件装配工艺性的好坏,取决于零件的结构设计,可见零件的结构设计,不仅影响加工,而且影响装配。

1. 划分装配单元

汽车是由成千上万个零件组装而成的,零件是组成汽车最小的单元。为了有效地组织装配工作,在汽车生产过程中,常常将汽车划分为若干个独立的装配单元,这些单元称为部件、组件或者合件。由于这些单元可以单独装配、平行作业,便于组织流水生产,因此缩短了装配周期。另外各装配单元可以进行单独测试调整,使之能以较完好的状态进入总装,保证了最终整车的装配质量。因此,能否将汽车合理地划分为若干独立的装配单元,是评价产品结构装配工艺性最重要的指标之一。

一个产品的装配单元一般可以划分为五级,按照层次关系分别称为零件、合件、组件、部件和产品,合件是两个或两个以上零件经过焊接或铆接等工艺永久性的连接在一起的单元体,如离合器分离叉的拨叉轴和摇臂焊接在一起组成了合件;组件是由若干个零件和合件组成的单元体,如发动机连杆体、连杆盖和螺栓组成了组件;部件是由若干个零件、合件和组件组成的,并能完成某种功能的单元体,如汽车变速器、发动机等。图5-1所示为零件、合件、组件、部件和产品之间关系的装配单元系统图。

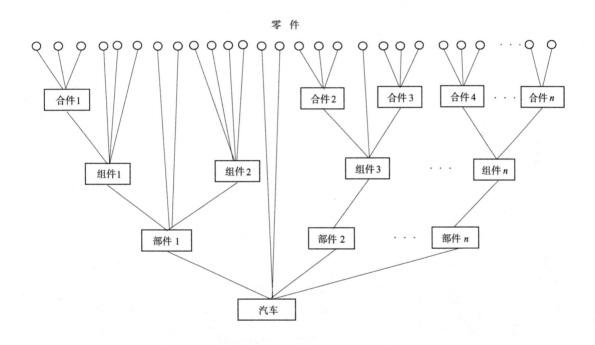

图 5-1　产品装配单元系统图

2. 有正确的装配基准

零件在装配单元上的正确位置,是由零件装配基准(基面)和其他零件相接触或相配合来实现的。为了使零件能正确的定位,必须有正确合理的装配基准。零件在装配时同样应符合六点定位原则,不允许出现过定位或欠定位的现象。

图5-2所示为汽车后桥主减速器总成装配图。主减速器及差速器总成装入后桥壳体3内时,装配基面为支承端面和外圆柱面(简称外止口)。由于绕止口轴线的转动会影响半轴齿轮的角度位置,从而在工作时增加半轴的附加载荷,所以有些设计中在主减速器壳体和后桥壳体接触端面上用圆柱定位销1限制其绕轴线的转动。此时两个壳体定位销孔的尺寸及位置公差都要求比较严格,以保证半轴的装配精度要求。

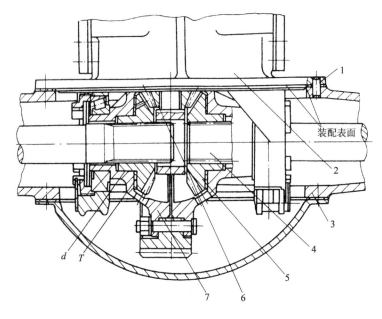

图 5-2　汽车后桥主减速器装配基面

1-圆柱定位销；2-减速器壳体；3-后桥壳体；4-半轴；5-半轴齿轮；6-行星齿轮；7-差速器壳体

3. 便于装配和拆卸

产品设计时尽量避免在箱体内装配的情况出现。如图 5-3a) 所示的方案结构形式是齿轮直径大于箱体轴承孔径，齿轮需要在箱体内装配，然后再装轴承，很不方便。改成图 5-3b) 所示的结构形式，左轴承孔径大于齿轮外径，轴上零件可在组装后一次装入箱体。

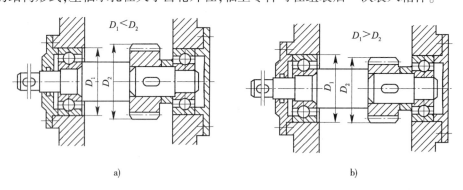

图 5-3　箱体内齿轮轴的装配工艺性改进

两个及两个以上表面配合时，应避免同时入孔装配。图 5-4 所示的轴承座组件装配中，轴承座以两段外圆表面与壳体孔相配合。若设计成两段外圆表面同时与壳体两孔配合，如图 5-4a) 所示，由于两段不易同时对准，装入较为困难；而若设计成轴承座右段外圆表面先进入壳体孔内 3mm 后，左段外圆表面再进入壳体孔内，如图 5-4b) 所示，由于右段外圆与壳体内孔起导向作用，装配就容易。同时，端部设计有 15°~30° 的倒角，且轴承座右段外圆直径要略小于左段外圆直径，减少外圆与内孔装配时的摩擦，保证右段外圆表面顺利进入壳体孔内。

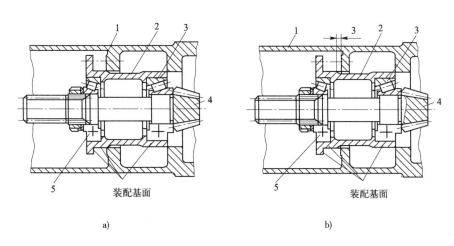

图 5-4 轴承座组件装配结构工艺性
1-壳体;2-轴承座;3、5-圆锥滚子轴承;4-主动锥齿轮轴

4. 正确选择装配方法

为保证产品的使用性能,汽车各总成配合件之间都规定了相应的装配精度。这些精度是依靠选择装配方法和零件制造精度来保证的。装配方法对产品的装配生产率和经济性有很大影响。完全互换装配法是最简单的一种装配方法,因此,当装配精度要求不高,零件尺寸公差在加工经济精度范围内时,尽量采用完全互换装配法,这要求设计人员在设计结构时,应使结构尽量简单,结构中所包含的零件数量尽可能少。反之,可以考虑其他装配法,在采用补偿法时,要合理选择补偿环,使之便于调节或拆卸。

5. 尽量减少装配时的修配和机械加工

装配时,对零件进行手工修配费工费力,影响装配流水作业,装配质量好坏不一,互换性难以保证。一般情况下,只有合件和组件的装配精度要求很高时,才采用修配法保证装配精度,并且这样的修配和机械加工都安排在机械加工生产线上进行,例如:发动机气门和气门座锥面的密封性保证,是在缸体和缸盖进入总装之前在机械加工生产线上,先将气门导管压入缸体或缸盖中,再进行气门和气门座的相互研磨。注意在修配和机械加工后,应仔细清除切屑等污物。结构设计上,尽量减少装配时的修配和机械加工工作量,图5-5a)所示结构中,中间齿轮与花键轴用两个锁紧螺钉固定,需在装配时配钻螺钉孔,采用图5-5b)所示用对开锁环的轴向定位形式,避免了机械加工。

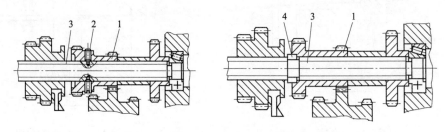

图 5-5 中间齿轮固定形式
1-中间齿轮;2-锁紧螺钉;3-花键轴;4-对开环

第二节　保证装配精度的方法

在设计装配结构时,就应该考虑采用什么样的装配方法,因为装配方法直接影响装配尺寸链的解法、零件的加工精度、装配工作的组织、产品的成本等。

选择合理的装配方法,能实现用较低的零件加工精度,达到较高的产品装配精度要求,这是装配工作的重要问题。

一、装配精度

装配精度是指汽车总成或部件装配后,不同零件工作表面间的相对位置、运动参数等,与其理想值的符合程度。装配精度是装配过程最后形成的,所以是装配尺寸链的封闭环,那些影响装配精度的有关零件的设计尺寸等,都是装配尺寸链的组成环。

在汽车总成和部件装配中,存在着尺寸、位置、运动和接触配合等类型的装配精度,通常有以下几种形式:

(1)装配后零部件间出现的间隙,轴与孔配合的间隙或过盈量,如变速器拨叉与拨叉轴的间隙值、活塞销与连杆小头的过盈量。

(2)旋转零件与固定零件,或不同旋转速度零件之间的轴向间隙值,如图 5-6 所示的曲轴装配间隙值。

(3)零件在机构中需要轴向定位而规定的轴向间隙,或为保证固定用弹性挡圈安装而预留的轴向间隙。

(4)为保证齿轮副、蜗轮蜗杆副正确啮合,提出的位置公差要求。

(5)为保证旋转轴的旋转精度,对轴承的预紧量要求。

(6)汽车离合器分离杠杆与分离轴承在离合器接合状态下存在的可调的间隙值,如图 5-7 所示。

(7)发动机压缩比,取决于活塞运行到上止点与汽缸盖形成的燃烧室容积的大小。

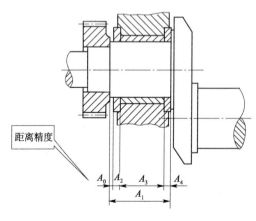

图 5-6　曲轴装配间隙精度

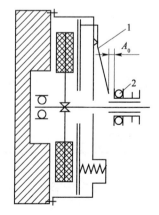

图 5-7　离合器分离间隙
1-离合器分离杠杆;2-分离轴承

二、装配尺寸链的建立

1. 装配尺寸链的含义

装配尺寸链是在机器装配过程中,由相关零件的有关尺寸或相互位置关系所组成的尺寸链。

图 5-8 所示为某一机器中空套在主轴上的一个双联齿轮的装配情况。径向配合需要有一间隙 D_0,此间隙取决于衬套内径尺寸 D 和配合处主轴的轴颈尺寸 d,且 $D_0 = D - d$,这三者构成了一个最简单的装配尺寸链,其轴孔配合要求和尺寸公差的确定可按国家标准公差与配合选用,不必另行计算。

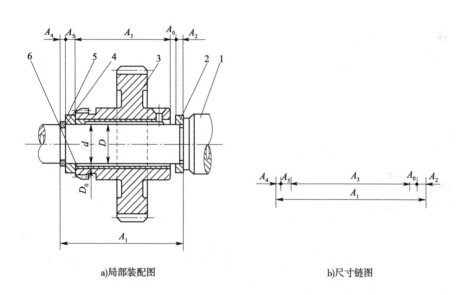

a)局部装配图   b)尺寸链图

图 5-8 线性装配尺寸链
1-主轴;2-隔套;3-双联齿轮;4-弹性挡圈;5-垫圈;6-轴套

双联齿轮在轴向也需要留有适当的间隙,以保证转动灵活,又不至于引起过大的轴向窜动,故规定此轴向间隙量为 0.05～0.2mm。A_0 的大小决定于 A_1、A_2、A_3、A_4、A_5 各尺寸的数值,即

$$A_0 = A_1 - A_2 - A_3 - A_4 - A_5$$

这是一个线性装配尺寸链,需要通过尺寸链计算来确定有关零件尺寸的公差及其分布位置,并保证 A_0 要求。

2. 装配尺寸链的建立

正确建立装配尺寸链是保证装配精度及解算装配尺寸链的基础。装配尺寸链的建立是在分析装配图的基础上,根据装配精度要求,找出与之相关的零件及其对应的尺寸,并绘出正确的装配尺寸链图。

建立装配尺寸链的方法和步骤如下:

(1)明确封闭环。在装配过程中,要保证的装配精度就是封闭环,首先明确需要保证的装配精度,以此为建立装配尺寸链的依据。

(2)查明组成环,绘装配尺寸链图。从封闭环任意一端开始,沿着装配精度要求的位置方向,将与装配精度有关的各零件尺寸依次首尾相连,直到与封闭环另一端相接为止,形成一个封闭的尺寸链,各个尺寸即是组成环。

(3)遵循尺寸链最短原则。所谓尺寸链最短原则,就是装配尺寸链所包含的组成环环数最少,平均公差大,零件加工容易,加工成本低。因此产品设计时力争做到结构简单,且保证一个零件只能有一个尺寸作为组成环进入装配尺寸链,即环数最少。

(4)判别组成环的性质(增、减环的判别方法同前)。

【例5-1】 图5-9a)所示为汽车变速器第一轴和第二轴的组件装配图及其装配尺寸链。图中有许多装配精度要求,即装配尺寸链的封闭环。下面仅讨论三项装配精度要求:①第二轴8上的四速齿轮15要能在轴上自由转动,其端面间隙为C_0;②第二轴8上的三速齿轮14也要能在轴上自由转动,其端面间隙为B_0;③第一轴4的右端面和第二轴上四、五速固定齿座5的左端面间要求有一定的轴向间隙A_0(当前、后轴承3和9的外圆端面紧靠在前、后盖止口端面上时)。按上述三项要求,分别建立装配尺寸链。

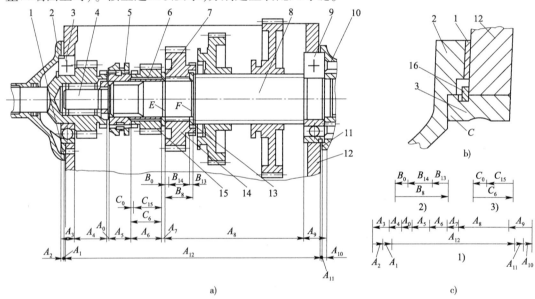

图5-9 变速器第一轴和第二轴组件装配图及装配尺寸链

1-前密封垫;2-前盖;3-前轴承;4-第一轴;5-四、五速固定齿座;6-衬套;7-四速齿轮止推环;8-第二轴;9-后轴承;10-后盖;11-后密封垫;12-变速器壳体;13-三速齿轮止推环;14-三速齿轮;15-四速齿轮;16-锁环

解:先分析前两个装配精度要求C_0和B_0。它们分别是四速齿轮15和三速齿轮14装在第二轴8上以后间接形成的,C_0是一个三环装配尺寸链的封闭环。尺寸链图如图5-9c)中的3)所示,尺寸链方程为

$$C_0 = C_6 - C_{15}$$

式中:C_6——衬套6的宽度;

C_{15}——四速齿轮15的宽度。

B_0是一个四环装配尺寸链的封闭环,尺寸链图如图5-9c)中的2)所示,尺寸链方程式为

$$B_0 = B_8 - B_{13} - B_{14}$$

式中：B_8——第二轴 8 上 E、F 两端面间的距离；

B_{13}——三速齿轮止推环 13 的宽度；

B_{14}——三速齿轮 14 的轮毂宽度。

在第二轴 8 上，三速齿轮 14 在两个止推环 7 和 13 之间相对转动，止推环 7 压紧在第二轴 8 的 E 端面上，所以止推环 7 的右端面和第二轴 8 的 E 端面是重合的。

前两个装配尺寸链比较简单，很容易从装配图上确定。第三个装配尺寸链比较复杂。A_0 是在第一轴组件和第二轴组件装入变速器壳体后最后形成的，所以 A_0 是一个封闭环。

查找以 A_0 为封闭环的装配尺寸链时，首先以 A_0 两端的两个零件为起点，然后沿封闭环尺寸方向从任意一边开始，查找影响 A_0 的组成环。先从 A_0 的左边开始，第一个零件是第一轴 4，第一轴右端面到装配基准间的尺寸 A_4 对 A_0 有影响，A_4 是尺寸链的组成环。A_4 的左边为前轴承 3，其两端面（装配基准）间的宽度尺寸 A_3 也影响 A_0。轴承左端面与前盖止口平面接触，前盖 2 上的尺寸 A_2 也影响 A_0。密封垫厚度尺寸 A_1 也影响 A_0。至此，查找到尺寸 A_4、A_3、A_2 和 A_1 都是组成环。由于查找到基准零件——变速器壳体 12 的左端，故可暂不再继续查找。然后从 A_0 的右端查找，其查找方法同前。向右第一个零件是四、五速固定齿座 5，尺寸 A_5 对 A_0 有影响。依次继续向右为衬套 6 的宽度 A_6、止推环 7 的宽度 A_7、第二轴 8 上的尺寸 A_8、后轴承 9 的宽度 A_9、后盖 10 上的尺寸 A_{10} 以及密封垫 11 的厚度 A_{11} 都对 A_0 有影响。所以尺寸 A_5、A_6、A_7、A_8、A_9、A_{10} 和 A_{11} 都是组成环。此时也遇到基准零件——变速器壳体 12，用壳体两端面尺寸 A_{12} 把尺寸链连成封闭的图形，这就是以间隙 A_0 为封闭环的装配尺寸链。如图 5-9c) 中的 1) 所示。

用回路法判别 A_3、A_4、A_5、A_6、A_7、A_8 和 A_9 是减环；A_1、A_2、A_{10}、A_{11} 和 A_{12} 是增环。

在查找时，为了使装配尺寸链最短，第一轴 4 上的尺寸 A_4 和第二轴 8 上的尺寸 A_8 要直接加入到上述尺寸链中去，因其是决定该零件在结构中的位置及两装配基准间的尺寸。不希望用该零件上的几个尺寸来代替这些尺寸。换句话说，就是在标注这些零件的尺寸时，应该把 A_4 和 A_8 直接标注在相应的零件图上。

最后，列出这个装配尺寸链的方程式为

$$A_0 = A_1 + A_2 + A_{10} + A_{11} + A_{12} - (A_3 + A_4 + A_5 + A_6 + A_7 + A_8 + A_9)$$

三、装配方法和装配尺寸链的解算

解算装配尺寸链的目的是，根据设计确定的装配精度要求、产品结构特点和生产类型等合理选择保证装配精度的方法，并确定相关零件的尺寸公差和极限偏差。在汽车装配中，常用的保证装配精度的方法分为完全互换装配法、不完全互换装配法、选择装配法、调整装配法和修配装配法，并分别有相应的尺寸链的解算方法。

1. 完全互换装配法

完全互换装配法是指部件或总成的所有合格零件，在装配时不经任何选择、调整或修配，装配后就可以达到装配精度要求的装配方法。完全互换装配法用极值法解算装配尺寸链。这种装配方法的优点是：装配操作简单、生产率高，有利于组织零部件专业化生产，也易于组织装配流水作业，同时，也有利于维修中更换零件，生产成本低。缺点是：当装配精度要求较高,尤其是组成环数要求较多时,零件难以按经济精度制造,成本增加。因此,完全互换法多用于组成环数较少,装配精度要求不高的尺寸链中,各种生产类型优先考虑。

在装配尺寸链计算中,常将尺寸链中一些加工难度较大和不宜改变其公差的组成环的公差先确定下来,一般只留下一个不太难加工或加工时受制约较少的组成环作为试凑对象,从而使计算工作大为简化,作为试凑对象的组成环称为协调环。协调环确定的原则是:不适用定尺寸刀具获得的尺寸;易于使用通用量具测量的尺寸;不应是多尺寸链的公共环。

计算装配尺寸链时,在明确了封闭环,并通过它查找出全部组成环和建立了装配尺寸链后,其首要任务是根据给定封闭环公差来确定各组成环的公差及其分布。需要注意的是,属于同一装配尺寸链中的各个组成环,其性质、公称尺寸的大小、加工难易程度等一般都不相同,因此,在确定它们的公差及其分布时必须区别对待。

1) 组成环公差的确定

公差的计算是根据给定的封闭环的公差 T_{A_0} 和极限偏差,来确定组成环的公差和极限偏差。具体方法是:等公差修正法,即先计算组成环的平均公差 $T_{av,L}$

$$T_{av,L} = \frac{T_{A_0}}{n-1} \tag{5-1}$$

式中:n——尺寸链环数。

其次,修正各组成环的公差,组成环公差修正的原则:

(1) 组成环中属于标准件尺寸的,其公差大小为相应标准中规定的既定值。

(2) 公共环的公差,应根据要求较严格的装配尺寸链来确定。

(3) 选择一个协调环,一般组成环公差(除协调环、公共环和标准件以外)按照尺寸大小和加工难易程度确定。尺寸相近、加工方法相同的可取公差相等;尺寸相差较大、加工方法相当的可取公差等级相等;加工精度不易保证的,可取较大公差值。为保证经济加工,一般零件的尺寸公差等级取 IT9 级或低于 IT9 级标准公差。

(4) 计算协调环的公差 T_{ax},即

$$T_{ax} = T_{A_0} - \sum_{i=1}^{n-2} T_{A_i}$$

2) 组成环极限偏差的确定

(1) 组成环中属于标准件尺寸的,其极限偏差大小为相应标准中规定的既定值。

(2) 除了协调环和标准件以外的组成环的极限偏差,按"偏差注向体内"原则标注,孔距尺寸的公差带按对称形式标注,所有都尽量符合国家标准,便于组织专业化生产。

(3) 协调环极限偏差按照极值法计算获得。

【例 5-2】 图 5-8a)所示为某机器传动轴部分的局部装配图,要求装配后保证轴向间隙 $A_0 = 0.1 \sim 0.35$mm。已知各组成环的公称尺寸为:$A_1 = 43$mm,$A_2 = 5$mm,$A_3 = 30$mm,$A_4 = 3_{-0.04}^{0}$,$A_5 = 5$mm,A_4 为标准件,试按完全互换装配法求出各组成环的公差及上、下极限偏差。

解:(1) 画出装配尺寸链图如图 5-8b)所示,校验封闭环公称尺寸。尺寸链中的组成环为 $\vec{A_1}$、$\overleftarrow{A_2}$、$\overleftarrow{A_3}$、$\overleftarrow{A_4}$、$\overleftarrow{A_5}$,封闭环 A_0 的公称尺寸为

$$A_0 = \vec{A_1} - (\overleftarrow{A_2} + \overleftarrow{A_3} + \overleftarrow{A_4} + \overleftarrow{A_5}) = 43 - (5 + 30 + 3 + 5) = 0(\text{mm})$$

所以
$$A_0 = 0^{+0.35}_{+0.10}$$

(2) 确定各组成环的公差。从题意得知封闭环的公差 $T_{A_0} = 0.35 - 0.1 = 0.25(\text{mm})$。组成环的平均极限公差为

$$T_{\text{av,L}} = \frac{T_{A_0}}{n-1} = \frac{0.25}{6-1} = 0.05(\text{mm})$$

现参考 $T_{\text{av,L}}$ 来确定各组成环的公差。取 $\overleftarrow{A_3}$ 为协调环，$\overrightarrow{A_1}$ 和 $\overleftarrow{A_3}$ 尺寸大小和加工难易大体相当，故取 $T_{A_1} = 0.06\text{mm}$；$\overleftarrow{A_2}$ 和 $\overleftarrow{A_5}$ 尺寸大小和加工难易相当，故取 $T_{A_2} = T_{A_5} = 0.045\text{mm}$；$A_4$ 为标准件，其公差为一定值，即 $T_{A_4} = 0.04\text{mm}$。

T_{A_3} 通过公式 $T_{A_0} = \sum T_i$ 计算，$T_{A_3} = 0.06\text{mm}$。

(3) 确定组成环公差的位置。A_3 为协调环，其余组成环的公差均按入体原则分布，即 $A_1 = 43^{+0.06}_{0}\text{mm}$，$A_2 = 5^{0}_{-0.045}\text{mm}$，$A_4 = 3^{0}_{-0.04}\text{mm}$，$A_5 = 5^{0}_{-0.045}\text{mm}$。

协调环 A_3 的上下偏差计算如下：

$$\text{ES}A_0 = \sum_{z=1}^{m} \text{ES}\overrightarrow{A_i} - \sum_{j=m+1}^{n-1} \text{EI}\overleftarrow{A_i}$$

所以

$$0.35\text{mm} = 0.06\text{mm} - (-0.045\text{mm} + \text{EI}A_3 - 0.045\text{mm} - 0.04\text{mm})$$

$$\text{EI}A_3 = -0.16\text{mm}$$

$$\text{EI}A_0 = \sum_{z=1}^{m} \text{EI}\overrightarrow{A_i} - \sum_{j=m+1}^{n-1} \text{ES}\overleftarrow{A_i}$$

$$\text{ES}A_3 = -0.10\text{mm}$$

所以

$$A_3 = 30^{-0.10}_{-0.16}\text{mm}$$

(4) 验算。因 $T_{A_3} = 0.06$，所以计算正确。

2. 不完全互换装配法

在大批大量零件加工的过程中，零件的加工尺寸达到极值的概率是很小的，因此，一个装配尺寸链中，所有组成环都同时出现极值的概率是更小的。这种情况下，为满足完全互换的装配要求，导致各组成环公差较小，加工难度增加，况且，也不排除个别产品最终达不到装配精度的可能性，可见，完全互换法是不合理的，而不完全互换法，却可以解决上述问题。

所谓的不完全互换法，是指总成或部件的所有合格零件，在装配时无须选择或改变其位置，就能使绝大多数装配产品达到装配精度要求的装配方法。这种方法的优点是：可以放大零件的制造公差，降低零件制造成本，装配工作简单，生产率高。缺点是：装配后会出现有极少数产品装配精度不合格的现象，需对其采取剔除、更换或修配等相应的处理方法，以达到装配精度要求。不完全互换法用统计法计算，适用于对封闭环精度要求较高，而组成环又较多的大批大量生产场合。

1) 组成环公差的确定

组成环公差的确定方法是，先计算平均平方公差，再以此为参考，根据组成环加工的难易程度，对各组成环公差进行修正。

平均平方公差 $T_{av,Q}$ 为

$$T_{av,Q} = \frac{T_{A0}}{\sqrt{n-1}} \tag{5-2}$$

组成环公差修正的原则：
（1）组成环中属于标准件尺寸的，其公差大小为相应标准中规定的既定值。
（2）公共环的公差，应根据要求较严格的装配尺寸链来确定。
（3）一般组成环按照尺寸大小和加工难易程度确定。尺寸相近、加工方法相同的可取公差相等；尺寸相差较大、加工方法相当的可取公差等级相等；加工精度不易保证的，可取较大公差值。为保证经济加工，一般零件的尺寸公差等级取 IT10 级或 IT11 级标准公差。
（4）协调环公差 T_{Ax} 的计算。
根据封闭环公差与组成环公差的关系：

$$T_{A0}^2 = \sum_{i=1}^{n-1} T_{Ai}^2$$

得

$$T_{Ax} = \sqrt{T_{A0}^2 - \sum_{i=1}^{n-2} T_{Ai}^2}$$

2）组成环极限偏差的确定
（1）组成环中属于标准件尺寸的，其极限偏差大小为相应标准中规定的既定值。
（2）除了协调环和标准件以外的组成环的极限偏差，按"偏差注向体内"原则标注，孔距尺寸的公差带按对称形式标注，所有都尽量符合国家标准，便于组织专业化生产。
（3）协调环极限偏差按照中间偏差确定，即先按前述方法计算出协调环的中间偏差 Δ_x，然后计算出：

$$ESA_x = \Delta_x + \frac{T_{Ax}}{2}$$

$$EIA_x = \Delta_x - \frac{T_{Ax}}{2}$$

【例 5-3】 已知条件与例 5-2 相同，试用不完全互换法确定各组成环的公差及上、下极限偏差。

解：采用统计法计算。具体步骤是：①建立装配尺寸链；②计算组成环的平均平方公差 $T_{av,Q}$；③根据各组成环公称尺寸的大小和加工难易程度确定各组成环的公差及其分布。

组成环的平均平方公差为

$$T_{av,Q} = \frac{T_{A0}}{\sqrt{n-1}} = \frac{0.25}{\sqrt{6-1}} \approx 0.112 (\text{mm})$$

根据组成环公差的确定原则，选 A_3 为协调环，取 $T_{A_1} = 0.15$mm，$T_{A_2} = T_{A_5} = 0.10$mm，A_4 为标准件，其公差为一定值，即 $T_{A_4} = 0.04$mm。协调环公差 T_{A_3} 为

$$T_{A_3} = \sqrt{T_{A_0}^2 - \sum_{i=1}^{n-2} T_{A_i}^2} = \sqrt{0.25^2 - (0.15^2 + 0.10^2 + 0.10^2 + 0.04^2)} \approx 0.13(\text{mm})$$

除协调环 A_3 以外，其他组成环均按入体原则分布，确定各组成环公差带的位置，则 $A_1 = 43^{+0.15}_{0}$mm，$A_2 = A_5 = 5^{0}_{-0.10}$mm，$A_4 = 3^{0}_{-0.04}$mm。

各组成环相应的中间偏差为:$\Delta_1 = 0.075$ mm,$\Delta_2 = \Delta_5 = -0.05$ mm,$\Delta_4 = -0.02$ mm。
封闭环的中间偏差为:$\Delta_0 = 0.225$ mm。
计算协调环的中间偏差 Δ_3 为

$$\Delta_0 = \Delta_1 - (\Delta_2 + \Delta_3 + \Delta_4 + \Delta_5)$$
$$0.225 = 0.075 - (-0.05 + \Delta_3 - 0.02 - 0.05)$$
$$\Delta_3 = -0.03 \text{ (mm)}$$
$$\text{ES}A_3 = \Delta_3 + \frac{T_{A3}}{2} = -0.03 + \frac{0.13}{2} = 0.035 \text{ (mm)}$$
$$\text{EI}A_3 = \Delta_3 - \frac{T_{A3}}{2} = -0.03 - \frac{0.13}{2} = -0.095 \text{ (mm)}$$

则
$$A_3 = 30^{+0.035}_{-0.095}$$

3. 选择装配法

在大批大量生产条件下,会遇到即使组成环数不多,但是封闭环的精度要求却很高的装配情况。若采用互换装配法,则组成环的公差将非常小,使加工十分困难,且成本很高。在这种情况下,可以将组成环公差放大至经济精度进行加工,装配时,挑选合适的零件进行装配,以保证装配精度,这就是选择装配法。选择装配法分为直接选择装配法、分组互换装配法和复合装配法三种类型。

直接选择装配法是装配工人凭经验挑选合格的零件通过试凑进行装配的方法,这种方法操作简单,但是需要一定的挑选时间,装配质量和工人的技术水平关系很大,且无互换性,因此,不适合于批量较大的流水作业。分组互换装配法是将各组成环按实际尺寸大小分为若干组,并对相应组别的零件进行装配,同组零件具有互换性,并保证全部装配对象达到规定的装配精度。复合装配法是上述两种方法的综合,即将零件预先测量分组,装配时,再在各对应组内凭工人经验直接选配,其特点是配合件公差可以不等,装配质量高,装配速度快,能满足一定的生产节拍要求。

在实际生产中,应用最多是分组互换装配法,它的优点是零件制造精度不高,但是却可以获得高的装配精度,但是,零件加工完成后,需要用精密测量仪器进行测量分组,并分组储存,增加了制造成本。分组互换装配法主要用在大批大量生产中,组成环数少而装配精度要求很高的少环机器结构,尤其是轴孔的间隙或过盈配合的三环装配尺寸链中。

图 5-10 所示为汽车发动机的活塞销和销孔配合的实例,依此对分组互换装配法进行分析。根据装配精度要求,活塞销与销孔是过盈配合,即销孔直径 D、活塞销直径 d 和过盈量 Y 构成了图 5-10b)所示的三环尺寸链,两者在冷态下装配时,应有 $0.0025 \sim 0.0075$ mm 的过盈量,即

$$Y_{\max} = d_{\max} - D_{\min} = 0.0075 \text{ (mm)}$$
$$Y_{\min} = d_{\min} - D_{\max} = 0.0025 \text{ (mm)}$$

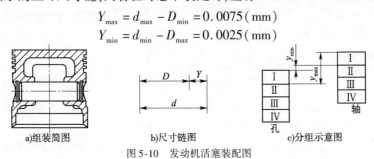

a)组装简图   b)尺寸链图   c)分组示意图
图 5-10 发动机活塞装配图

封闭环公差

$$T_Y = Y_{\max} - Y_{\min} = T_d + T_D = 0.005(\text{mm})$$

若活塞销孔与活塞销采用完全互换装配法,并且销孔与销采取等公差分配时,各自的公差仅为 0.0025mm,对于孔径约 25mm 的尺寸,此制造公差相当于 IT2 级标准公差,加工精度难以保证,制造成本很高,且不经济。在实际生产中,是将活塞销和活塞销孔的直径尺寸制造公差均放大 4 倍,达到 0.01mm,如图 5-11 所示,取活塞销 $d = \phi 26_{-0.01}^{\ 0}$ mm,则活塞销孔 $D = \phi 26_{-0.015}^{-0.005}$ mm,按上述尺寸公差加工后,经精密测量分组,并涂以不同颜色加以区分,见表 5-1,按尺寸大小分成了四组。装配时,同组(同颜色)零件配对装配以保证装配精度。

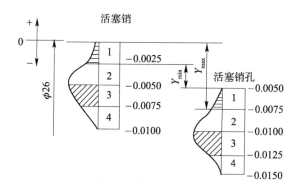

图 5-11 活塞销孔与活塞销分组公差带图

活塞销与活塞销孔的分组尺寸 表 5-1

组 别	颜 色	活塞销直径 $d(\text{mm})$ $\phi 26_{-0.01}^{\ 0}$	活塞销孔直径 $D(\text{mm})$ $\phi 26_{-0.015}^{-0.005}$
第1组	绿	26.0000 ~ 25.9975	25.9950 ~ 25.9925
第2组	黄	25.9975 ~ 25.9950	25.9925 ~ 25.9900
第3组	红	25.9950 ~ 25.9925	25.9900 ~ 25.9875
第4组	白	25.9925 ~ 25.9900	25.9875 ~ 25.9850

分组互换法采用极值法解算尺寸链。产品的配合性质有间隙配合和过盈配合,分别用 X 和 Y 表示间隙和过盈量的大小,组成环公差及极限偏差确定的方法步骤如下。

(1) 组成环的分组公差。组成环的分组公差等于组成环的平均公差,即

$$T_{\text{av,L}} = \frac{T_X}{n-1} \quad \text{或} \quad T_{\text{av,L}} = \frac{T_Y}{n-1}$$

(2) 组成环加工公差和分组数的确定。为方便加工,对组成环分组公差放大至经济公差,一般放大 3~5 倍,零件尺寸分组数和放大倍数相同。

(3) 组成环极限偏差的确定。首先选择基准制,基准制确定后,基准件的极限偏差也随

之确定,按偏差注向体内的原则确定基准件的上极限偏差或下极限偏差,然后再根据分组公差带图确定与基准件相配零件的极限偏差。

(4)列出分组尺寸表。

分组装配时须注意如下几点:

(1)要保证分组后各组的配合精度和配合性质符合原设计要求,原来规定的几何公差不能扩大,表面粗糙度值不能因公差增大而增大;配合件的公差应该相等;公差增大的方向要同向;增大的倍数要等于分组数。

(2)零件分组后,对应组内相配合零件的数量要相等,以形成配套。按照正态分布的统计规律,大批大量生产条件下零件分组后,能相互配套的可能性极大。但是,如果受某些因素影响而出现非正态分布的情况,将出现不配套的现象,此时可以专门加工一批零件与之配套。

(3)分组数不宜太多,分组数多,则公差扩大倍数大,将使装配工作复杂,使零件测量、分类、保管和运输的工作量增加,因此分组数只要使零件制造精度达到经济精度即可。

4. 调整装配法

在装配精度要求较高、组成环数又较多的情况下,往往由于累积误差,使封闭环的精度难以保证,另外有些零件在使用中的磨损也会造成装配精度的丧失,此时可以采用调整装配法。调整装配法,就是在总成中设置一调整件,装配时用改变调整件的位置或选用一个合适尺寸的调整件来达到装配精度的方法。

调整装配法分为可动调整装配法和固定调整装配法两类。

1)可动调整装配法

可动调整装配法是在装配尺寸链中,选定某个零件作为调整件,根据封闭环的精度要求,采用改变调整件的位置(移动、旋转或两者同时进行)的方法,达到装配精度。

由于可动调整法无须拆卸零件,操作方便,因此在机器装配中应用较多。

汽车车轮轮毂轴承的装配间隙调整、发动机气门间隙调整;汽车主减速器的从动锥齿轮的轴向位置和圆锥滚子轴承的预紧,是通过调整两侧轴承外圈上的调整螺母保证的,这些都是可动调整装配法在汽车上的应用。

可动调整法常使用的调整件有螺钉、螺母、波形管等弹性元件、偏心件和楔形件等,调节后要求锁紧。为便于调节和测量,调整件应尽量靠近封闭环的位置。可动调整法可用于装配精度要求较高、组成环环数多的各种生产类型的机器制造中。

2)固定调整装配法

固定调整装配法是在装配尺寸链中选择一个组成环为调整环,作为调整环的零件是按一定尺寸间隔制成的一系列零件,装配时,根据封闭环超差的大小,从中选出某一尺寸合适的零件进行补偿,从而达到所要求的装配精度。

这种方法虽然多了一个调整件,增加了加工工作量和调整工作量,但是对于保证整个汽车的装配质量,是十分重要的。用作调整环的零件通常为垫圈、垫片、轴套等。固定调整装配法主要用于成批大量生产中,装配精度要求较高、组成环数较多的机器制造中。

计算固定调整装配法尺寸链的关键是确定补偿环的组数和各组的尺寸。

(1)组成环公差和极限偏差的确定。

①组成环中属于标准件尺寸的,其公差大小为相应标准中规定的既定值。

②公共环的公差,应根据要求较严格的装配尺寸链来确定。

③在组成环中确定一个补偿环,初步确定补偿环尺寸,该尺寸用 A_F 表示,其公差 T_{AF} 一般规定为 IT8~IT9 级,补偿环不应是公共环。

④一般组成环(除补偿环、公共环和标准件以外)公差等级,取 IT11 级或低于 IT11 级,极限偏差按偏差注向体内原则确定。

(2) 补偿环组数和各组尺寸的确定。图 5-12 所示为一个 n 环的装配尺寸链,超出装配精度范围的尺寸 X 为装配后出现的、需要补偿环进行补偿的空隙尺寸。当补偿环为减环时,空隙尺寸 X 为

$$X = A_0 + A_F = \sum_{z=1}^{k} A_z - \sum_{j=k+1}^{n-2} A_j$$

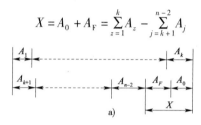

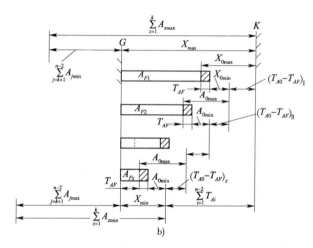

图 5-12 补偿环为减环时补偿原理及调整件分组尺寸计算

通过极值法确定的空隙尺寸的变化范围($X_{max} \sim X_{min}$)即为补偿环的总补偿范围,当出现空隙最大的极限情况时,应选择最厚的调整垫片,并随着间隙的变化,依次在系列垫片中选择相应厚度的调整垫片。由图可见,每一尺寸的调整垫片能补偿组成环误差的能力,称为补偿能力 S,即

$$S = T_{A0} - T_{AF}$$

调整垫片的组数 Z 可以通过下式推导出来,即

$$X_{max} - X_{min} = Z(T_{A0} - T_{AF}) = \sum_{i=1}^{n-2} T_{A_i}$$

$$Z \geqslant \frac{\sum_{i=1}^{n-2} T_{A_i}}{T_{A_0} - T_{A_F}}$$

调整垫片分组尺寸的确定

$$A_{F1} = \sum_{z=1}^{k} A_{zmax} - \sum_{j=k+1}^{n-2} A_{jmin} + T_{A_F} - A_{0max}$$

$$A_{F2} = A_{F1} - (T_{A_0} - T_{A_F})$$

$$A_{F3} = A_{F2} - (T_{A_0} - T_{A_F}) = A_{F1} - 2(T_{A_0} - T_{A_F})$$

$$\vdots$$

$$A_{FZ} = A_{F1} - (Z-1)(T_{A_0} - T_{A_F}) \tag{5-3}$$

式(5-3)即为减环补偿环调整垫片尺寸计算的通式。

【例 5-4】 图 5-13 所示为载货汽车转向节装配图及装配尺寸链。为了保证装配精度和便于使用中的调整,采用固定调整装配法保证装配精度。产品设计要求:转向节 1 上耳下平面 K 与调整垫片 4 间的间隙要求为 $0.05 \sim 0.25$ mm。装配尺寸链如图 5-13b) 中图 1) 所示,转向节 1 上耳下平面 K 与下耳轴承窝端面 H 间尺寸 $A_1 = 112$ mm;推力轴承 2 高度 $A_2 = 18$ mm;前轴 3 拳部高度 $A_3 = 92$ mm;调整垫片 4 尺寸初定 $A_F = 2$ mm,制造公差 $T_{A_F} = 0.025$ mm (IT9 级)。

(1) 确定组成环公差及其极限偏差。

(2) 计算调整垫片分组数 Z 及分组尺寸 A_{FZ}。

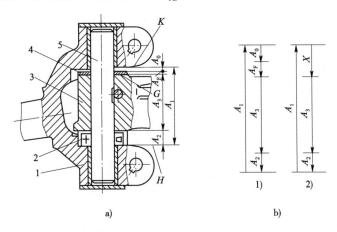

图 5-13 转向节装配图及装配尺寸链
1-转向节;2-推力轴承;3-前轴;4-调整垫片;5-主销

解: (1) 确定组成环公差及极限偏差。标准件——推力轴承尺寸公差及极限偏差采用标准规定值,$A_2 = 18_{-0.20}^{\ 0}$ mm;组成环 A_1 及 A_3 的制造公差均放大到经济公差,对于固定调整法,一般将制造公差放大为 IT11 或低于 IT11 级。考虑到 A_1 及 A_3 加工的难易程度,取 $T_{A_1} = 0.35$ mm(IT12 级),$T_{A_3} = 0.22$ mm(IT11 级)。按偏差注向体内原则,确定 $A_1 = 112_{\ 0}^{+0.35}$ mm (IT12),$A_3 = 92_{-0.22}^{\ 0}$ mm(IT11)。

(2) 计算调整垫片分组数 Z

$$Z \geqslant \frac{\sum_{i=1}^{n-2} T_{Ai}}{T_{A_0} - T_{A_F}} = \frac{0.35 + 0.20 + 0.22}{0.2 - 0.025} = 4.4 \text{(组)}$$

取 $Z = 5$ 组。

(3) 计算调整垫片分组尺寸 A_{FZ}。调整垫片分组公称尺寸及极限偏差为

$$A_{F1} = A_{1\max} - (A_{2\min} + A_{3\min}) + T_{AF} - A_{0\max}$$
$$= 112.35 - (17.8 + 91.78) + 0.025 - 0.25 = 2.545\,_{-0.025}^{0}\,(\text{mm})$$
$$A_{F2} = A_{F1} - (T_{A_0} - T_{A_F}) = (2.545 - 0.175)\,\text{mm} = 2.37\,_{-0.025}^{0}\,(\text{mm})$$
$$A_{F3} = A_{F2} - (T_{A_0} - T_{A_F}) = 2.37 - 0.175 = 2.195\,_{-0.025}^{0}\,(\text{mm})$$
$$A_{F4} = A_{F3} - (T_{A_0} - T_{A_F}) = 2.195 - 0.175 = 2.02\,_{-0.025}^{0}\,(\text{mm})$$
$$A_{F5} = A_{F4} - (T_{A_0} - T_{A_F}) = 2.02 - 0.175 = 1.845\,_{-0.025}^{0}\,(\text{mm})$$

5. 修配装配法

在装配精度要求很高的机器制造中,用以上几种方法都难以达到要求,通常是在装配过程中伴有金属的切削,以达到装配要求,例如汽车发动机喷油器的针阀和针阀体的密封性配合要求,是在装配时相互进行研磨保证的。这种将装配尺寸链的组成环公差放大到经济公差,装配时封闭环所累积的误差通过对尺寸链中某一指定组成环(称补偿环或修配环)预留一定的修配量,在装配时用机械加工的方法将之去除掉来保证装配精度的方法,称为修配装配法。

修配装配法主要用于尺寸链环数较多、产品精度要求高的单件、小批量生产的场合,或者在大批量生产时的流水线之外进行,修配零件不具有互换性。修配装配法解算尺寸链通常采用极值法。

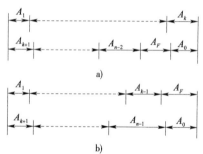

图 5-14　修配时对封闭环影响的两种情况

对修配环 A_F 进行修配有两种不同情况:一种情况是使封闭环尺寸变大,如图 5-14a)所示;另一种情况是使封闭环尺寸变小,如图 5-14b)所示。由于组成环公差均放大为经济公差,实际得到的封闭环公差 $T'_{A0} = \sum_{i=1}^{n-1} T'_{Ai}$ 必定大于设计要求的封闭环公差 T_{a0},即

$$T'_{A0} = \sum_{i=1}^{n-1} T'_{Ai} > T_{A0}$$

式中:T'_{Ai}——组成环公差。

为了使封闭环达到设计要求的公差值,必须从修配环上切除一定厚度的金属层,因此修配环尺寸须附加一个被切除金属层厚度的尺寸,此时修配环的尺寸称为预加工尺寸。采用修配法装配时必须合理地确定修配环的预加工尺寸,才能达到修配的目的。修配法的装配尺寸链的解算,最主要的任务就是合理地确定修配环的预加工尺寸。

修配装配法公差的设计计算可按下述步骤进行。

(1) 组成环公差和极限偏差的确定。除修配环外其他组成环公差按下述原则确定:

① 标准件公差及极限偏差按标准规定。

② 除标准件外其他组成环公差都放大为经济公差。一般经济公差为 IT11 级左右。其极限偏差按偏差注向体内原则确定。

③ 在组成环中选择一修配环。选择修配环(或修配件)时应遵守以下原则:a. 修配件应是易拆卸易修配的零件;b. 修配件修配表面不需表面处理;c. 在并联尺寸链中修配环应为非

公共环。

（2）修配环预加工尺寸的确定。对修配环修配时既要有足够的修配量,又要使修配量不要太大,这样才能经济地保证装配精度。由于组成环制造公差都放大到经济公差,组成环制造公差之和必然大于装配精度要求的封闭环公差,即有 $\sum_{i=1}^{n-1} T'_{Ai} > T_{A0}$,修配环的修配量 F(亦称补偿量)

$$F = \sum_{i=1}^{n-1} T'_{Ai} - T_{A0}$$

【例 5-5】 图 5-13 所示转向节装配结构中,为保证转向灵活,要求转向节 1 上耳下平面 K 与调整垫片 4 间的间隙 $A_0 = 0.05 \sim 0.25$ mm。在单件小批生产中,用修配法保证装配精度要求。装配尺寸链如图 5-13b)中图 1)所示,已知 $A_1 = 112^{+0.35}_{0}$ mm; $A_2 = 18^{0}_{-0.2}$ mm; $A_3 = 92^{0}_{-0.22}$ mm;修配环初定 $A_F = A_4 = 2$ mm,制造公差 $T_{AF} = 0.10$ mm。如要求最小修配量 $F_{min} = 0$,试计算修配环的预加工尺寸 A_F 和最大修配量 F_{max},并画出封闭环设计要求的公差和封闭环实际的公差带。

解: 计算封闭环公称尺寸、公差和极限偏差

$$A_0 = A_1 - (A_2 + A_3 + A_F) = 0 (\text{mm})$$

$$T_{A_0} = A_{0max} - A_{0min} = 0.25 - 0.05 = 0.2 (\text{mm})$$

$$A_0 = 0^{+0.25}_{+0.05} (\text{mm})$$

计算修配环的上、下极限偏差

$$EIA_F = ESA_1 - (EIA_2 + EIA_3) - ESA_0$$

$$= 0.35 - (-0.2 - 0.22) - 0.25 = 0.52 (\text{mm})$$

$$ESA_F = T_{AF} + EIA_F = 0.10 + 0.52 = 0.62 (\text{mm})$$

则修配环的尺寸为

$$A_F = 2^{+0.62}_{+0.52} (\text{mm})$$

最大修配量为

$$F_{max} = \sum_{i=1}^{n-1} T_{Ai} - T_{A0} = 0.35 + 0.2 + 0.22 + 0.1 - 0.2 = 0.67 (\text{mm})$$

封闭环设计要求的公差和实际的公差带如图 5-15 所示。

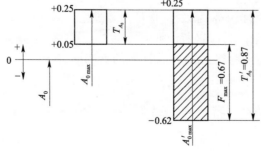

图 5-15 封闭环设计要求的公差和实际的公差带图

上述分别介绍了五种保证装配精度的方法和装配尺寸链的计算方法,在编制工艺文件时,装配方法的选择,主要取决于生产纲领和装配精度,同时也与装配尺寸链中组成环数量的多少有关,表 5-2 列出了五种装配方法的特点和应用。

各种装配方法的特点和应用　　　　　　　　　　表 5-2

装配方法		特　　点		适用范围
		尺寸链计算方法	组成环制造公差	
完全互换装配法		极值法	IT9 级或低于 IT9 级	零件数较少、零件可用经济精度加工
不完全互换装配法		统计法	IT10 级或低于 IT10 级	零件数稍多、批量大、零件可用经济精度
选择装配法		极值法	经济公差,但形位公差和 Ra 不能放大	零件数少、批量大、装配精度很高
调整装配法	固定调整装配法	极值法	IT11 级或低于 IT11 级	零件数较多、装配精度较高、成批大量生产中
	可动调整装配法	不计算	IT11 级左右	零件数较多、装配精度较高、生产类型不限
修配法		极值法	IT11 级左右	零件数较多、装配精度要求高的单件小批生产中

第三节　装配工艺规程的制定

装配工艺规程是规定产品的装配工艺过程和装配方法的工艺文件。它是指装配工作的技术文件,同时也是制定装配生产计划和技术准备的依据。

一、制订装配工艺规程的原则

(1)装配的工艺过程。
(2)装配周期尽量短,提高装配效率,保证对装配生产率的要求。
(3)尽量减少装配工作量,减轻劳动强度。
(4)尽量减少装配占地面积,提高单位面积的生产率。
(5)尽量减少装配工作所占的成本。

二、装配工艺规程的内容及原始资料

1. 装配工艺规程的内容
(1)装配的工艺过程。

(2)装配的组织形式。
(3)装配设备、工具和夹具。
(4)各道装配工序的技术文件和检验方法。
(5)制品的运输方法和运输工具。

2. 制定装配工艺规程依据的原始资料

1)产品图样

产品图样包括全套总装配图、部件装配图和零件图。通过图样可以了解各零部件的结构、尺寸、位置关系、配合尺寸和性质、精度要求等,图样也是编排装配顺序和方法及对产品进行补充加工、尺寸链核算和检验的依据。

2)验收技术文件

验收技术文件规定了产品主要技术性能的检验、试验工作的内容及方法,是制定装配工艺规程的主要依据之一。

3)产品的生产纲领

依据生产纲领,确定生产类型、组织形式、工艺方法、工艺过程、工艺装备及对手工操作的要求。具体内容见表5-3。

装配的生产类型及工艺特点 表5-3

生产类型 特点 项目	大批大量生产	成批生产	单件小批生产
装配工作特点	产品固定,生产内容长期重复,生产周期较短	产品在系列化范围内变动,分批交替投产或多品种同时投产,生产内容在一定时期内重复	产品经常变换,不定期重复生产,生产周期较长
组织形式	多采用流水装配线,有连续移动、间歇移动及可变节奏移动等方式,还可采用自动装配机或自动装配线	笨重且批量不大的产品多采用固定流水装配,批量较大时采用流水装配,多品种同时投产使用多品种可变节奏流水装配	多采用固定装配或固定式流水装配进行总装
装配工艺方法	按互换法装配,允许少量调整及分组互换装配,无须任何修配	主要采用互换法,可灵活运用其他方法	以修配法和调整法为主,互换法占一定比例
工艺过程	工艺过程划分很细,力求达到高度的均衡性	工艺过程划分需适合批量的大小,尽量使生产均衡	一般不制定详细的工艺文件,工序可适当调整,工艺也可以灵活掌握

续上表

特点\生产类型\项目	大批大量生产	成批生产	单件小批生产
工艺装备	采用专用、高效的工艺装备,易于实现机械化、自动化	通用设备及工、量、夹具较多,但也采用一定数量的专用设备及工、量、夹具	一般为通用设备或通用工、量、夹具
手工操作要求	手工操作比重较小,要求工人技术水平低	手工操作占一定的比重,对工人技术水平要求较高	手工操作比重很大,要求工人技术水平高
应用举例	汽车、拖拉机、内燃机、滚动轴承、电气开关等	机床、机车、矿山机械、某些汽车、拖拉机等	重型机床、重型汽车、大型内燃机、汽轮机等

4) 现有生产条件

对已有企业,应考虑现有的车间面积、生产设备及工人技术水平等因素来制定装配工艺规程,使装配工作结合实际,使现有的人力和物力得到充分利用。对新建企业,所受限制相应少一些,但是要用发展的眼光,充分考虑投资的回报率。

三、制定装配工艺规程的步骤

1. 产品图样分析

审查产品图样的完整性和正确性,进行产品的结构工艺性分析;对产品结构作装配尺寸链分析,逐一分析各主要装配技术条件,包括拟定所选用的装配方法、配合零件的相关尺寸等。

2. 装配工艺过程的确定

1) 装配单元的划分

将产品划分为零件、组件、部件等能进行独立装配的单元,是设计装配工艺规程中最重要的一项工作,对于装配结构复杂的产品尤为重要。

2) 装配基准的选择

无论哪一级的装配,都要选择某一零件或者比它低一级的装配单元作为装配基准件。装配基准件通常应是产品的基体或主要零部件。基准件应有较大的体积和质量,有足够的支承面,以满足继续装入零、部件时的作业要求和稳定性要求。例如:汽车车架总成是非承载式车身汽车的装配基准。基准件最好无后续加工工序或者补充加工量应最少。基准件的选择应该有利于装配工作的检测,有利于工序间传递运输和翻身、转位等作业。

3）装配顺序的确定和装配系统图的绘制

在划分装配单元、确定装配基准件后，即可安排装配顺序。往往通过尺寸链分析才能合理的确定装配顺序，并以装配系统图的形式表示出来。对于结构比较简单，零部件少的产品，可以只绘制产品装配系统图；对于结构复杂而零部件多的产品，则还要绘制部件装配系统图，如图 5-16 所示。

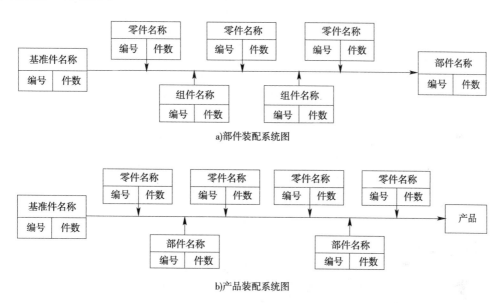

图 5-16　装配单元系统图

编排装配顺序的原则：

（1）装配前先对待装零件情况进行检查，如去毛刺与飞边、清洗、防锈、防腐处理、涂装、干燥等。

（2）先基准后其他、先下后上、先内后外、先难后易。对基准件进行先装配，保证装配过程的稳定性，对内部件进行先装配，避免对后续装配件形成障碍，对难装件进行先装配，方便对其实施安装、调整和检测，此外，对在装配过程中需要施加较大装配力、需要加热或者需要补充加工等对后续装配质量有破坏可能的零部件，也要安排先装配。

（3）及时安排检验工序。在完成对机器装配质量有较大影响的工序后，或者容易出现装配质量问题的工序后，应安排检验工序，检验合格后才可以进行后续装配工序，以保证装配精度和效率。

（4）对使用相同设备、相同工艺装备及具有共同特殊环境的工序，尽量集中安排，以减少设备（装配）的使用前后的重复工作，以及在装配地的迂回。

（5）处于基准件同一方位的零部件的装配工序应尽可能集中连续安排，以防止基准件因转位产生误差。

（6）油、电、水等管路（线路）的安装应随相同工序同时进行，以防零部件的反复拆卸。

（7）易燃、易爆、易碎及含有毒物质的零部件的安装，尽可能安排在最后进行，以保证安全及减少安全防护工作。

4)装配工序的划分

装配系统图可以清晰全面地描述装配单元划分、装配顺序和装配工艺方法,是划分装配工序的依据。

(1)划分装配工序,确定工序内容。在划分工序时要确保前一工序能保证后一工序顺利进行。采用流水作业的,工序的划分应符合装配节拍的要求。

(2)制定各工序的操作规范,例如过盈配合所需要的压力、装配温度变化情况、紧固件的额定力矩等。

(3)选择设备和工艺装备。根据产品的结构特点和生产规模,尽量选用先进、适用的装配设备,对于专用设备和工艺装备的,应提出设计任务书。

汽车装配工艺装备分六大类,分别是:输送设备、加注设备、螺栓紧固设备、专用装配设备、检测设备和质量控制设备。

(4)制定各工序装配质量要求及检测项目。

(5)确定产品、部件和零件在装配过程中的物流周转情况。

(6)确定工时定额,并协调各工序内容,平衡各工序的节拍,均衡生产,实现流水装配。

3. 装配组织形式的确定

装配组织形式有固定式装配和移动式装配两种。

1)固定式装配

固定式装配是指全部装配工作都在固定工作地点的装配台架上进行的装配方式。这种装配方式的特点是,装配过程中,装配对象的位置不变,装配所需的零部件都集中到工作地附近,装配周期长,装配面积利用系数低,且对操作工人的技术水平要求较高。多用于单件小批量生产。根据生产规模,固定式装配又可分为集中式装配和分散式装配。

2)移动式装配

移动式装配是指被装配产品或部件不断地从一个工作地点移动到另一个工作地点,每个工作地点重复地完成某一固定的装配工作的装配方式。移动式装配又分为自由移动式和强制移动式两种类型,强制移动式又分为连续移动和间歇移动两种方式。当生产批量很大时,采用移动式流水装配或自动装配线进行装配最经济。

装配组织形式的选择主要取决于产品结构特点(包括尺寸、质量和装配精度)和生产类型。

4. 编写装配工艺文件

在单件小批量生产中,通常不需要编制装配工艺过程卡,而是用装配图和装配系统图指导工人装配。

成批生产时,需要制定装配工艺文件,这些工艺文件包括装配工艺过程卡、装配作业指导书(工序卡)、对装配质量进行检测的检验卡、试验卡等。

装配工艺过程卡是根据装配工艺流程图将部件或产品的装配过程分别按照工序的顺序记录在一张卡片上,卡片的每一道工序内应简明的说明该工序的工作内容、所需要的设备和工艺装备的名称及编号、工时定额等。

装配工序卡详细标明了每道工序的装配对象、工作方法、设备名称、工夹具名称与编号、工时定额等内容,直接用于指导每个工位上的工人进行正确操作。

第四节　装配自动化及计算机辅助装配工艺设计

一、装配的自动化

装配是指将产品的若干个零部件通过紧配、卡扣、螺纹连接、黏结、铆接、焊接等方式组合到一起得到符合预定的尺寸精度及功能的成品(半成品)。由人工操作(接触、整理、抓取、移动、放置、施力等)每一个零部件而实现的装配，只能称为人工装配。不需要由人工操作(接触、整理、抓取、移动、放置等)零部件而完成的装配，可称为自动装配。介于两者之间的为半自动装配。

装配自动化的目的是保证产品的装配质量及其稳定性、改善劳动条件、提高劳动生产率并降低生产成本。

1. 装配自动化的一般要求

(1)产品的生产批量较大。

(2)产品结构的自动装配工艺性好，如装配工作有良好的可分性，零件容易定向、定位，零件间连接多用黏结和焊接代替螺纹连接，避免使用垫片等调整件。

(3)采用自动化装配后应具有较好的经济效果，装配作业的自动化程度往往需要经过技术经济分析来确定。

2. 自动装配的工作内容

(1)保证零件能实现自动定向和进给。

(2)实现自动进行装配作业(即零部件之间的自动连接)。

(3)待装配零件在各装配工序之间实现自动输送。

(4)保证装配线时间平衡。所谓装配线时间平衡是指每个工位人员在完成工序的时间上是相同的，或者是尽量接近相等，这样，就避免了有的工位的工作量过大，造成生产线产品在他那个工位积压，导致后序工位人员处于等待状态(造成时间浪费)，其目的是尽可能降低时间浪费，提高单位时间产能，提高整个生产线的效率。

(5)实现自动检验及控制。

(6)实现分选、清洗、涂装、包装等辅助工作自动化。

3. 自动装配的基本条件

(1)产品的生产类型为大批大量生产，且生产纲领比较稳定，零部件的标准化和通用化程度较高。

(2)在产品设计时，保证零部件结构具有良好的自动装配工艺性，即满足自动装配中定向、送料和传输的要求，满足装入、连接和紧固的自动装配要求。

(3)实现自动化装配后，生产成本要有所降低。

4. 自动装配生产线(机)

典型的自动装配生产线是根据产品特点，整条装配生产线采用底板直接异步输送、直接定位的方案；根据作业的内容和生产节拍，采用树形结构、串联结构和并联结构相结合的生产工艺流程；针对多工位需扩充和分期实施的特点，采用工位控制和单元控制二级计算机集散控制方法,加上单元控制操作面板、检测故障警示系统,使整个控制系统更加完善。整条装配线的机械、控制、气动等系统均采用积木式组合结构,体现了模块化、系列化设计思路。

自动化生产装配线由配送、装配、检测、包装等工艺系统设备组成,各系统设备可由差速线、链板线、积放式滚道线、增速式皮带线、空中输送线、各式智能专机等柔性作业设备及配备分布式编程器(PLC)组合,实现高效生产自动化。

二、计算机辅助装配工艺设计

传统装配工艺设计是由工艺人员手工完成的,已不能满足目前社会对制造系统高效率、高柔性和信息高度集成的要求,因此需要建立一个计算机辅助应用系统的信息共享与传递的有效的机制来正确、敏捷、有效地实现产品的装配工艺过程,这就是计算机辅助装配工艺设计(Computer Aided Assembly Process Planning),以下简称 CAAPP。

所谓 CAAPP,就是利用计算机模拟工艺人员编制装配工艺,并自动生成装配工艺文件的过程。计算机辅助装配工艺设计为扩大 CAD/CAPP/CAM 的集成范围提供了条件,满足了并行工程的需要。

CAAPP 的方法主要采用专家系统法,即将一定专业领域内专家的经验和知识,表示成计算机能接收和处理的符号形式,并采用专家的推理和控制策略解决该领域内只有专家才能解决的问题的方法,因此它的组成包含知识库、零部件信息输入、推理机、知识获取和人机接口等模块。智能化的 CAAPP 系统,可以提高企业工艺的继承性。对于解决企业有经验的工艺设计人员不足方面具有特殊意义。开发 CAAPP 系统平台,可以适应当前日趋自动化的制造环节的需要以及实现计算机集成制造系统(CIMS)和集成化的 CAD 系统,创造必要的技术基础。

本 章 小 结

1. 理解装配精度的含义,装配精度与零件加工精度的关系。
2. 掌握装配结构工艺性分析。
3. 装配尺寸链的建立和解算方法。装配尺寸链的建立应遵循尺寸链最短原则。
4. 保证装配精度的方法有五种,其中完全互换装配法应用得最多。
5. 装配工艺规程的内容和编制方法。
6. 装配自动化及计算机辅助装配工艺设计的含义。

复习思考题

1. 解释下列名词术语。
装配精度、装配尺寸链、尺寸链最短原则、完全互换装配法、不完全互换装配法、选择装配法、分组互换装配法、调整装配法、固定调整装配法、可动调整装配法、修配装配法、产品结构装配工艺性、合件、组件、部件、装配工艺规程、CAAPP。

2. 分析装配结构工艺性主要考虑哪些方面?
3. 保证装配精度的方法有哪几种?各有什么特点和应用?
4. 制定装配工艺规程的原则和方法步骤有哪些?
5. 安排装配顺序应考虑哪些原则?
6. 图 5-17 所示为蜗杆转向器局部装配图。设计要求单列圆锥滚子轴承 1 与左轴承盖 2 之间的装配精度为 A_0。试建立保证装配精度 A_0 的装配尺寸链。

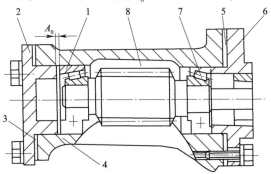

图 5-17 蜗杆转向器局部装配图
1、7—单列圆锥滚子轴承;2—左轴承盖;3、5—垫片;6—右轴承盖;8—蜗杆

7. 图 5-18 所示为某变速器倒挡齿轮传动简图。设计要求齿轮端面与垫片间的轴向间隙 $A_0 = 0.091 \sim 0.425$ mm。设计规定 $A_1 = 42.5$ mm。$A_3 = 38.2$ mm,垫片采用厚度为高精度(J 级)的碳素结构钢带冲压而成,其尺寸 $A_2 = A_4 = 2.3_{-0.06}^{0}$ mm。若采用完全互换法保证装配精度,试确定各有关零件的尺寸公差和极限偏差。

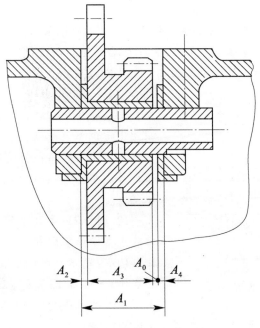

图 5-18 变速器倒挡齿轮传动简图

8. 图 5-19 所示为汽车倒挡装置图。设计要求倒挡齿轮 3 的轮毂端面与垫片 4 之间保证装配间隙 0.5~1.0mm。设计规定 $A_1 = 20.6$mm；$A_2 = A_4 = 1.3_{-0.04}^{0}$（标准件）；$A_3 = 18$mm。若采用完全互换装配法保证装配精度，试设计确定有关零件的尺寸公差和极限偏差。

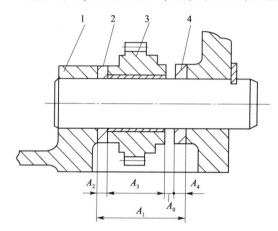

图 5-19 汽车倒挡装置装配图
1-变速器壳体；2、4-垫片；3-倒挡齿轮

9. 某发动机活塞销与连杆铜套孔直径尺寸为 $\phi 28$mm。设计要求：配合间隙值为 $X = 0.0045~0.0095$mm。拟采用分组互换法保证其装配精度，并将这两个零件直径尺寸的制造公差放大到 0.01mm。试确定分组公差、分组数 Z 和两零件尺寸的极限偏差，并用公差带图表示出两零件各相应组的配合关系。

10. 某液压系统回油阀阀芯和阀套孔装配要求为 $X = 0.006~0.012$mm。阀芯和阀套孔直径为 $\phi 10$mm。欲采用分组互换装配法保证装配精度，并且将阀芯和阀套孔的尺寸制造公差均放大到 0.015mm，试

（1）确定分组公差、分组数 Z 和两零件直径尺寸的极限偏差。

（2）用公差带图表示出两零件各相应组的配合关系。

11. 图 5-20 所示为一齿轮传动装置图。装配精度要求保证轴向间隙 $A_0 = 0~0.25$mm。

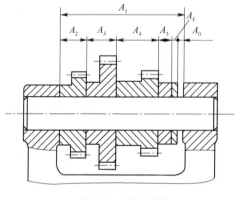

图 5-20 第 10 题图

已知，$A_1 = 430_0^{0.25}$ mm，$A_2 = 80_{-0.12}^{0}$ mm，$A_3 = 100_{-0.14}^{0}$ mm，$A_4 = 190_{-0.185}^{0}$ mm，$A_5 = 58_{-0.12}^{0}$ mm，如采用固定调整装配法保证装配精度要求，调整垫片初定为 $A_F = 2$mm，制造公差为 $T_{AF} = 0.04$mm。试计算调整垫片组数 Z、各组调整垫片尺寸及极限偏差。

12. 图 5-21 所示为汽车主减速器装配图，设计要求需保证装配精度有：大小锥齿轮齿圈轴向位移（以节锥顶点与相啮合锥齿轮回转轴线的位移表示）分别为 A_0 及 B_0；支承大、小齿轮轴的单列圆锥滚子轴承具有一定的过盈量（预紧度），分别为 C_0 及 D_0。试建立上述四项装配精度要求的装配尺寸链。

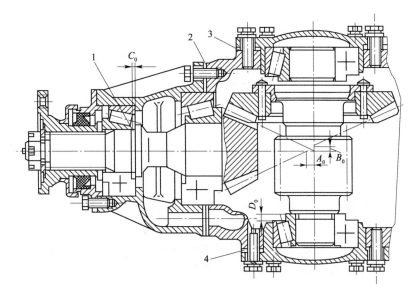

图 5-21　第 12 题图
1、2、3、4-调整垫片

第六章　汽车整车制造工艺

 教学目标

1. 了解汽车冲压钢板的种类及特性,了解汽车覆盖件、拉深件的设计方法以及冲压工艺及其质量控制方法。
2. 了解焊接方法的类型及焊装生产线,车身焊装工艺及其质量检验方法。
3. 了解汽车涂漆的类型和应用特点,了解常见的涂漆方法、工序的划分和作业内容。
4. 了解汽车总装的工序及装配车间的平面布置方法,了解装配生产线的类型及应用。

 教学要点

知识要点	掌握程度	相关知识
汽车冲压工艺	了解冲压工艺的编制	冲压板材的特性,冲压工艺内容
汽车焊装工艺	了解焊装工艺的编制	焊装工艺的内容,工艺装备及设备的特点及应用和质量保证措施
汽车涂装工艺	了解涂装工艺的编制	涂装材料的特性,涂装工艺内容
汽车总装工艺	了解总装工艺的制定	汽车结构特点,总装工艺内容

汽车整车制造技术包含汽车车身制造工艺和汽车的总装工艺。汽车车身制造工艺较为特殊,它是将薄钢板进行冲压成形,再经焊接、涂装等工艺加工而成。将车身落装到装好发动机的底盘上,即为汽车的总装过程。

第一节　汽车冲压工艺

冲压是利用冲模使板料产生分离或变形的加工方法。冲压成形有冷、热之分,当被加工冲压件的板材较薄时,通常在常温下完成冲压成形,称为冷冲压成形。当冲压件的板材较厚时,冷态成形所需的设备功率特别大,且冲压成形易产生开裂和裂纹,这时常将板材加温后再冲压成形,称为热冲压成形。汽车冲压件的板材厚度较小,几乎都采用冷冲压成形工艺,因此常将其简称冲压工艺。

一、汽车冲压工艺特点

冲压工艺在汽车产业中的应用十分广泛,其主要特点表现为以下几个方面。

(1)在模具的作用下,可以批量获得精度高度一致的产品,提高零件制造的互换性,易于组织后续制造工艺。

(2)材料利用率高,可冲压形状复杂的零件。

(3)冲压产品具有足够高的精度和较小的表面粗糙度值。

(4)能够在结构和工艺条件允许情况下,获得较高强度和刚度的零件。

(5)冲压操作简单,工艺过程便于机械化和自动化,生产率高,零件成本低。

但是,由于模具制造复杂、成本较高,只有在中、大批量生产的条件下,冲压工艺的优越性才能显现出来。同时,冲压所用的原材料,必须具有足够的塑性,如低碳钢和高塑性的合金钢、铜、铝及镁合金等。冲压工艺对零件结构也有较高的要求,不同的冲压工艺方法只能对满足该方法的具体结构和形状的零件进行加工。

以数量计,在汽车车身上有60%~70%的零件是用冲压工艺生产出来的,其中典型的冲压件有车身的内、外覆盖件和骨架件;车架的纵梁、横梁和保险杠;车轮的轮辐、轮辋和挡圈;散热器的散热片、冷却液管和储液室;发动机的汽缸垫、油底壳和滤清器;底盘上的制动器零件、减振器零件;座椅的骨架、滑轨和调角器;车厢的侧板和底板等。

因此,冲压工艺在汽车制造工艺中占有很大的比例,它直接影响汽车的产品质量、生产效率和生产成本。

二、冲压材料

汽车冲压件大都是形状复杂、尺寸和形状精度要求高的部件,而且其冲压加工都是在常温状态下完成,因此冲压用材料必须具有良好的塑性和形状保持性。

1. 汽车冲压用钢板的性能要求

汽车冲压用钢板由于涉及汽车的制造工艺性能、力学性能、安全性能及观感等多个方面,因此应具有较高的性能要求。

(1)较高的强度和刚度指标。汽车冲压件形状复杂,一般均需承受一定的动、静载荷,所以,要求汽车冲压用钢板具有较高的强度和刚度。

(2)严格的几何尺寸精度。冲压钢板需要严格控制的是厚度尺寸精度,厚度尺寸的变动直接影响钢板的冲压性能和零件形状的稳定性。

(3)优良的工艺性能。工艺性能主要体现在汽车冲压成形过程中的深冲性能上,它是保证冲压件特别是车身覆盖件能否顺利成形的基础,也是制约零件冲压成败的一个因素。

(4)良好的表面外观质量。特别是轿车的外部覆盖件,应为无缺陷的钢板或允许表面有不影响其深冲性、涂装性和外观质量的表面缺陷,也不允许零件成形后的表面出现滑移线、划伤等。

除此之外,汽车冷冲压用钢板还应具有良好的焊接性能,这是因为众多的冲压件经焊接才能组成各种汽车部件。良好的涂装性能也是获得美观的车身外观质量和提高其耐蚀性能的重要基础和条件。

2. 汽车冲压钢板分类

汽车冲压工艺包括深拉深、胀形、弯曲、翻边等,而冲压件又有强度结构件和刚性结构件之分,这就要求钢板应具有不同的冲压工艺性能和不同的强度级别。因此,汽车冲压用钢板的品种很多,具有不同的分类方法。

按轧制方法分,汽车冷冲压用钢板可分为冷轧钢板和热轧钢板。

按冲压级别分,则可分为普通冲压级、深冲级和超深冲级。热轧钢板可分为深拉深级(S)、普通拉深级(P)和冷弯成形级(W);冷轧钢板可分为超深冲拉深级(IF)、最复杂拉深级(ZF)、很复杂拉深级(HF)、复杂拉深级(Z)、深拉深级(S)和普通拉深级(P)。

按强度级别分,可分为普通强度、高强度和超高强度钢板。对于深冲级和超深冲级钢板,多用超低碳 IF 钢板或以 IF 钢(Interstital Free Steel)为基板的表面镀层钢板。所谓超低碳 IF 钢,即在超低碳钢($C \leq 0.005\%$,$N \leq 0.004\%$)中,加入足够量的强碳、氮化合物形成元素钛和铌,使钢中的碳、氮原子完全被固定成碳、氮化合物,以无间隙固溶原子形式存在于钢中,这种钢称为超低碳无间隙原子钢,简称超低碳 F 钢。若需要提高钢板的强度,则加磷强化。因此,可以认为,IF 钢和含磷钢均为基础钢种。这是由于汽车冷冲压用钢板,一是向深冲性和超深冲性方向发展,以满足汽车车身高质量、流线型(风阻系数小)、冲压工艺简化和提高生产效率(零件合并和提高冲压速度)的要求;二是向高强度方向发展,以减轻汽车自重,节约能源。另外,为提高汽车的耐腐性,大量应用镀层钢板生产车身件也是一种新的趋势。同时,采用激光焊接技术,将不同强度级别和不同厚度以及镀层与非镀层钢板拼焊在一起,用于汽车冲压件的生产,更能充分发挥钢板的各种潜力。

3. 冲压材料的成形性能

成形性能是指钢板在一定条件下,能够成形出具有所需要的合格零件的能力。在汽车上较为复杂的冲压工艺是薄板成形工艺,冲压材料的成形性能直接关系到成形质量和工艺的可实现性。一般来说,薄板冲压成形过程分为拉深和胀形。拉深是指模具给板料边缘部分所施加的压紧力,仅仅是为了防止零件不产生翘曲,板料可向凹模内自由流动,变形只发生在板料的边缘部分。胀形是指冲压过程中通过上、下模具上的加强筋将板料压紧,使板料不能自由地向冲头部位流动,变形只发生在冲头的周围。在冲压成形过程中,这两种变形方式既独立存在又能复合在一起,而形成具体的成形工艺。根据冲压件的外形特征、应变大小和特点,将冲压成形工艺划分为深拉深、胀形—深拉、拉深、弯曲和翻边成形五大类。

1) 深拉深成形

深拉深成形可制成筒形、阶梯形、锥形、方盒形和其他不规则形状的薄壁件。其中,典型的零件有汽车发动机的油底壳和车身的里门板等。当拉深的变形抗力超过筒壁或变薄严重的凸模圆角附近处钢板的抗拉强度时,拉深件将破裂。

2) 胀形—深拉成形

胀形是指板坯的局部胀形,如零件的局部凸起、凹坑、加强筋等,很多企业生产的汽车发动机带轮就是采用胀形工艺由板料成形的。胀形—深拉成形时,钢板处于双向拉伸和拉—压双重应力状态。

3) 浅拉深成形

浅拉深是指零件的应变量小于 10% 或拉深深度小于 10mm 的冲压件。当钢板有屈服伸长时,零件容易产生滑移线或因应变量小引起零件刚性不足,容易产生凹坑。

4)弯曲成形

弯曲成形工艺应用广泛,大多数冲压件均需弯曲成形,用以增加零件刚性、连接等,它是汽车冲压件最常见的冲压成形方式。弯曲成形有两种:一种为直线弯曲,另一种为曲线弯曲。弯曲成形的特点为平面应变,但曲线弯曲时,还存在拉伸和压缩应变。

5)翻边成形

在毛坯的平面或曲面部分,使毛坯沿一定的曲线翻成竖立边缘的工艺称为翻边。翻边工艺经常用以加强零件刚性、连接其他件或焊接装配,它可分为内凹翻边和外凸翻边。翻边成形时在翻口边缘易被拉裂。

三、汽车冲压工艺方法

冲压工艺方法的种类很多,汽车冲压工艺中常用的工艺方法主要有开卷与校平、冲裁、弯曲、拉深、胀形等。

1. 开卷与校平

开卷与校平属于汽车冲压工艺前板料预处理工艺,通常与剪切和下料工序一起在生产线上完成。其工艺内容是将钢厂供应的卷筒板料进行开卷,整平后按照冲压工艺要求剪断成一定尺寸规格的料坯。

开卷与校平工序处于冲压工艺流程的首位,通过该工序可将冲压坯料达到预期要求的平整度和尺寸,且不对板料造成任何损伤。

2. 冲裁

冲裁是利用冲裁模(具)使板料产生分离的一种冲压工艺,主要包括落料、冲孔、切口、修边、剖切、切断等多种具体工序内容。在冲裁过程中,板料在模(具)的作用下被分成两部分,可以直接冲出成品零件,也可以为其他工序制备毛坯。从板料上冲下所需外形的零件或毛坯的冲裁工序称为落料,在工件或板料上冲出所需形状的孔的冲裁工序则称为冲孔。

1)冲裁件的质量与性能要求

(1)冲裁模的制造精度。冲裁模的制造精度对冲裁件的尺寸精度有直接的影响,冲裁模精度越高,冲裁件的精度越高。

(2)工件材料的力学性能。冲裁过程中材料发生一定的弹性变形,冲裁结束会发生回弹现象,从而使工件尺寸与凹模尺寸不相符。若是冲孔的尺寸与凸模不符,则影响了工件尺寸精度。材料越软,弹性变形量越小,回弹也越小,冲裁件的尺寸精度越高。反之,冲裁件尺寸精度越低。

(3)工件的相对厚度(材料厚度与冲裁件直径之比)。工件相对厚度对冲裁件尺寸精度也有影响。相对厚度越大,弹性变形量越小,冲裁件的尺寸精度越高。

(4)冲裁间隙。凸、凹模之间的间隙对冲裁件的精度影响很大。落料时,如间隙过大,材料除受剪切力外还伴随着拉深弹性变形,冲裁后工件的变形也就越大,同时也影响模具寿命;如果间隙过小,材料除剪切变形外,还会产生压缩弹性变形,由于回弹,工件变形也就越大,冲裁间隙过小还会增大冲裁力。因此,间隙过大或过小时均会使冲裁件尺寸偏差增大。

(5)冲裁件的尺寸形状。冲裁件尺寸越小,形状越简单,其制件尺寸精度越高。

2) 影响冲裁件断面质量的因素

如果冲模间隙选取合理,冲裁时板料在上、下刃口处所产生的裂纹就能重合,冲下的工件虽有一定锥度但比较光滑。

3) 影响冲裁件毛刺的因素

凸模或凹模磨损后变钝,其刃口处形成圆角且凸凹模间的间隙变大,冲裁时工件的边缘就会出现毛刺,从而影响工件的质量。

4) 冲模间隙的确定

冲模间隙直接决定了冲裁的质量、冲模的寿命及冲裁力的大小,所以合理确定冲模间隙是保证冲压工艺达到预期要求的关键因素之一。在确定冲裁模间隙时,当冲裁件断面质量要求不高时,在合理的间隙范围内,应该尽可能地选择较大的冲模间隙,这样有利于提高模具的使用寿命、减小冲裁力、推料力和卸料力。当冲裁件断面质量要求较高时,相对就要选择较小的冲裁间隙,这样尽管对冲模的使用寿命有一定的影响,但可以得到较好的冲裁质量。

3. 弯曲

弯曲是利用设备或专用工具使金属板料、管料、棒料或型材在模具中弯成一定曲率、一定角度和形状的变形工艺,如图6-1所示。弯曲工艺在冲压生产中占有很大的比例,应用于汽车纵梁、车厢等零件的成形过程。弯曲成形既可以利用模具在压力机上进行,也可以在其他专用设备,如折边机、弯管机、滚弯机上进行。

1) 弯曲工艺的常见质量问题

(1) 弯曲回弹。当弯曲变形结束时,工件从模具中取出以后,由于弹性恢复,外层将发生收缩,内层发生伸长,使工件的弯曲角和弯曲半径发生改变,导致所得工件与模具的形状尺寸不一致的现象称为弯曲件的回弹。弯曲件的回弹超过一定的限度,就会造成零件的报废,所以必须加以控制。影响弯曲回弹的因素包括材料的力学性能、变形程度、弯曲角、弯曲方式、工件形状、模具间隙及弯曲线长度等,一般可以在工件结构设计、弯曲工艺及模具设计等方面采取措施,将回弹量控制在一个适当的范围之内。

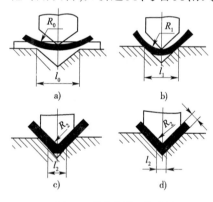

图6-1 弯曲变形工艺过程

(2) 弯曲偏移。在弯曲过程中,坯料沿凹模圆角滑动时坯料各边所受的摩擦力不等在实际弯曲时可能使制件向左或向右偏移(不对称制件尤其显著),从而会造成制件边长不符合要求的现象称为弯曲偏移,如图6-2所示。

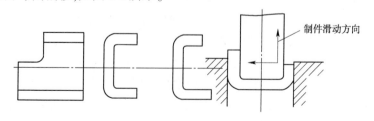

图6-2 弯曲偏移

防止弯曲偏移的方法一般有两种:一种是采用压料装置,弯曲时工件被压在凸模与压料装置之间,并随凸模下行而成形,这样不仅防止偏移而且还保证了制件的质量;另一种是利用制件上的孔(或工艺孔)在模具上设置定位销,弯曲时定位销插入孔内使工件无法移动。

2) 弯曲件的结构工艺性

具有良好工艺性的弯曲件,不仅能够使弯曲工艺过程得以顺利完成,还能简化弯曲工艺过程及提高弯曲件的精度和降低生产成本。弯曲件结构工艺性要求如下。

(1) 弯曲件的形状应对称。弯曲半径左右应一致,如图 6-3a) 所示。否则,由于摩擦力不均匀,板料在弯曲过程中会产生滑动,如图 6-3b)、c) 所示。为了防止板料的偏移,设计模具时应有可靠的定位措施。

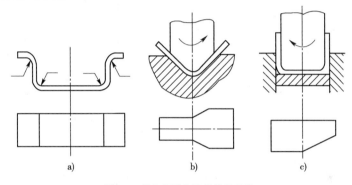

图 6-3　弯曲件形状及其偏移现象

(2) 弯曲件的圆角半径应大于板料许可的最小弯曲半径。弯曲半径过小,板料容易被弯裂。当必须弯曲成很小圆角时,可增加工序或中间辅以退火工序。弯曲件的圆角半径也不宜过大,因为过大时,回弹值增大,弯曲件的精度不易保证。

(3) 弯曲件的直边高度不宜过小,其值应为 $h > 2t$(t 为板料厚度),如图 6-4 所示。当 h 较小时,弯边在模具上支持的长度过小,不容易形成足够的弯矩,很难得到准确的形状。此时,可以预先压槽(图 6-4)或加高直边,弯曲后再切掉。

(4) 弯曲带应避开孔位。在弯曲带孔工件时,如果孔的位置处于弯曲变形区,则孔要发生变形。为避免这种情况,必须使孔避开变形区。

(5) 设置工艺槽。在局部弯曲某一段边缘时,为避免角部形成裂纹,可预先切出工艺槽,如图 6-5a) 所示,槽深 k 应大于弯曲半径 r。也可将弯曲线移动一定距离,以离开尺寸突变处,如图 6-5b) 所示,或在弯曲前冲制工艺孔,如图 6-6a) 所示。

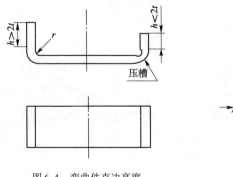

图 6-4　弯曲件直边高度

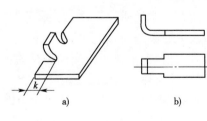

图 6-5　增加工艺槽及转移弯曲线

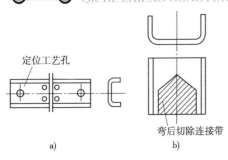

a)　　　　　　　b)

图 6-6　冲工艺孔和切除连接带

(6) 边缘部分有缺口弯曲件的结构设计。弯曲时必须在缺口处留工艺料,将缺口连住,待弯曲成形后再将工艺料切除,如图 6-6b)所示,若在毛坯上先冲缺口再弯曲,会出现叉口甚至无法成形。

4. 拉深工艺

拉深(又称拉延)是利用拉深模,将冲裁或剪裁后所得到的平板坯料制成开口空心件的一种冲压方法。拉深是冲压生产中应用最广泛的工序之一,汽车车身覆盖件的主要生产工艺就是拉深。

拉深过程如图 6-7 所示,拉深模的主要零件有凸模、凹模和压边圈。在凸模的作用下,原始直径为 D 的坯料在凹模端面和压边圈之间的缝隙中变形,并被拉进凸模与凹模之间的间隙里形成空心零件。零件高度为 h 的直壁部分是由毛坯的环形部分(外径为 D,内径为 d)转化而成的。所以,拉深时毛坯的环形部分是变形区,而底部通常认为是不参与变形的不变形区。压边圈的作用主要是防止拉深过程中毛坯凸缘部分失稳起皱。拉深时的凸模与凹模和冲裁时不同,它们的工作部分都没有锋利的刃口,而是做成一定的圆角半径,图 6-7 中的 R_d、R_p 及凸、凹模之间的间隙略大于板料厚度。

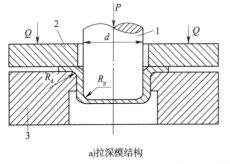
a) 拉深模结构

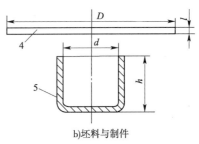
b) 坯料与制件

图 6-7　拉深过程示意图

1-凸模;2-压边圈;3-凹模;4-平板坯料;5-拉深件

用拉深工艺可以制造出形状复杂的筒形、阶梯形、锥形、球形、盒形和其他不规则形状的薄壁零件。如果与其他冲压成形工艺配合,还可以制造形状极为复杂的零件。拉深件的可加工尺寸范围相当大,从几毫米的小零件到轮廓尺寸达 2~3m 的大型零件都可用拉深方法制成。因此,拉深工艺在机械、汽车等行业中得到了广泛的应用,在汽车上典型的拉深件包括车身覆盖件和油底壳等。

1) 拉深工艺的常见质量问题

拉深过程中的起皱、材料厚度变化及材料硬化等现象均易导致工件破裂,是拉深工作不能顺利进行的主要原因,还会致使产品报废,因此必须特别加以关注。

(1) 起皱。拉深时凸缘部分受切向压力的作用,如果材料较薄,凸缘部分刚度不够,当切向压力足够大时,凸缘部分材料便会产生受压失稳,在凸缘的整个周围产生波浪形的连续弯曲,这称为起皱,如图 6-8 所示。

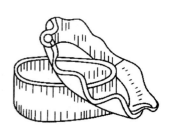

图 6-8　拉深件起皱

起皱时,工件口部材料翘曲成波浪形,从而影响材料的流动。起皱是拉深中产生废品的主要原因之一。防止起皱的主要措施如下。

①采用压边圈。采用压边圈将坯料压住,坯料被约束在压边圈与凹模平面之间,限制了坯料在厚度方向的自由起伏,提高了坯料在拉深过程中的稳定性,从而可以避免起皱现象的发生。

②选择合适的变形程度。塑性好的材料其变形程度可大一些;高度大的圆筒件应采用多次拉深,以减少因凸缘部分的变形程度过大而产生起皱和破裂的风险。

③采用拉深筋。在汽车覆盖件等一些复杂曲面件的拉深模上增加拉深筋,以适当控制材料的流动,使其径向应力增大,减小切向压应力,以防起皱。采用拉深筋的模具结构如图6-9所示。

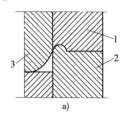 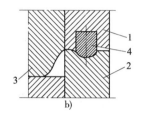 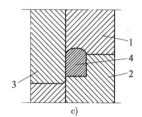

图6-9 拉深模上拉深筋模具结构
1-压边圈;2-凹模;3-凸模;4-拉深筋

④采用反拉深。采用反拉深工艺可增加材料的弯曲和摩擦,从而增大径向拉应力,减少切向压应力,预防起皱。反拉深模具结构如图6-10所示。

(2)板料厚度的变化。在拉深过程中,拉深壁厚会随着拉深过程发生变化。筒形件拉深过程中,壁厚沿高度方向的变化情况如图6-11所示。由图中可以看出,拉深件的上部变厚,越靠近口部变厚量越大,拉深件的下部则出现变薄,在凸模圆角附近变薄最为严重,使该处成为危险断面而很容易被拉破。

拉深件壁厚的均匀性与拉深变形的变形程度有关。变形程度越大,壁厚越不均匀。

(3)拉深时的硬化现象。由于拉深时将产生很大程度的塑性变形,常温下毛坯经过拉深过程将引起加工硬化,强度和硬度显著提高,塑性降低。硬化将导致继续拉深困难。硬度沿拉深件高度的变化情况如图6-11所示。

克服拉深过程中出现硬化现象的主要措施:对于需多次拉深成形的拉深件,采用中间退火工序,以消除拉深过程中产生的加工硬化。

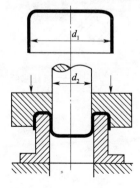 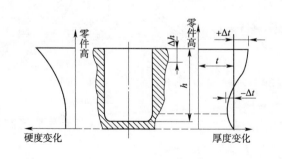

图6-10 反拉深模具结构　　图6-11 常温下拉深过程中沿高度方向厚度和硬度的变化

2）拉深件的结构工艺性

为了保证拉深件的工艺质量，提高劳动生产率，降低成本，拉深件的结构工艺性应着重考虑以下几个方面。

(1) 拉深件的形状应尽量简单对称。对称件的拉深变形是均匀的，拉深工艺性最好。

(2) 拉深件凸缘的外轮廓最好与拉深部分的轮廓形状相似。如果凸缘的宽度不一致，如图 6-12 a) 所示形状拉深比较困难，这就需要增加工序并适当放宽修边余量。

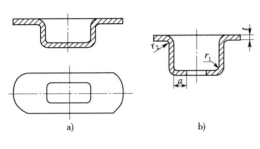

(3) 拉深件的圆角半径要合适。如图 6-12 b) 所示，一般取 $r_1 \geqslant (2 \sim 3)t$，$r_2 \geqslant (3 \sim 4)t$。如果最后一道工序是整形，则拉深件的圆角半径可取 $r_1 \geqslant (0.1 \sim 0.3)t$，$r_2 \geqslant (0.1 \sim 0.3)t$。

(4) 拉深件底部孔的大小要合适。在拉深件的底部冲孔时，其孔边到侧壁的距离应不小于该处圆角半径加上板料厚度的一半，如图 6-12b) 所示，即 $a \geqslant r_1 + 0.5t$。

图 6-12 拉深件的结构工艺性

(5) 拉深件的精度要求不宜过高。拉深件的精度包括拉深件内形或外形的直径和高度尺寸公差等，其要求一般不高于 IT11 级。

5. 其他冲压工艺

1）胀形工艺

利用模具使空心坯料在直径方向上局部扩张的成形工艺称为胀形。胀形可以在压力机或液压机上进行，也可以采用其他的专用胀形装置来完成。胀形的方法有固体模胀形（图 6-13）、软模胀形（图 6-14）和液压胀形（图 6-15）等。

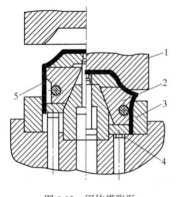
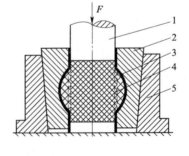
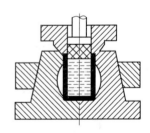

图 6-13 固体模胀形
1-上凹模；2-分块凹模；3-下凹模；
4-锥形块；5-坯料

图 6-14 软模胀形
1-凸模；2-凹模；3-制件；4-聚氨酯橡胶；5-外套

图 6-15 液压胀形

在很多企业，汽车发动机上的带轮采用液压胀形制造而成。

2）缩口工艺

通过模具使筒形或管形件口部直径缩小的加工工艺称为缩口。如图 6-16 所示，采用锥形面凹模对筒形件口部进行缩口成形。缩口时，缩口端的材料在锥形凹模的压力作用下向凹模内滑动,直径减小,壁厚和高度增加。

3)翻边工艺

翻边是在预先冲制好孔的制件上(有时也不预冲孔)依靠材料的伸长,利用模具沿孔周边翻成竖直边缘的冲压工序,图6-17所示为圆孔的翻边工艺示意图。翻边工艺经常在需要有法兰的结构件加工过程中采用。

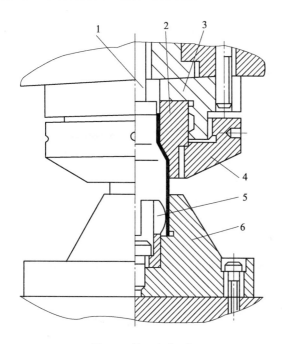

图6-16 缩口成形工艺
1—推杆;2—凹模;3—凹模固定板;4—紧固套;5—弹性夹套;6—支座

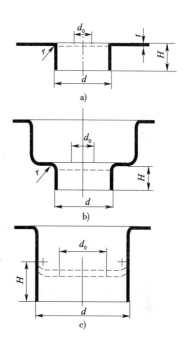

图6-17 圆孔的翻边工艺
a)平板件的翻边;b)、c)拉深件的翻边

四、汽车覆盖件冲压工艺

汽车覆盖件成形一般由落料(或剪切)、拉深、修边、翻边、整形、冲孔、弯曲、胀形、切口等工序按需要排列组合而成,典型结构的覆盖件一般需要4~6道工序。例如,汽车前地板一般由4道冲压成形工序完成,即拉深→切边与冲孔→冲孔与翻边→冲孔工序。

汽车覆盖件冲压工艺设计通常需要经历设计准备、方案论证与工艺设计、工艺验证等过程。

1. 设计准备

1)原始资料准备

工艺设计前除需准备常规设计的有关手册,如《冲模设计手册》《机械制造工艺手册》和技术标准外,还需要查阅的资料及实物如下。

(1)覆盖件图、主模型或者实物。

(2)生产批量和交货期。

(3)生产线有关设备型号、参数和附属装置情况。

(4) 收集、整理的类似覆盖件的成形性能和生产情况。

(5) 原材料的性能、规格及纤维方向等。

2) 覆盖件图和模型或实物的分析

首先,应该了解该覆盖件的作用、强度、表面质量要求及其与相关零件的装配关系等。其次,应分析以下问题。

(1) 覆盖件的工艺性。覆盖件有无成形困难的局部形状(急剧变化、负角面等)。在许可的情况下,尽量满足设计要求,但当成形有困难或不能保证稳定批量生产时,应该与设计部门协商进行修改(从材料的许用变形程度、设备、模具制造及操作等方面考虑)。

(2) 覆盖件工艺质量要点。作为外覆盖件,要求外表面连续,并与相邻表面均匀过渡,如果外表面存在不连续状,表面质量将恶化,经喷涂装饰后尤其明显。作为内覆盖件,一般对表面状况要求不高,但对尺寸精度要求较高,在焊接面上不应有皱折、回弹等。

(3) 局部细节(如孔、孔距、凸凹、凸缘、加强筋等)的精度。修边、压弯、成形的边缘圆角半径是否适当,压弯成形角部分是否多料。

(4) 料厚公差应在保证该覆盖件的精度范围内。

(5) 有无关于飞边高度及飞边方向的要求。

(6) 是否需要考虑材料的纤维方向,板材利用率如何。

(7) 可否成对成形。

通过以上分析研究,初步确定覆盖件图及其公差,但在后来的模具设计、模具制造和调试阶段,仍有可能改变覆盖件的形状。

2. 工艺设计

覆盖件冲压工艺设计内容主要包括以下几个方面。

(1) 研究冲压成形性能及加工方法、加工性能。

(2) 初步确定模具结构及影响强度、寿命的尺寸。

(3) 根据覆盖件的大小计算冲压力,决定各工序所使用的设备。

(4) 经济分析,以降低经济成本、提高效率为目的。

冲压工艺设计应遵循的基本原则如下。

(1) 外覆盖件的同一表面应尽可能一次成形,如果分两次成形,在交接处会残存不连续的面,这样表面喷涂装饰后外观效果不良。内覆盖件同相邻零件的配合形状尤为重要。

(2) 覆盖件上的焊接表面不允许存在皱折、回弹等成形质量问题。对不规则的形状只能考虑用拉深成形制出焊接面,当采用弯曲工序制作焊接面时,应该选择没有变薄的冲压方向为弯曲方向。

(3) 覆盖件在主成形工序之后,一般为修边、翻边等工序,在进行主成形工序的坯料形状尺寸和成形工艺设计时,应充分考虑为后续工序提供良好的工艺条件,包括变形条件、模具结构、零件定位及送料和取件等。

(4) 覆盖件上的孔一般应在零件成形之后冲出,以防先冲制的孔在成形过程中发生变形,如果孔位于不变形或变形极小的部位时,也可在零件成形前冲出。

(5) 要尽量避免制件在工序之间的回转和反转。对制件刚度差或往下道工序传送有困难的工序应放在最后,并设法使每道工序装料、卸件的作业时间均等。

第二节 汽车焊装工艺

汽车车身是由数百个薄板冲压件经过焊接、机械连接或粘接等工艺连接而成的复杂的整体,其中焊接工艺包括点焊、凸焊、二氧化碳气体保护焊、钎焊及激光焊等方法。因此,车身钣金件的结构多是按照焊装要求设计的。

车身焊装的特性:

(1)车身的焊装面多数是沿空间分布的,施焊难度大,因此,要求夹具定位迅速、准确。

(2)车身零件多是薄壁板件或杆件,其刚性很差,因此在焊接过程中采用多点定位夹紧的专用焊装夹具,以保证各零件或合件在焊接处的贴合和相互位置。

(3)为满足工艺性的要求,车身设计时要将车身划分为前围、侧围、后围、顶盖、地板、车门等分总成,各分总成又划分为若干个合件,合件又由若干个零件组成,而焊装顺序则是上述分解过程的逆过程。轿车白车身的结构如图 6-18 所示,其焊装顺序如图 6-19 所示。

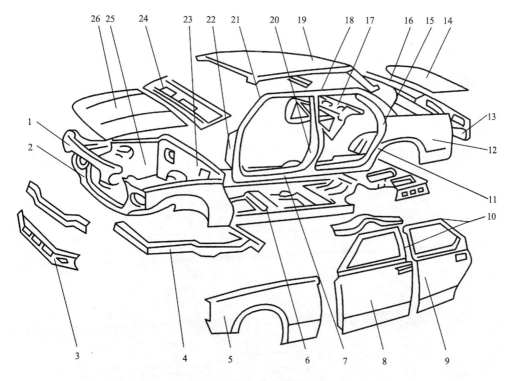

图 6-18 轿车白车身结构拆卸图

1-散热器罩上固定梁;2-前照灯框总成;3-前裙板;4-前下框架;5-前翼子板;6-地板总成;7-门槛总成;8-前侧车门;9-后侧车门;10-窗框总成;11-后挡泥板;12-后翼子板;13-后围板;14-行李舱盖;15-后立柱总成;16-后围上盖板;17-后围上横梁;18-侧边梁;19-顶盖;20-中立柱总成;21-前立柱总成;22-前围侧板;23-前围板;24-前围上盖板;25-前挡泥板;26-发动机罩

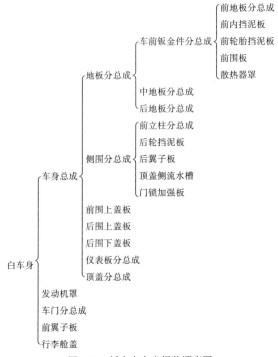

图 6-19　轿车白车身焊装顺序图

（4）自动化生产线和焊接机器人应用广泛。车身焊装中，应用最多的是电阻焊，其次是二氧化碳气体保护焊，它主要用于车身骨架和总成的焊接。车身常用的焊接方法及典型实例如图 6-20 所示和见表 6-1。

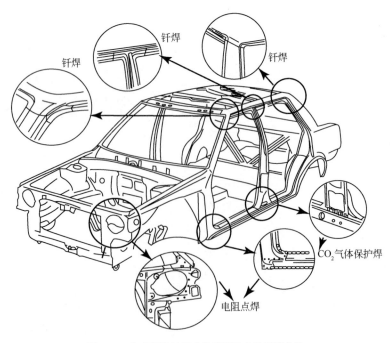

图 6-20　汽车制造过程中常采用的几种焊接方法

车身焊接中常用的方法及典型应用实例　　　　表6-1

类 型	焊 接 方 法			典型应用实例
电阻焊	点焊	单点焊	悬挂式电焊机	车身总成、车身侧围等分总成
			固定式电焊机	小型板类零件
		多点焊	压床式多点焊机	车身底板总成
			C形多点焊机	车门、发动机罩等总成
	缝焊		悬挂式缝焊机	车身顶盖流水槽
			固定式缝焊机	油箱总成
	凸焊			螺母、小支架
电弧焊	氩弧焊			车身总成
				车身顶盖后两侧接缝
	焊条电弧焊			厚料零部件
气焊	氧-乙炔焊			车身总成补焊
钎焊	锡钎焊			散热器
	铜钎焊			密封结构处
特种焊	微弧等离子焊			车身顶盖后角板
	激光焊			车身底板总成

一、车身常用焊接方法

1. 电阻焊

电阻焊又称接触焊,在各种焊接方法中,其效率最高,在汽车覆盖件这类薄板焊接方面使用最广。电阻焊是利用电流通过工件及焊接接触面间所产生的电阻热,将焊件加热至塑性或局部熔化状态,再施加压力形成焊接接头的焊接方法。其原理如图6-21所示。

1)电阻焊的特点

(1)电阻焊是在压力作用下通过内部电阻热加热金属而形成焊点,其冶金过程简单,且加热集中,热影响区域小,易于获得品质优良的焊接接头。

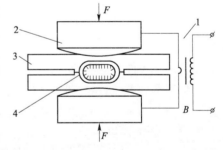

图6-21 电阻焊原理
1-变压器;2-电极;3-工件;4-熔核

(2)不需其他填充金属和连接件,省材料,易实现轻量化,且成本低。

(3)焊接过程中不产生弧光、有害气体及噪声,劳动条件好。

(4)操作简单,容易实现机械化和自动化,生产率高,劳动强度小。

2)电阻焊的分类

(1)点焊。

点焊是焊件之间依靠一个个焊点实现连接的,一般乘用车上有约4000多个焊点,焊缝总长40m以上。按照电极与工件接触面的数量,分为单面点焊和双面点焊。如图6-22所示,两焊件被压紧于两柱形电极之间并通以强大的电流,利用产生的电阻热将工件焊接区域加热到形成规定尺寸的熔核,然后切断电流,继续加压,熔核在压力作用下冷却凝固形成焊点的形式称为双面点焊,按照同时完成焊点数量的不同,又分为单点焊、双点焊和多点焊。

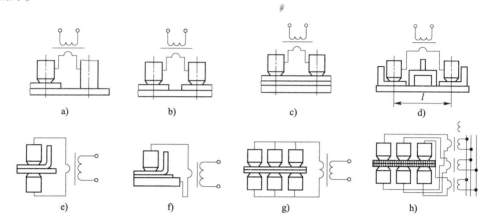

图 6-22　点焊的类型

双面点焊时,电极在工件的两侧向焊接处馈电,或一侧是电极、另一侧是接触面积较大的导电板,这样可以消除或减轻下面工件的压痕,常用于汽车外表面或装饰性面板的点焊。

焊点的尺寸包括焊点直径、熔核深度、焊透率和压痕深度等,如图 6-23 所示,焊点直径 d 与焊点强度近似成正比关系,其大小取决于焊件的厚度和接头的强度要求,计算低碳钢的焊点直径 d 的经验公式为

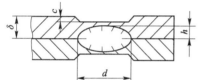

图 6-23　焊点尺寸
d-熔核直径;δ-工件厚度;h-熔深;c-压痕深度

$$d = (5 \sim 6)\sqrt{\delta} \tag{6-1}$$

式中:δ——工件的厚度,mm。

焊透率 A 按式(6-2)计算,其数值的大小按照焊件的材料、板厚和结构特点来选取,一般范围为 20% ~ 80%。试验结果表明,当焊点熔核直径符合要求时,取 $A \geq 20\%$ 便可保证焊点强度,A 值通常以 40% 为宜。如果过大,熔核接近焊件表面,会使表层金属过热,晶粒粗大,容易出现飞溅,使压痕增大或在熔核内部产生缩孔、裂纹等缺陷,焊点质量变差,接头承载能力下降;如果过小,则强度很低。薄板点焊时,因散热强烈,焊透率应选用较小值(10% ~ 20%),以免被焊穿。即

$$A = \frac{h}{\delta - c} \times 100\% \tag{6-2}$$

式中:h——单板上熔池高度,mm;

　　　c——压痕深度,mm。

压痕深度 c 将影响焊点的强度和焊接位置的表面外观质量,这对车身覆盖件的点焊来说显得特别重要,c 值一般不应超过板厚值 δ 的 15% ~ 20%。

点焊的过程是一个焊点的形成过程,点焊过程按照电极压力、焊接电流随时间的变化关系分为四个基本阶段,分别是预压阶段、焊接阶段、锻压阶段和停止阶段,如图 6-24 所示。

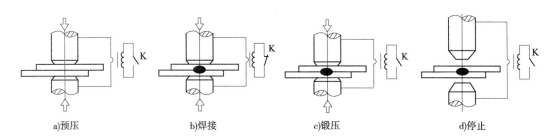

图 6-24 点焊过程

焊点的间距及焊点数目将直接影响点焊板件接头的强度和刚度。焊点间距越小,焊点越密集,接头强度越高。焊点密度大,车身刚度大,吸能能力差。焊点间距值用焊点中心距表示,焊点数目则用单位长度上的焊点数目表示。焊点数目由焊点中心距决定。

(2)凸焊。

凸焊是利用零件原有的能使电流集中的型面、倒角或预制的凸点来作为焊接部位的。凸焊时,一次可在接头处形成一个或多个熔核。在汽车车身焊接中,凸焊主要用于将螺母、垫圈等较小的零件焊到较大的零件上,如图 6-25 所示。

(3)缝焊。

缝焊是连续的点焊,是以旋转的滚盘状电极代替点焊的柱状电极,经过一段时间通电后略作停顿又复通电的方法,可看成是一连串的相互重叠的焊点。缝焊按滚盘转动与馈电方式可分为连续缝焊、断续缝焊和步进式缝焊等。缝焊主要用于要求气密性的制件,例如,汽车油箱、后桥壳、顶盖周边等部件,如图 6-26 所示。

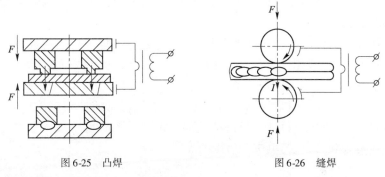

图 6-25 凸焊   图 6-26 缝焊

常见的电阻焊接头形式如图 6-27 所示。

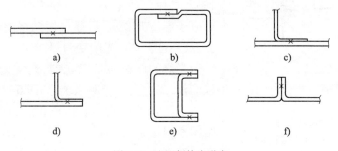

图 6-27 电阻焊接头形式

(4) 对焊。

对焊是将焊件整个接触面焊接在一起,如图 6-28 所示。对焊分为电阻对焊和闪光对焊两种类型,电阻对焊是用夹具将两焊件夹紧,并使其端面相互挤紧,然后通电加热,当焊件端面加热至塑性状态时,断电并加大压力进行预锻,直至两焊件冷却结晶而形成牢固的对接接头。闪光对焊是用夹具将两焊件夹紧后通电,然后使两焊件缓慢靠拢并轻微接触,依靠两端面个别点的接触形成的喷射状火花加热至一定温度时断电,进行迅速预锻,最后在压力作用下冷却结晶而形成牢固接头。

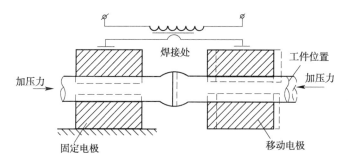

图 6-28　对焊

但是,电阻焊的焊接设备费用较高,投资较大,需要电力网供大功率电,且焊件的尺寸、形状和厚度受到设备的限制。

2. 激光焊接

1) 激光焊接的定义

激光焊接是利用高能量密度的激光束作为能源轰击工件,使工件接受能量转变为热量从而使其熔接的方法。

激光焊接可以达到两块钢板之间的分子结合,也就是说焊接后的钢板硬度相对于一整块钢板,与传统的焊接方式相比将车身强度提升30%,从而使得车身的结合精度同样大大提升。它具有输入热量少、焊接速度高、接头热变形和热影响区小、熔池形状深宽比大、组织细、韧性好等优点。焊接时无机械接触,有利于实现在线质量监控和自动化生产,具有减少零件和模具数量、减少点焊数目、优化材料用量、降低零件质量、降低成本和提高尺寸精度等优点。适用于车身地板、顶盖与侧围及后围的焊装。

2) 激光焊的原理

激光焊接时,激光照射到金属表面,与金属发生相互作用,具体可以描述为:金属中的自由电子吸收光子导致电子温度升高,然后通过振动将能量传递给金属离子,金属温度升高,光能变为热能。

激光焊的设备包括激光器、光学偏转聚焦系统、光束检测仪、工作台和控制系统,如图 6-29 所示。

由于激光焊对人体易造成伤害,因此,此工位在一间密闭室内进行,并通过监控录像观察焊接进行情况,如图 6-30 所示。

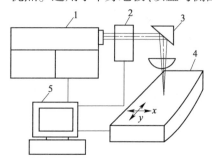

图 6-29　激光焊设备

1-激光器;2-光束检测仪;3-光学偏转聚焦系统;4-工作台;5-控制系统

a) 焊接室　　　　　　　　　　b) 显示屏

图6-30　激光焊接情况

3) 激光焊缝的气体保护

在高功率密度的条件下进行激光焊时,可以发现:激光与金属作用区域里,金属蒸发极为剧烈,不断有红色金属蒸气逸出小孔,而在金属面的熔池上方存在一个蓝色的等离子云,它伴随着小孔而产生。激光焊接时产生的等离子云对焊接过程产生不利影响,位于熔池上方的等离子云,对激光的吸收系数很大,它相当于一种屏蔽,吸收部分激光,使金属表面得到的激光能量减少,焊接熔池深度减小,焊接表面增宽,形成"图钉"状焊缝,而且焊接过程不稳定。

焊接过程中克服等离子云影响的最常规方法是通过喷嘴对熔池表面喷吹惰性气体。常用的保护气体有氩气、氦气和氮气。可利用保护气体的机械吹力驱除等离子云,使其偏离熔池上方,还可以利用较低温度的气体降低熔池上方高温气体的温度,抑制产生等离子云的高温条件。

4) 激光焊的应用特点

激光焊广泛应用在汽车车体薄板的冲压成形加工中。其特点是薄钢板经激光对焊后,焊缝仍能进行冲压加工;材料利用率高;可以焊接不同材质和板厚的冲压件毛坯,减少冲压模具数量。

二、焊装设备

不同的焊接方式对应着不同的焊接设备,常用的焊接方式主要是点焊、激光焊、CO_2气体保护焊、螺柱焊、凸焊等。为了提高车身焊装质量和焊装效率,轿车生产企业已大量采用自动焊接设备。无论是采用什么类型的焊接方式,自动焊接模式基本相同,几乎都是采用焊接机械手代替人工操作完成焊装工作。

1. 点焊机

点焊机的种类很多,按其安装方式的不同,可分为固定式点焊机、悬挂式点焊机和自动式点焊机三类。点焊机主要由变压器、机架与夹持装置、电流控制电路三部分组成,普通点焊机与自动点焊机的区别在于,自动点焊机多了一套操作点焊机工作的机械手。

汽车车身的有些零部件外形尺寸大,冲压件本身刚度差且易变形,移动不方便,不宜用固定式点焊机焊接,所以在车身制造中,移动式点焊机得到了广泛的应用。汽车车身焊接用点焊机主要是悬挂式和自动式点焊机。

悬挂式点焊机的特点是变压器和焊接工具(焊钳或焊枪)悬挂在空中,有电极加压装置提供电极压力,用微动开关接通电路,移动方便灵活,适用于装焊面积较大的板件。另外,可选配特殊形状的焊钳,这样对焊接点的接近性更好,使用起来更灵活。

按变压器和焊接工具连接的方式,分为有电缆和无电缆的悬挂式点焊机。有电缆悬挂式点焊机焊钳与变压器之间用电缆连接,点焊非常轻便,劳动强度低。但二次回路长,功率损耗较大。无电缆悬挂式点焊机焊钳和变压器直接相连,点焊时对焊接位置适应性较差。但二次回路中没有电缆损耗,可充分利用功率。为了达到所需的焊接效果,需对点焊电流和焊接时间进行严格准确的控制,为此点焊机都专门配有控制器。点焊控制器具有许多不同的功能,如焊接电流控制、焊接时间控制、电网同步控制、电流递增控制、测量焊机参数、诊断或控制焊接质量等。

2. 电弧螺柱焊机

电弧螺柱焊机简称螺柱焊机,螺柱焊机由焊枪、时间控制器和电源等部分组成。螺柱焊枪有手持式、固定式和自动式三种,其工作原理都相同,手持式和自动式在车身焊接中应用较普遍。固定式通常是为某特定产品而专门设计的,被固定在支架上,在工位上完成焊接,车身焊接工艺中很少采用固定式焊枪。

为了获得良好的焊接质量,螺柱焊的操作应注意以下问题。

(1)除去焊接表面的油污、氧化层和杂质,确保焊接表面的清洁。

(2)焊接操作时,应特别注意保证螺柱与焊接接合面的垂直度,避免焊弧分布不均,影响焊接的牢固度。

(3)螺柱的提升高度和下沉时间对焊接质量有很大的影响,因此,在焊接操作前,应通过试验确定提升高度和下沉时间。

(4)螺柱焊常见的质量问题有焊瘤、飞溅、焊偏、错误、高度偏差等,应及时检查和及时解决。

第三节　汽车车身涂装工艺

涂装是将涂料均匀地涂覆在车身覆盖件表面上并干燥成膜的工艺。

涂装的目的:①表面防腐;②防污;③耐磨;④装饰美化表面;⑤适应气候变化;⑥防振、消声、隔热;⑦喷涂特殊标志或符号。

涂装的特性与质量要求:车身涂装除了具有防锈和美观的基本特性外,还要求在世界各地、全天候环境中长时间连续使用时,漆膜不被破坏、基体金属不生锈,光泽和色彩无明显改变,涂装的特性与质量要求集中在以下几个方面:

(1)良好的装饰性。漆膜丰满,颜色鲜明均匀多样,光泽华丽柔和,赏心悦目,并符合潮流。

(2)漆膜表面形状平整光滑,没有留存流挂、缩孔、张边、鼓包、起皱等缺陷。

(3)亮光装饰抛光表面应有镜面般的光泽且不留研磨缺陷,亚光装饰表面应满足要求的消光程度,颜色要均匀纯正。

(4)漆膜应达到一定厚度,具有良好的力学性能,适应汽车的高速、多振和应变,要求漆膜的附着力好,坚硬柔韧,具有耐冲击、耐划伤、耐摩擦、耐弯曲等优越性能。

(5)良好的耐候性和耐腐蚀性,要求适应于各种温度,耐寒、耐高温、耐温差,受暴晒和风雨侵蚀影响小,在各种气候条件下保持不失光、不变色、不开裂、不脱落、不起泡、不粉化、不锈蚀。要求漆膜的使用寿命不低于汽车本身的寿命,一般为保用10年。

(6)良好的工艺性和配套性。汽车漆一般是多层涂装,因为靠单层涂装一般达不到良好的性能,所以要求各涂层之间附着力好、无缺陷、成膜快,流水线适应性好。

(7)良好的耐擦洗性和化学稳定性。要求耐毛刷、肥皂、清洗剂清洗,与其他污渍接触后不留痕迹。

(8)良好的经济性,价格低,便于"三废"处理。

(9)良好的可修补性。

一、车身涂装前表面处理

1. 车身涂装前表面处理的目的

为增加金属表面与涂料层间的结合力,提高涂层的质量,延长涂层的使用寿命,在涂装前必须充分除去车身表面上的各种污物,在金属表面生成一层不溶于水的磷酸盐薄膜,为涂层提供一个良好的基底。

在进行车身涂装之前,车身表面的主要污物有油污和氧化物。将在车身涂装以前的工艺过程中,如冲压、焊接及在运输、储存过程中金属表面所附着的油脂、锈蚀、氧化皮、灰尘等异物除掉,否则会阻碍涂层与基体金属的附着力,造成涂层起泡、龟裂、剥落等。如果带着锈蚀,锈蚀仍然在涂层底下蔓延,则涂装完全失去了"保护作用"的意义。

2. 车身涂装前表面处理的内容

车身表面涂装前,必须根据表面污物的性质及脏污程度、被涂金属的种类、制品表面粗糙度以及最后涂层的作用来选择表面前处理方法。这些方法主要是去除表面的各种污物,以及在前处理过的表面上进行特殊的化学处理。具体来说,包括除锈、脱脂和磷化、钝化几部分内容。

1)除锈和去氧化皮

除锈所使用的酸洗方法一般在板料冲压之前进行。车身表面在热加工时氧化产生硬而脆的氧化皮,钢铁在储运的过程中,产生锈蚀,必须将其除去以防其在磷化膜和漆膜下发生腐蚀,影响漆膜附着力。方法分两类:一类是机械法;另一类是化学法。机械除锈和去氧化皮的方法包括:手工打磨、喷砂喷丸、风动和电动工具等。化学法包括利用酸溶液与这些金属氧化物反应,从而除掉金属表面的锈蚀产物,这种化学除锈通常称为酸洗。大量酸洗工作是在50~70℃条件下进行的,10%的硫酸溶液中或是在常温15%的盐酸溶液中进行。

2)金属表面的脱脂

将车身制件金属表面的油脂除掉的过程称为脱脂。在车身制造过程中,板材上的防锈油、冲压件上的润滑油、拉延油和某些零件在切削过程中的切削液等油污,大都由矿物油、动植物油及石蜡、滑石粉等组成。在室温下,它们以固态、液态或半流动状态存在,吸附在金属表面生成氧化物和氰化物。

由于油污的情况较复杂,因此其处理方法也各不相同。根据油污的性质及脏污程度,工业上常用的脱脂可分为物理机械方法和物理化学方法两类,借助机械作用的脱脂,例如擦抹法、喷砂法和超声振荡法等都属于物理机械方法,汽车车身处理用得较少。

汽车车身处理常用的是物理化学方法:碱液清洗脱脂。碱液清洗脱脂在车身制造中应用较为广泛,由于其方法简单,成本低廉,故在金属表面清洗脱脂法中占优势。碱液脱脂的机理主要是通过皂化作用、乳化作用和分散作用来完成脱脂过程。

(1) 皂化作用。在清洗动植物油脂时,强碱性清洗剂中的氢氧化钠易于动植物油进行皂化反应,溶解分散在清洗液中。

(2) 乳化作用。车身零部件表面上的油污大多数是以矿物油为基料的化合物,它们遇到碱类清洗剂时不能像脂肪酸一样起皂化作用,此时要借助于碱类清洗剂中的乳化剂,如碳酸钠、硅酸钠等,它们能促进工件表面上这些油液以微小颗粒散在水中而形成稳定的乳浊液,从而达到从金属表面除去油污的目的。

(3) 分散作用。碱液清洗剂中的碳酸钠等还有分散作用,它能把工件表面上的油污中的微小颗粒状固体污垢悬浮在清洗液中,阻止其凝结或重新沉淀在工件表面上,从而达到脱脂目的。

3) 金属表面磷化处理

用磷酸或锰、铁、镉的磷酸盐溶液处理金属制品表面,使金属表面生成一层不溶于水的磷酸盐薄膜的过程称为磷化处理。

黑色金属经过脱脂、酸洗后,使用表面调整剂进行处理,然后再磷化时,能促进磷化膜晶核产生,从而缩短磷化膜的形成时间,使磷化膜薄而均匀,达到降低原材料消耗量、提高防锈性能的目的。

4) 钝化工序

在磷化处理工序后,还有钝化工序,钝化就是金属与铬酸盐溶液作用生成三价或六价铬化物,具有一定的防腐性能。钢板表面的铬化层,大多数用来封闭磷化层,使磷化层暴露的金属钝化。钝化的目的是封闭磷化膜孔隙,提高磷化膜耐蚀性,特别是提高漆膜的整体附着力和耐腐蚀性。

二、涂料

汽车涂料是一种成膜物质,涂料工业的发展水平是决定了车身涂装的质量。上述对涂装的质量要求很大程度上也取决于涂料的性能特点。其组成包括:

(1) 主要成膜物质。它是使涂料黏附在制件表面上成为漆膜的主要物质,是构成涂料的基础,通常称为基料或漆基。根据在涂料原料中作为主要成膜物质的类型,涂料可以分为油性涂料和树脂涂料。如以酚醛树脂或改性酚醛树脂为主要树脂的涂料称为酚醛树脂涂料;以油和一些天然树脂合用为主要成膜物质的涂料,称为油基涂料。

(2) 次要成膜物质。次要成膜物质是构成漆膜的组成部分,主要是一些添加剂(如颜料),它不能离开主要成膜物质单独构成漆膜,而主要成膜物质则可以。次要成膜物质给漆膜以一定的遮盖力和着色力,增加漆膜厚度。

(3) 辅助成膜物质。辅助成膜物质对涂料变成漆膜的过程或对漆膜性能起到一定的辅助作用。它不是漆膜的主体,同样不能单独成膜。辅助成膜物质包括稀料(挥发剂)和辅助材料(催干剂、增韧剂、乳化剂和稳定剂等)两大类。

按照在漆膜中存在的状态不同,上述三种组成又可分为存在于漆膜中不挥发的固体成分(如油、树脂、颜料等)和可挥发的稀料成分(如溶剂、稀释剂等)。

涂装工序所用的漆分为底漆、中间漆和面漆。

(1)底漆。底漆涂覆在白车身表面的第一道漆,是整个涂层的基础,它对车身的防锈蚀和整个涂层的经久耐用起着主要的作用。对底漆的要求:

①附着力强。除在车身表面上附着牢固外,并能与腻子或面漆黏附牢固。

②有良好的防锈能力、耐腐蚀性和耐潮湿性。

③与中间涂层或面漆涂层间的配套性良好,即有耐溶剂性,不被中间涂层或面漆涂层所含溶剂咬起。

④底漆漆膜应具有较高的机械强度和适当的弹性,当车身蒙皮膨胀或收缩时,不致脆裂脱落。当面漆老化收缩时,也不致折裂卷皮,能满足面漆耐久性的要求。

⑤有良好的可操作性。应能适应汽车涂装工艺和大量流水生产的特点。

汽车底漆多是含环氧树脂等成分的铁红、锌黄环氧底漆、铁红环氧脂电泳底漆等。

(2)中间层涂料。中间层介于底漆和面漆之间,可以改善车身表面和底涂层的平整度,提高涂层的装饰性。为面漆层创造良好的基底,增加底漆和面漆的结合力。另外,由于载货汽车的车身和一些中级客车、轿车的表面平整度较好,装饰性要求也不太高,为简化工艺,在大量流水生产中,常不采用中间涂层。而对于装饰性要求高的客车、轿车,根据需要有时采用通用底漆、二道浆、腻子和封底漆等多种中间层涂料。

中间层涂料应具有以下特性:

①应能与底漆和面漆层配套良好,涂层间结合力强,硬度配套适中,不产生被面漆涂层所含溶剂咬起的现象。

②应具有良好的填平性,能消除被涂表面的划伤等微小缺陷。

③打磨性能好。在湿打磨后,能得到平整光滑的表面,并能高温烘干,打磨时不粘砂纸。

④耐潮湿性好,不应引起涂层起泡。

中间层涂料多采用含环氧树脂、氨基醇酸树脂等成分的醇酸二道浆、环氧树脂烘干二道底漆等。

(3)面漆。面漆是汽车车身覆盖件多层涂层中最后涂层用的涂料,它决定了汽车的装饰性、耐潮湿性、耐候性和抗污性的好坏。在面漆的质量很高的汽车生产中,具体提出如下要求:

①外观装饰性。保证汽车车身具有高质量的、优美的外观,即漆膜外观应光滑平整、花纹清晰、光彩亮丽。

②硬度和抗崩裂性。面漆漆膜应坚硬耐磨,具有足够的硬度,以保证涂层在汽车行驶中由于路面砂石的冲击,或者在车身擦洗时不产生划痕、裂纹。

③耐候性。急冷急热的温度变化,面漆层易开裂,尤其是在面漆层较厚、未用热塑性型面漆及刚刚涂装完的面漆层更易开裂。在选用面漆时,应通过耐寒性和耐温变性试验,证实即使在最大的许可厚度的情况下,面漆层也不会开裂。另外,烈日暴晒、风雨寒霜的侵蚀都会使面漆失光变色,直接影响汽车的装饰性,因此,要求汽车用面漆涂层在热带地区长期暴晒不少于 12 个月后,只允许有极轻微的失光和变色,不得有起泡、开裂和锈点。

④耐潮湿性和防腐蚀性。涂过面漆的工件浸泡在 40~50℃ 的温水中,暴露在相对湿度较高的空气中,面漆应不起泡、不变色或不失光。与底涂层组合后,应能增加整个涂层的防腐蚀性。

⑤耐药剂性。面漆涂层在使用过程中,若与蓄电池酸液、机油和制动液、汽油、肥皂液和各种清洗剂、路面沥青等直接接触,擦净后接触面不应变色或失光,也不应产生斑印。

⑥施工性。在大量流水生产中,面漆的涂布方法多采用自动喷涂或静电喷涂,所选用的面漆对上述施工工艺应有良好的适应性。在装饰性要求高时,面漆涂层应具有优良的抛光性能。面漆也应具有较好的重涂性(即在不打磨场合下,再涂面漆,结合力良好)和修补性。

面漆多采用丙烯酸烘干漆、氨基清烘漆、硝基磁漆等。

为增加装饰效果,目前较多采用金属闪光底漆。所谓金属闪光底漆是作为中涂层和罩光清漆层之间的涂层所用的涂料。其主要功能是着色、遮盖和装饰作用。金属闪光底漆在日光照射下具有鲜艳的金属光泽和闪光感,给整个汽车添装诱人的色彩。其原因是在该涂料中加入了金属铝粉或珠光粉等效应颜料。这种效应颜料在漆膜中定向排列,光线照过来后通过各种有规律的反射、透射或干涉,最后人们就会看到有金属光泽的、随角度变光变色的闪光效果。溶剂型金属闪光底漆的基料有聚酯树脂、氨基树脂、共聚蜡液和 CBA 树脂液。其中聚酯树脂和氨基树脂可提供烘干后坚硬的底色漆漆膜,共聚蜡液使效应颜料定向排列,CBA 树脂液主要是用来提高底色漆的干燥速率,提高体系低固体分下的黏度,阻止铝粉和珠光颜料在湿漆膜中杂乱无章的运动和防止回溶现象。有时底漆中还加入一点聚氨酯树脂来提高抗石击性能。闪光底色漆分为溶剂型和水性两类。

三、常用涂装工艺方法

根据各工序采用的工艺方法不同,车身涂装过程主要有以下三种基本体系:

(1)涂三层烘三次体系。这种体系的工艺是底漆涂层+中间涂层+面漆涂层,三层分别烘干。

(2)涂三层烘二次体系。这种体系的工艺与上一种不同的是底漆层不烘干,涂中间层后一起烘干,即所谓的"湿碰湿"工艺,因而烘干次数由三次减为两次。

(3)涂两层烘两次体系。这种体系的工艺是底漆涂层+面漆涂层,无中间涂层,两层分别烘干。

汽车车身制造中常用的涂装方法包括:刷涂、浸涂、喷涂、静电喷涂、电泳涂漆和粉末涂饰等,下面分别介绍各种涂装方法。

(1)刷涂。刷涂是一种使用毛刷手工涂装的方法。常用的适合刷涂的涂料包括油性漆、酚醛漆和醇酸漆等。特别是油性涂料对金属的表面细孔容易渗透,附着性好,使用得较多。刷涂的特点是设备简单、投资少、施工方面、操作简单、灵活性大。但是,生产效率低、技巧性高、装饰性差,只适合于局部维修或小批量生产。

(2)浸涂。浸涂是将被涂零部件浸入盛有涂料的槽中,经过一定的时间后再取出,经滴漆、流平、干燥即可。这种方法的涂层厚度取决于漆液的黏度,与时间关系不大,因此,对油漆的黏度有要求。浸漆的特点是操作简单、生产效率较高,既不需要很高的技术,也不需要复杂的设备,易实现机械化和自动化,但对涂料有一定的要求,如挥发型涂料、含有重质颜料的涂料及双组分涂料等不适用。同时,由于浸涂所形成的漆膜易产生上薄下厚、流挂等现象,因此,仅适用于外观装饰要求不太高的防蚀性涂层。

(3)喷涂。

①空气喷涂。空气喷涂是利用压缩空气在喷枪喷嘴处产生的负压将漆流带出并分散为

雾滴状,涂覆在物面上,这是目前使用最普遍的涂装施工方法。

喷涂的特点是工效高、施工方便,可手工喷涂,也可机械化喷涂。它可以适应几乎任何条件下不同形状尺寸的物体以及多种油漆材料。漆膜光滑平整,厚薄均匀。对于快干和挥发性漆最合适。但是油漆的利用率低,喷雾损失较大,并易引起中毒或火灾,需要通风良好。

喷涂质量取决于涂料的黏度、空气压力、喷嘴与物面的距离、喷出漆流的方向等。

②高压无空气喷涂。无空气喷涂是通过高压泵将涂料受压达 10~17.5MPa,然后从喷枪嘴极细的喷孔中喷出,当受高压的涂料离开喷嘴到达大气中时,便立即剧烈膨胀,雾化成极细小的漆粒喷到零件上,形成漆膜。这种方法的特点是涂层厚,生产效率高,漆雾少,涂料损失少,劳动条件相比较好,漆膜附着力好,但是漆膜均匀性及外观装饰性较差,不适合含粒度较大的颜料性涂料。

(4)静电涂漆。静电涂漆是借助于高压电场的作用,使喷枪喷出的漆膜带电,通过静电引力沉积在带异电的工件表面上而完成喷漆过程。

这种方法的特点是生产效率高,易于实现自动化,喷雾损失少,涂料利用率达 80%~90%,漆膜均匀,附着力好,质量好,劳动强度小,劳动条件相比较好,但是,仪器设备复杂,需要有良好绝缘,漆膜均匀度较差,另外,漆膜密度小,因而流平性和光泽度受到一定影响。

(5)电泳涂漆。电泳涂装(electro-coating)是利用外加电场使悬浮于电泳液中的颜料和树脂等微粒定向迁移并沉积于电极之一的基底表面形成一层均匀漆膜的涂装方法。

电泳涂装的原理发明于 20 世纪 30 年代末,但开发这一技术并获得工业应用是在 1963 年以后,电泳涂装是近 30 年来发展起来的一种特殊漆膜形成方法,具有水溶性、无毒、易于自动化控制等特点,在汽车、建材等行业得到广泛的应用。

电泳涂装最基本的物理原理为带电荷的涂料粒子与它所带电荷相反的电极相吸。采用直流电源,金属工件浸于电泳漆液中。通电后,阳离子涂料粒子向阴极工件移动,阴离子涂料粒子向阳极工件移动,继而沉积在工件上,在工件表面形成均匀、连续的漆膜。当漆膜达到一定厚度(漆膜电阻大到一定程度),工件表面形成绝缘层,"异极相吸"停止,电泳涂装过程结束。整个电泳涂装过程是复杂的电化学反应过程,整个过程可以概括为以下五个步骤:

①电离。电泳漆在水溶液中,离解成带正、负电荷的离子。

②电泳。带电的聚合物分别向阴极或阳极泳动的过程,不带电的颜料、填料粒子吸附在带电荷的粒子上也随着电泳。

③电沉积。带电的聚合物分别在阴极或阳极脱去电荷而沉积在工件表面形成不溶于水的漆膜并逐步使之均匀的过程。

④电渗。沉积的电泳漆膜收缩,脱去溶剂和水,形成均匀致密的湿膜。

⑤电解。电流通过电解质水溶液时,水发生电解反应,过量气体影响漆膜质量。

电泳涂漆系统的组成:

①电泳槽。用于装载工件和漆液的主体部分,槽体与槽液绝缘,其大小取决于工件、电泳时间、传送速度等。

②直流电源(整流器)。提供直流电,使电沉积得以进行。

③主循环系统。包括循环泵、喷射管以及过滤器,保证槽液混合均匀,同时设有过滤器用于去除槽液中颗粒污染物及杂质。

④超滤系统。控制槽液电导率，提供后清洗工件的超滤液，并回收浮漆。

⑤热交换器。控制槽液温度。

整个电泳涂装过程分为四个部分：

①前处理。金属工件经脱脂、酸洗除锈（若必要）、表面调整、磷化处理为下一步电泳做准备的过程称为前处理。为了获得良好的电泳漆膜，清洗和磷化都是非常重要的环节。磷化通常采用铁系和锌系磷化液，处理工艺包括喷淋和浸渍。

前处理步骤可简化为：预脱脂→脱脂→水洗→除锈（如有必要）→去离子水洗→表面调整→磷化→去离子水洗。

②电泳。工件经前处理后进入电泳槽液，工件入槽前状态必须保证工件表面无油无锈，磷化膜均匀，工件表面温度应在40℃以下，进入电泳槽前工件应全干或全湿，干湿不匀可导致漆膜产生花纹或斑痕。

③后冲洗。后冲洗是工件从超滤液出来后，利用超滤液冲洗掉黏附在漆膜表面的浮漆，浮漆可以回收到槽液中，使漆液利用率提高，同时保证了漆膜光滑、美观。通过循环系统，清洗液也回收到槽液中，从而使涂装效率达到95%以上。

采用封闭式循环清洗，可以有效去除和回收浮漆，使漆液利用率最大。通过超滤得到的超滤液（含有去离子水、溶剂等低分子量物质）是构成清洗液的最重要的组成部分。清洗区包括一系列单独的喷淋清洗间或浸渍清洗间。前几道采用超滤液清洗，最后一道采用新鲜去离子水清洗。每道清洗之间都有足够的排液时间。经过最后一道冲洗后，可回收几乎所有的被洗出物。大部分电泳涂装线在工件进入烘房前，利用自动空气吹干机除去漆膜表面的水分，防止水渍产生。

④烘干固化。清洗吹干后，工件进入烘房，漆膜通过交联固化达到最佳性能。不同的电泳涂料所用的烘烤温度不同，在指定工艺温度下，通常至少需要20min的烘烤时间。大部分烘房设有不同的温度区。这种设计有利于工件通过不同温度区，逐步去除挥发性物质，防止溶剂斑和水迹产生，使漆膜达到最佳流平，得到外观优良的漆膜。

电泳涂漆的特点：

①电泳涂料用水做溶剂，避免了用有机溶剂易发生中毒和火灾等危险，大大改善了劳动条件。

②从根本上消除了漆雾，涂料利用率高，可达90%~95%。

③施工速度快，可实现机械化和自动化连续操作，提高劳动生产率，减轻劳动强度。

④涂层质量好，漆膜均匀，附着力强。一般涂装方法不易涂到或涂不好的地方，都能获得均匀、平整、光滑的漆膜。

⑤设备复杂，投资费用大。

⑥只限于在导电的被涂物表面上涂漆，烘烤温度较高，耗电量稍大。

⑦不易变换涂料颜色。

四、轿车车身涂装工艺

在大量流水生产中，轿车的涂装一般采用三层涂装工艺。在涂装过程中的车身运输方式，涂装前表面前处理、电泳一般采用悬挂式运输方式，如图6-31所示。中间涂层和面漆涂装线一般为地面运输方式,如图6-32所示。生产节拍在5min以内采用连续式,大于5min采用间歇式。

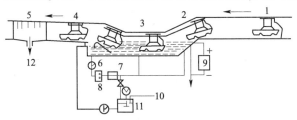

图6-31 轿车车身电泳涂漆

1-电极安装;2-阴极汇流排;3-电泳涂漆;4-滴漏;5-水洗;6-阳极汇流排;7-热交换器;8-过滤器;9-直流电源;10-涂料填充;11-溶解槽;12-排水

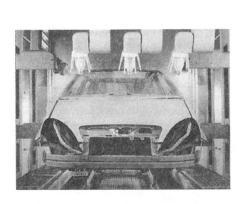 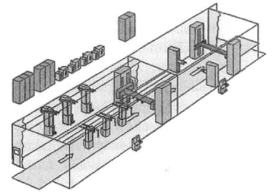

图6-32 面漆喷房

中国二汽的雪铁龙富康轿车的一种涂装工艺流程:

预清洗→碱液脱脂→水洗→表面调整→磷化→水洗(二次)→阴极电泳涂漆→水洗(四次)→烘干→底漆打磨→喷中层(二道)→晾置→烘干→中涂打磨→喷面漆(二道)→烘干→检查。

这里采用的是涂三层烘三层体系。

上海通用某款轿车的典型工艺流程如下。

中上涂工艺流程:

擦净(手工擦拭内表面)→气封→封刀→中涂手工喷涂(无内饰件覆盖的内表面)→自动中涂→手工补喷→流平晾干→烘烤→强冷→中涂打磨→擦净→封刀→鸵鸟毛擦净→气封→手工喷涂车身内表面→金属底色漆一道喷涂→金属底色漆二道喷涂→检查补喷→闪干→手工喷涂罩光清漆(内表面)→自动喷涂→气封→检查补喷→流平晾干→烘烤→强冷→面漆检查抛光修饰→点修补。

电泳漆工艺流程:

预处理→热水洗(喷—浸—喷)→预脱脂(喷)→脱脂(喷—浸—喷)→水洗1(喷)→水洗2(喷—浸—喷)→表面调整(喷—浸—喷)→磷化(浸—喷)→水洗3(喷)→水洗4(喷—浸—喷)→钝化(喷)→水洗(喷)→水洗(喷—浸—喷)→水洗(喷)→沥水检查→电泳(浸)→1号UF喷淋→2号UF喷淋→3号UF水洗(喷—浸—喷)→4号UF喷淋→洁净DM喷淋→洁净DM水洗(喷—浸—喷)→洁净DM喷淋→沥干转挂→烘干→强冷→电泳漆检

查→钣金修整→电泳漆修整打磨(离线修补)→堵孔(夹具孔、沥水孔)→密封胶(粗密封)→转挂→上遮蔽(总装装配孔)→喷阻尼胶→卸遮蔽→转挂→装隔热垫片→喷门槛胶。

第四节 汽车总装工艺过程

汽车总装配是汽车制造最后的工艺过程。它是把经过检验确认合格的各种零件、部件及总成,按规定的技术文件和质量要求连接组合成整车,并经过严格的检测程序确保整车产品合格的生产工艺过程。随着毛坯加工和零件加工现代化程度的提高,加工成本的降低,装配过程所占劳动量的比重和生产成本的比重越来越大,影响也更加突出,据统计,有的汽车的总装工作量占全部制造工作量的20%~50%。此外,汽车装配是汽车制造过程中的最后一个阶段,也是整个工艺过程的核心。它是对汽车设计和零件加工质量的一次总检验,合适的装配方法,是装配质量的保证,因此,不断改进装配工艺才能有效提高劳动生产率,适应汽车工业的发展。

一、汽车总装技术要求

汽车装配的特点是零件种类多、数量大、作业内容复杂并采用大批量的生产方式,为保证装配质量,对汽车的总装提出以下技术要求。

1. 装配的完整性

装配时,必须按工艺规定将所有零件、部件和总成全部装配上,不得有漏装、少装现象,包括螺钉、垫圈等小零件。

2. 装配的统一性

按照生产计划,对基本车型,按工艺要求装配,不得误装、错装和漏装。装配工艺要统一,即两车间装配的同种车型统一、同一车间装配的同种车型统一、同一工位生产的同样车型统一,不允许有误装或错装现象。

3. 装配的紧固性

按照工艺规定,装配时,螺栓、螺母、螺钉等连接件必须达到规定的力矩要求,并注意紧固顺序,否则,会造成螺栓或螺母松动现象,产生安全隐患。或者紧固力矩过大,造成螺纹变形。

4. 装配的完好性

所装配的零件、部件或总成不得有凹痕、弯曲、变形、机械损伤及生锈现象。

5. 装配的密封性

(1)冷却系统的密封性。各接头不得泄漏冷却液。

(2)燃油系统的密封性。各油管连接和燃油滤清器处不得存在泄漏现象。

(3)油封装配密封性。擦净、涂抹油脂后轻轻装入。

(4)气管装配密封性。要求气管连接处必须均匀涂上一层密封胶,锥管接头要涂在螺纹上,管路连接胶管要涂在管箍接触面上,管路不得变形或凹陷。

6. 装配的润滑性

按工艺要求,润滑部位必须加注定量的润滑油(脂)。如果发动机内的机油过少或漏加,发动机运转时将造成齿轮磨损,甚至拉缸直至整机损坏。加注过多,发动机运转时机油易窜入燃烧室,造成燃烧后产生积炭。

二、汽车总装主要装配工艺

汽车总装配的工艺过程分为装配、调整、路试、装箱、重修和入库等环节,其中装配是对零件的组合过程,并对相应部位加注润滑剂或冷却液;调整是最终保证工艺文件规定的装配后零部件间的间隙等相互位置关系;路试是对调整合格的汽车进行的3~5km的道路行驶试验;重修是对调整和路试中暴露的质量问题进行修复,一般是更换新的零件或部件。

汽车总装的工艺流程示意图如图6-33所示。

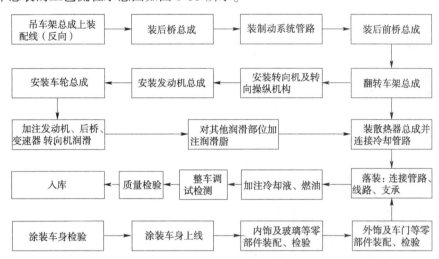

图6-33 汽车总装的工艺流程示意图

在整个流程中,考虑到某些工位的装配内容涉及整车安全性能、排放等法规、标准要求,要在相应的位置设立关键点和质量控制点,对照相关规定进行装配质量的监控。

为满足装配流水线节拍的要求,在主线以外,还要设立多个部件分装点,如发动机总成分装、仪表板分装、风窗玻璃涂胶、油箱总成分装等,分装完毕后,经由悬挂输送装置、人工或机器人搬运送到主线上的相应工位进行安装。

因此,汽车一般是通过总装、分装、整车检测和调整以及试车等流程,其相应的工作线可划分为PBS(Painted Body Stage)、内饰线、底盘线、整车线、分装线和检测线。

1. PBS

PBS(Painted Body Stage)是指经涂装后的车体在转入总装线时要被储存,为了消除涂装时生产顺序的波动,通过其实现按客户需求的总装顺序的管理设备。其主要功能是缓冲涂装与总装的生产平衡,为总装同期生产赢取时间。存储的方式一般是用吊具吊起车体,用空中传送带把吊具运送的车体装载在台车上再通过地面传送带运送的台车方式。

2. 内饰线

从PBS开始,根据工程管理计算机的指示,按照所定的顺序把车体向内饰线搬运。内饰线是指进行车门的装卸、电气配线、发动机舱内零件、内外装零件安装、CDM安装与车窗玻璃安装。

3. 底盘线

车体在内饰线完成安装后,被运送至底盘线,在无承载式车身时,直接在车体上安装机械零件。底盘线的传送带方式一般采用空中传送。

4. 整车线

整车线的传送方式一般是车辆轮胎接地的平板输送。底盘线安装完毕的车辆进入整车线后开始落装驾驶室、连接线路(液、电、气)，并加注制动液、冷却液、制冷剂、燃料等，使之达到能正常行车的状态。

5. 分装线

分装线的零部件很多，包括内饰、底盘、轮胎等，目前采用较多的是模块化装配技术。

6. 检测线

车辆完成组装后，为了保证整车的出厂质量，必须在整车检测线上对车辆的主要性能进行检测，并进行必要的调整。检测线检测的主要项目见表6-2。

整车性能检测项目　　　　　　　表6-2

名　称	检　查　项　目	名　称	检　查　项　目
电装检查设备	电装接线连接、电装式样检测、发动机参数优化	自由转鼓仪	速度计、行走性
		制动检测仪	制动力
前照灯检测器	前照灯光轴	尾气分析仪	CO、HC 浓度
四轮定位检测仪	汽车前束、前轮外倾、转向盘转角	淋雨检测设备	密封性
侧滑检测仪	直线行驶性		

三、主要装配设备和工艺装备

某载货汽车总装车间的平面布置如图6-34所示。汽车总装所用的设备主要包括：装配线用的输送设备、动力总成和车桥等大总成的起重设备、油液加注机、出厂检测设备及各种专用工艺装备等。

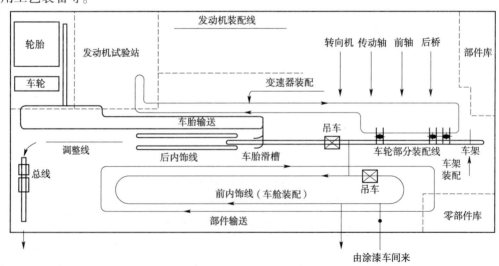

图 6-34　某货车装配车间平面布置

1. 输送设备

输送设备主要用于总装配线、各总成分装线以及大总成的输送，是汽车装配生产过程最重要的设备之一。根据输送车型的可变与否，输送设备分为刚性输送和柔性输送。承载式车身类型汽车的装配通常由车内外饰装配和车下底盘部件装配,其装配线通常由高架空中悬挂式和地面输送式两类输送机组成。各种输送设备的分类和特点如下。

1) 高架空中悬挂式输送机

(1) 普通悬挂输送机。普通悬挂输送机的优点是:结构简单,价格低,可以充分利用空间。易于工艺布置,地面宽敞,动力消耗小。缺点是:用于内饰装配线时的稳定性较差。工件上下需要配置升降设备,不便于多品种空间储存,适合单一品种大量生产,属于刚性输送线,无积放功能。

(2) 积放式悬挂输送机。积放式输送机的优点是:可利用升降机构根据工艺需要来实现输送机线路中某一段承载轨道的上升或下降。利用停止器根据工艺需要来控制载货小车的定点停止,以便在静止状态下进行装配,便于实现装配自动化。载货小车之间具有自动积放功能,便于储存和实现柔性装配。适于高生产率、柔性生产系统的输送设备,集精良的工艺操作、储存为一体,广泛应用于轿车生产线中。缺点是造价昂贵。

(3) 自行葫芦输送机。自行葫芦输送机,也称电动自行小车输送机。它的优点是:可采用集中控制、分散控制或集散控制方式,并实现自动控制。载货小车可以根据工艺需要,按设定的程序在工位上进行自动停止、自动升降、自动行走等各种动作。在需要装配的工位,工人也可手动控制小车上升、下降、前进和后退等工作。在配备道岔的输送线上,小车能够将成品按照工艺要求自动分类、积放和存储,从而实现多种混流生产。自动葫芦输送机是集存储、运输、装卸与操作四大物流环节为一体的柔性生产系统,更适合于有频繁升降要求的工艺操作区域,并且有准确的停止和定位功能。缺点是:造价昂贵,属于间歇流水设备,技术等待时间较长。

2) 地面输送机

(1) 地面板式输送机。地面板式输送机有单板和双板两种,单板一般用于前段车身内饰线,双板用于后段车身内饰线。在双板的中间根据工艺要求可设置地沟,便于车下调整作业。采用板式输送机其操作性好,结构简单,故障率低,便于维修。但是刚性输送,灵活性差,造价高。

(2) 滑撬式输送系统。滑撬式输送系统具有自动实现运输、储存、装配等功能。它是一种机械化程度较高的综合性地面输送系统。优点是:工艺性强、灵活性大、柔性好,易于与其他输送装置相连接,适合于多品种大批量生产。缺点是:占地面积大,造价昂贵。

(3) 单链牵引地面轨道小车式输送机。单链牵引地面轨道小车式输送机的优点是:结构简单、建设速度快、造价较低,便于布置改变小车支撑位置,适合于多品种生产。缺点:是刚性输送。

国内主要轿车生产线装配形式见表6-3。

国内几大主要轿车生产线装配形式 表6-3

序号	生产厂	生产类型	装配线形式
1	上海大众汽车有限公司	桑塔纳轿车	滑撬+普通悬挂运输机+地面双板式输送机
2	一汽大众汽车有限公司	捷达、高尔夫轿车	积放式悬挂输送机+地面双板式输送机
3	天津汽车工业总公司	夏利轿车	地面反向积放输送机+积放式悬挂输送机+地面双板式输送机
4	神龙汽车有限公司	富康轿车	滑撬+积放式悬挂输送机+地面双板式输送机
5	北京吉普汽车有限公司	切诺基	积放式悬挂输送机+地面双板式输送机

2. 起重设备

汽车装配车间所采用的起重设备主要有电动单梁悬挂起重机、单轨电动葫芦、气动葫芦和立柱式悬臂吊车等。

装配厂房内的运输通常采用电动叉车、手动托盘搬运车和电动托盘搬运车等。而装配厂房外的运输通常采用内燃机叉车。发动机、变速器、车桥等大总成或零部件从发动机厂运至装配工位,一般采用积放式悬挂输送机运输和自行葫芦输送机运输。

3. 油液加注设备

汽车油液的加注包括冷却液、机油、齿轮油、燃油、制冷剂和动力转向液等。汽车装配厂加注油液通常采用定量加注设备。

4. 出厂检测设备

汽车出厂检测线一般由侧滑试验台、转向试验台、前照灯检测仪、制动试验台、车速表试验台、尾气分析仪和底盘检查等设备组成。对于独立悬架的车辆,还应配置车轮定位仪。完成出厂试验后车辆进入淋雨试验,进行汽车密封性能检测。通常在检测线边设置返修区,对于某个项目检验不合格的车辆进行返修并返回检测线进行复检,直至合格。

5. 汽车装配厂专用设备

汽车装配厂的专用设备包括大量使用的助力机械手、打号机、螺栓紧固设备、自动涂胶机、底盘翻转机构、AGV 小车等。

本 章 小 结

1. 汽车冲压钢板的种类及特性,汽车覆盖件、拉深件的设计方法以及冲压工艺和质量控制方法。

2. 焊接方法的类型及焊装生产线,车身焊装工艺及焊装设备。

3. 汽车涂装的类型和应用特点,常见的涂装方法、工序的划分和作业内容,涂装工艺及质量保证措施。

4. 汽车总装的工序及装配车间的平面布置方法,装配生产线的类型及应用,学会车辆检测及质量保证要点。

复习思考题

1. 解释下列名词术语。
   冲裁、拉深、翻边、涂装、底漆、面漆、汽车总装配。
2. 试述汽车车身覆盖件冲压成形特点。
3. 车身覆盖件冲压钢板的分类有哪些?
4. 汽车冲压工艺方法有哪些?
5. 汽车制造采用的焊接方法有哪些?

6. 电阻焊中的各种焊接方法各有什么特点?
7. 试述汽车涂装的目的和涂装前表面预处理的意义。
8. 车身涂装工艺体系有哪几种?各涂层的特征和作用是什么?
9. 汽车漆的主要类型有哪些?
10. 涂装质量的要求是什么?
11. 汽车检测的内容有哪些?

第七章　汽车典型零件加工工艺

 教学目标

1. 了解曲轴的主要技术要求及结构特点。
2. 掌握曲轴的机械加工工艺。
3. 了解齿轮的结构特点及结构工艺性分析。
4. 掌握齿轮的机械加工工艺。
5. 了解箱体零件的结构特点及结构工艺性分析。
6. 掌握箱体零件的机械加工工艺。

 教学要点

知识要点	掌握程度	相关知识
曲轴的主要技术要求及结构特点	了解曲轴的主要技术要求及结构特点	曲轴的结构特点、曲轴的工艺性分析
曲轴的机械加工工艺	掌握曲轴的机械加工工艺	曲轴的主要技术要求、曲轴的材料和毛坯、曲轴机械加工的定位基准、曲轴主要加工表面的工序安排
齿轮的结构特点及结构工艺性分析	了解齿轮的结构特点及结构工艺性分析	齿轮的结构特点、齿轮的工艺性分析
齿轮的机械加工工艺	掌握齿轮的机械加工工艺	齿轮的主要技术要求、齿轮的材料和毛坯、齿轮机械加工的定位基准、齿轮主要加工表面的工序安排
箱体零件的结构特点及结构工艺性分析	了解箱体零件的结构特点及结构工艺性分析	箱体零件主要孔的基本形式及其工艺性、箱体上同轴线各孔的工艺性
箱体零件的机械加工工艺	掌握箱体零件的机械加工工艺	箱体零件的主要技术要求、箱体零件的材料和毛坯、箱体零件机械加工的定位基准

第一节 曲轴零件制造工艺

一、曲轴的结构特点及工艺性分析

曲轴是发动机最重要的五大件之一,它位于发动机的曲轴箱内,通过瓦盖紧固在汽缸体曲轴承孔上,瓦盖用螺栓紧固在汽缸体瓦盖结合面上。曲轴在发动机内是一个高速旋转的长轴,它将活塞的直线往复运动变为旋转运动,进而通过飞轮把转矩输送给底盘的传动系统,同时还驱动配气机构和其他辅助装置等(如风扇、水泵、发电机、机油泵)。曲轴工作时,会承受气体压力、惯性力及惯性力矩的作用,受力大而且受力复杂,并承受交变负荷的冲击作用;其次,由于连杆传来的力是周期性变化的,在某些瞬时还是冲击性的;上述这些周期作用的力,还将引起曲轴的扭转振动而产生附加应力;曲轴的转速很高,它与轴承之间的相对滑动速度很大;因此,曲轴受力条件相当复杂,除了旋转质量的离心力外,还承受周期性变化的气体压力和往复惯性力的共同作用,使曲轴承受弯曲与扭转载荷。为保证工作可靠,曲轴必须要有足够的强度和刚度,各工作表面要耐磨,而且润滑良好。为了提高疲劳强度,还经过特殊的处理,例如:淬火、滚压强化等独特的工艺措施。

图 7-1 所示为 CA6102 发动机曲轴,其主要由主轴颈、连杆轴颈、油封轴颈、齿轮轴颈、带轮轴颈和曲柄臂等组成。一个主轴颈、一个连杆轴颈和一个曲柄组成了一个曲拐,曲轴的曲拐数目等于汽缸数(直列式发动机);V 型发动机曲轴的曲拐数等于汽缸数的一半。主轴颈是曲轴的支承部分,通过主轴承支承在曲轴箱的主轴承座中。主轴承的数目不仅与发动机汽缸数目有关,还取决于曲轴的支承方式。连杆轴颈是曲轴与连杆的连接部分,在连接处用圆弧过渡,以减少应力集中。曲柄是主轴颈和连杆轴颈的连接部分,断面为椭圆形,为了平衡惯性力,曲柄处铸有(或紧固有)平衡重块。平衡重块用来平衡发动机不平衡的离心力矩,有时还用来平衡一部分往复惯性力,从而使曲轴旋转平稳。曲轴前端装有齿轮、驱动风扇和水泵的带轮以及启动爪等。为了防止机油沿曲轴轴颈外漏,在曲轴前端装有一个甩油盘,在齿轮室盖上装有油封。曲轴的后端用来安装飞轮,在后轴颈与飞轮凸缘之间制成挡油凸缘与回油螺纹,以阻止机油向后窜漏。

如图 7-1 所示,CA6102 发动机曲轴的主要加工表面及技术要求如下。

(1)主轴颈。曲轴共有 7 个主轴颈,它们是曲轴的支点。为了最大限度地增加曲轴的刚度,通常将主轴颈设计得粗一些,尽管这会增加质量,但是它可以大大提高曲轴的刚度,增加重叠度,减轻扭振的危害。主轴颈为 $\phi 75h6 Ra 0.32\mu m$,圆柱度公差为 $0.005mm$。第一轴颈长 $43.7^{+0.10}_{+0.05}mm$,第四轴颈宽 $70^{+0.37}_{0}mm$,第七轴颈宽 $(59.7\pm0.23)mm$,第二、三、五、六轴颈宽 $38^{+0.31}_{0}mm$,以第一、七主轴颈为基准。第四主轴颈的径向圆跳动公差为 $0.05mm$。

(2)连杆轴颈。曲轴共有 6 个连杆轴颈,它与连杆总成大头相连接。轴颈为 $\phi 62h6 Ra 0.32\mu m$,圆柱度公差为 $0.005mm$,轴颈宽 $38H10mm$,其与主轴颈的重叠度为 $11.35mm$。

(3)油封轴颈。油封轴颈为 $\phi 100h7mm$。

(4)曲柄臂。曲柄臂用于连接主轴颈和连杆轴颈,共有 12 个,它呈长圆形,是曲轴的薄弱环节,容易产生扭断和疲劳破坏。曲柄半径为 $R(57.15 \pm 0.07)$ mm。

(5) 各连杆轴颈轴心线的相位差在 $\pm 30'$ 之内。

(6) 曲轴必须经过动平衡,精度为 $54\text{g} \cdot \text{cm}$。

(7) 主轴颈、连杆轴颈要进行表面淬火,淬硬深度为 $2 \sim 4$ mm,硬度为 $55 \sim 53$ HRC。油封轴颈(即安装飞轮轴颈)也要进行表面淬火,淬硬深度不小于 1 mm,硬度为 $54 \sim 63$ HRC。

(8) 曲轴还要进行探伤检查。要求曲轴的加工表面不允许出现"发裂"。

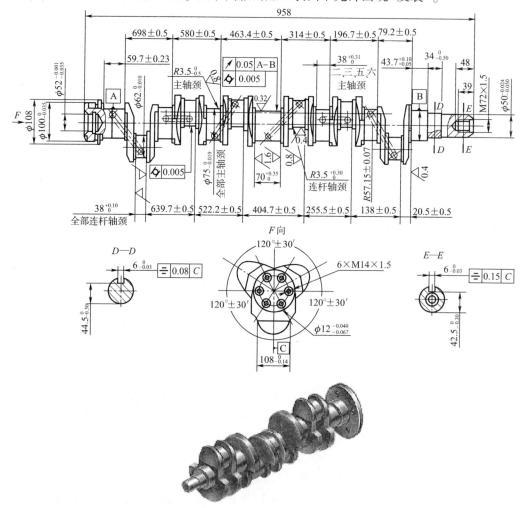

图 7-1　CA6102 发动机曲轴零件图

曲轴的主要失效形式是疲劳断裂和轴颈严重磨损,其中弯曲疲劳断裂约占 80%,对曲轴的材料要求为:优良的综合力学性能;高的抗疲劳能力,防止疲劳断裂;良好的耐磨性。根据发动机的工作状况,曲轴常用材料有:球墨铸铁、调质钢、非调质钢。

对于汽油机曲轴,由于功率较小,曲轴毛坯一般采用球墨铸铁铸造而成,常用材料有:QT600-2、QT700-2、QT800-2、QT900-6、QT800-6 等温淬火球铁(ADI 球铁)等。柴油机曲轴毛坯一般采用调质钢或非调质钢,调质钢常用材料有:45、40Cr 或 42CrMo;非调质钢常用材料有 48MnV、C38N2、38MnS6。

近年来,随着汽车排放要求的升级和超载的限制,以及降低制造成本的需要,对车用柴油机而言,一方面非增压柴油机逐步减少,增压中冷柴油机逐步增多,且多数在原机型上改进提高功率,但曲轴结构并无大的改进,另一方面又要求降低制造成本。

CA6102发动机曲轴采用45钢模锻方式制造,它具有较高的刚度、强度和良好的耐磨性。图7-2所示为其毛坯图。

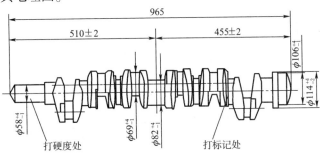

图7-2　CA6102发动机曲轴零件毛坯图

二、曲轴的机械加工工艺

曲轴的加工方法仍有一般轴的加工规律,如铣两端面,钻中心孔,车、磨及抛光,但是曲轴也是有它的特点,它由主轴颈、连杆轴颈与连杆轴颈之间的连接板组成,其结构细长、曲拐多、刚度差,因而安排曲轴加工工艺应采取相应的工艺措施。

在曲轴的机械加工中,采用新技术和提高自动化程度都不断取得进展。目前,国内较陈旧的曲轴生产线多数由普通机床和专用机床组成,生产效率和自动化程度相对较低。粗加工设备一般采用多刀车床车削曲轴主轴颈及连杆轴颈,工序质量稳定性差,容易产生较大的加工应力,难以达到合理的加工余量。精加工普遍采用MQ8260等普通曲轴磨床进行粗磨、半精磨、精磨、抛光,通常靠人工操作,加工质量不稳,尺寸一致性差。现在加工曲轴粗加工比较流行的工艺是:主轴颈采用车拉工艺和高速外铣,连杆颈采用高速外铣,而且倾向于高速随动外铣,全部采用干式切削。在对连杆颈进行随动磨削时,曲轴以主轴颈为轴线进行旋转,并在一次装夹下磨削所有连杆颈。在磨削过程中,磨头实现往复摆动进给,跟踪着偏心回转的连杆颈进行磨削加工。

当然,目前国际上还有更加先进的曲轴加工工艺和机床设备,只钻一对质量中心孔,如选用日本的Mazak五轴联动的数控机床进行一系列的加工。类似这样的新技术,目前国内汽车发动机曲轴的加工还处于研究阶段,从经济效益和加工难度上考虑这是显而易见的。但是对于新技术、新工艺的追求是不会止步的。

1. 定位基准的选择

根据设计基准选择加工基准,直列式采用全支承结构,加工的径向基准选择两端的主轴颈;曲轴为了防止轴向力作用而发生轴向窜动,采用止推结构。作为精基准(也为设计基准)的中心孔应先加工,粗基准为第一、七主轴颈外表面,并以第四主轴颈两侧曲柄臂斜面作为轴向定位粗基准。

2. 曲轴的机械加工工艺过程

曲轴的机械加工工艺过程在很大程度上取决于生产批量、加工要求、毛坯种类和热处理安排等。典型加工顺序为:铣两端面→钻中心孔→粗车→精车→铣削→热处理→磨削加工等。

曲轴机械加工过程大致可分为以下几个阶段:

(1)加工定位基面→粗、精车主轴颈→中间检查。

(2)粗磨主轴颈→铣定位面→车连杆轴颈→加工定位销孔、油道孔等次要表面→中间检查。

(3)中频淬火→半精磨主轴颈→中间检查。

(4)精磨连杆轴颈→中间检查。

(5)精磨主轴颈→铣键槽→中间检查。

(6)两端孔加工、动平衡→超精加工主轴颈及连杆轴颈→最终检查。

CA6102 发动机曲轴的主要加工工序见表 7-1。

CA6102 发动机曲轴的主要加工工序　　　　表 7-1

工序号	工序内容	工序设备
01	铣端面,钻中心孔	铣钻组合机床
02	粗车第四主轴颈	曲轴主轴颈车床
03	校直第四主轴颈摆差	油压机
04	粗磨第四主轴颈	双砂轮架外圆磨床
05	车削第四主轴颈以外所有的主轴颈	曲轴主轴颈车床
06	校直主轴颈摆差	油压机
07	粗车第一主轴颈与齿轮轴颈	双砂轮架外圆磨床
08	精车第二、三、五、六、七主轴颈、油封轴颈和凸缘	曲轴车床
09	粗车第七主轴颈	双砂轮架外圆磨床
10	粗磨第二、三、五、六主轴颈	双砂轮架外圆磨床
11	在第一、第十二曲柄上铣定位面	曲轴定位面铣床
12	车六个连杆轴颈	曲轴连杆轴颈车床
13	清洗	清洗机
14	在连杆轴颈上球窝	球形钻床
15	在第一、第六连杆颈上钻油孔	深孔组合钻床
16	在第二、第五连杆颈上钻油孔	深孔组合钻床
17	在第二、第四连杆颈上钻油孔	深孔组合钻床
18	在主轴颈上油孔处倒角	交流两相电钻
19	去毛刺	风动砂轮机
20	高频感应加热淬火部分轴颈表面	曲轴高频感应加热淬火机
21	高频感应加热淬火另一部分轴颈表面	曲轴高频感应加热淬火机
22	校直曲轴	油压机
23	精磨第四主轴颈	双砂轮架外圆磨床
24	精磨第七主轴颈	双砂轮架外圆磨床
25	车回油螺纹	曲轴回油螺纹车床

续上表

工序号	工序内容	工序设备
26	精磨第一主轴颈与齿轮轴颈	双砂轮架外圆磨床
27	精磨带轮轴颈	双砂轮架外圆磨床
28	精磨油封轴颈与凸缘外圈	双砂轮架外圆磨床
29	精磨第二、三、五、六主轴颈	双砂轮架外圆磨床
30	精磨六个连杆轴颈	曲轴磨床
31	精磨六个连杆轴颈	曲轴磨床
32	在带轮轴颈上铣键槽	键槽铣床
33	加工两端面孔	两端孔组合机床
34	检查曲轴不平衡量	曲轴动平衡自动线
35	在连杆轴颈上钻去重孔	特种去重钻床
36	去毛刺	风动砂轮机
37	校直曲轴	油压机
38	加工轴承孔	油压机
39	精车凸缘断面	端面车床
40	去毛刺	风动砂轮机
41	粗抛光主轴颈与连杆轴颈	曲轴油石抛光机
42	精抛光主轴颈与连杆轴颈	曲轴砂轮抛光机
43	清洗	清洗机
44	最后检查	

三、曲轴主要加工工序分析

1. 铣曲轴两端面,钻中心孔

本工序在钻铣车组合车床上完成,主要保证曲轴总长及中心孔的质量,若端面不平则中心钻上的两切削刃的受力不均,钻头可能引偏而折断,因此采用先面后孔的原则。中心孔除影响曲轴质量分布外,它还是曲轴加工的重要基准贯穿整个曲轴加工始终。因而直接影响曲轴加工精度。打中心孔在本次工艺设计中因考虑设备因素,采用找出曲轴的几何中心代替质量中心。打中心孔以毛坯的外表面作为基准,因而毛坯外表面质量好坏直接影响孔的位置误差。

2. 曲轴主轴颈的车削

由于曲轴年产量不大,主轴颈加工采用车削,在刚度较强的卧式车床上进行,曲轴一端用大卡盘夹住,而另一端用顶尖顶住,用硬质合金车刀车削的几道工序完成主轴颈的车削。由于加工余量大且不均匀,旋转不平衡,加工时产生冲击,因此工件要夹牢固。车床、刀具、夹具要有足够的刚度。主轴颈车削顺序是先精车一端主轴颈及轴肩,然后以车好的主轴颈定位。另一侧用顶尖以中心孔定位。车另一端主轴颈、轴肩及各个轴颈,半精车及精车都按此顺序进行,逐渐提高主轴颈及其他轴颈的加工精度。

3. 曲轴连杆轴颈的车削

主轴颈及其他外圆车好后，以主轴颈作为加工连杆轴颈的基准，采用专用的车夹具、车削连杆轴颈，车削同样在卧式车床上进行。车削连杆轴颈需要解决的是角度定位（两连杆轴颈轴线需要控制在180°+30°或180°-30°）以及曲轴旋转的不平衡问题。这些都由专用夹具来保证，夹具体为一对用以定位的V形块组成，装在接盘上。接盘与车床过渡接盘靠中间的定位销定位并连接，接盘在过渡接盘上靠棱形定位销可转180°，依次车削两个连杆轴颈。V形块中心与车床主轴线距离一个曲轴半径。车削过程中，一端与曲轴主轴颈定位并夹紧，另一端靠偏中心座夹紧，中心座上钻有中心孔，中心孔偏心距同样为一个曲轴半径。用顶尖顶紧中心孔，这样就能保证连杆轴颈轴线与车床主轴线一致。安装夹具体的接盘上有平衡块，消除曲轴旋转时不平衡力矩的产生。曲轴加工时由于受到离心力和两顶尖的轴向压紧偏心力的作用，容易发生弯曲变形，为了加强工件刚度，用撑杆来撑住另一个曲拐的开移。车削连杆轴颈时为了使切削力不致太大，每次车削余量控制在1~1.5mm，同时车床转速不能太高，刀具采用高速钢。

4. 键槽加工

这个键槽主要用于飞轮，加工此键槽应安排在主轴颈精车工序之后，这样能保证定位精度及控制键槽的深度以及对称度。键槽加工是以两主轴颈定位，同样用专用夹具在普通铣床上进行。

5. 轴颈的磨削

由于主轴颈及连杆轴颈精度较高，尺寸精度为IT6级，表面粗糙度 Ra 为 $1.6~0.8\mu m$，并且具有较高的形状精度及位置精度。因此主轴颈与连杆轴颈精车后要进行磨削，以提高精度和表面粗糙度。在工艺设计中，首先磨主轴颈然后磨连杆轴颈。中间主轴颈磨好后才能磨其余轴颈，磨主轴颈和连杆轴颈的安装方法基本上与车轴颈相同，磨主轴颈是以中心孔定位，在外圆磨床上进行，磨连杆轴颈则以经过精磨的两端主轴颈定位，以保证与主轴颈的轴线距离及平行度要求，磨连杆轴颈是在曲轴磨床上进行的。由于轴颈宽度不大，采用横向进给磨削法，生产效率较高，磨轮的外形需仔细地修整，因为直接影响轴颈与圆角的形状，磨削余量根据车削后的精度而定，粗磨余量值每边0.2~0.3mm，精磨余量控制在0.1~0.15mm。在横向进给磨削中，磨轮对工件的压力很大，为避免曲轴弯曲，采用可以调节的中心架，否则就不能去掉上道工序留下的弯曲度，最好待这个轴颈的摆差减小才开始使用中心架。磨削主轴颈时应把两顶尖孔倒角处擦抹干净，去掉砂粒及油泥，确保加工基准——中心孔的精度，磨削工序之前必须修研中心孔。

四、大量生产时曲轴机械加工的典型工艺过程

当今的汽车发动机曲轴制造业面临的却是以下几个问题：多品种、小批量生产；交货期大大缩短；降低生产成本；难切削材料的出现使加工难度明显增加，加工中提出了许多需要解决的课题，如硬切削；为保护环境，要求少用或不用切削液，即实现干式切削或准干式切削。基于以上情况，进入21世纪以来，高速、高精、高效的复合加工技术及装备在汽车曲轴制造业中得到了迅速的应用，生产效率得到了很大提高，因此发动机曲轴生产线中生产设备数量得以减少。曲轴车—车拉加工工艺是目前国际上曲轴粗加工中流行的加工工艺之一。20世纪90年

代中期出现的新型 CNC 高速曲轴外铣机床使曲轴粗加工工艺又上了一个新台阶。

1. 曲轴车—车拉

车—车拉是车削与车拉的组合,车削和车拉刀具径向安装在一个圆形刀盘上,切削加工旋转着的曲轴的主轴颈或连杆颈。这种方法适用于大多数类型的曲轴。车削工序主要是粗加工,此时刀盘不旋转且切削刃处于工件的中心线;而车拉刀具进行精加工切削,刀盘通过对旋转曲轴的主轴颈或连杆颈表面进行缓慢旋转的切向移动进行加工。该方法的优点是在刀盘上可以大量安装使用姊妹刀具以平衡刀具寿命和延长换刀时间。

2. 曲轴车削

曲轴车削是一种主要用于加工曲轴主轴颈的方法,具有相当的柔性。在有些情况下或有些地方,它还用于连杆颈的加工。如果用于加工连杆颈,质量不平衡以及偏离中心的夹持位置需要带平衡配重的专用夹具。车削加工通常是在曲轴加工专机以及配备专用刀塔的标准车床上进行的。由于刀具悬伸较大和容易出现振动,因此对刀具的要求非常高。

3. 曲轴车拉

只有少数机床在有限范围内使用。这是一种拉削工艺,既可以通过直线车拉方法,以对旋转曲轴成切线进给的方式进行常规直线拉削,也可以采用随后发展的圆形或螺旋形拉刀进行旋转拉削。尽管该方法非常高效,但因其缺乏柔性,所以至今未能推广。

4. 曲轴的内铣

内铣也称回旋铣或行星铣,它可以在较长的切削时间里进行重型铣削。曲轴穿过旋转着的铣刀。可转位刀片排列在铣刀内圆面上,可对曲轴的主轴颈、连杆颈和扇形块侧面进行加工。它是一种很稳定的加工方法,主要用于大型曲轴,或者在毛坯余量很大时使用。

5. 曲轴的外铣

外铣主要用于大批量加工中、小型汽车曲轴。它可以看成是用一种高速旋转的密齿三面刃铣刀,在曲轴以缓慢旋转作进给运动的方式下对工件表面进行加工。该方法的特点是金属去除率高,切削定位迅速。一般而言,一个直径为 700mm 的外铣刀最多可安装 350 片刀片。可加工曲轴的主轴颈、连杆颈和扇形块侧面和外圆面。该方法工序时间短、换刀调刀非常快捷。

在进行大量的工艺分析之后,制定出大批大量生产曲轴的加工工艺路线:锻造→热处理→铣两端面→车两端工艺搭子外圆→钻主轴颈中心孔→钻连杆轴颈中心孔→检验→粗车三个连杆轴颈→精车三个连杆轴颈→车工艺搭子两端面→粗车各处外圆→精车各处外圆→检验→磨削连杆轴颈外圆→磨削两主轴颈→磨削外圆→检验→车掉两端工艺搭子→车两端面→铣键槽→倒角→去毛刺→最后检验。

第二节　齿轮零件制造工艺

一、齿轮的结构特点及工艺性分析

1. 齿轮的结构特点

汽车齿轮按照其结构特点可分为五类,如图 7-3 所示。

(1) Ⅰ类:单联齿轮(图 7-3a),孔的长径比 $L/D > 1$。

(2) Ⅱ类:多联齿轮(图7-3b),孔的长径比 $L/D > 1$。

(3) Ⅲ类:盘形齿轮(图7-3c),孔的长径比 $L/D < 1$。

(4) Ⅳ类:齿圈(图7-3d),没有轮毂,孔的长径比 $L/D < 1$。

(5) Ⅴ类:轴齿轮(图7-3e),轴齿轮上具有一个或一个以上的齿轮。

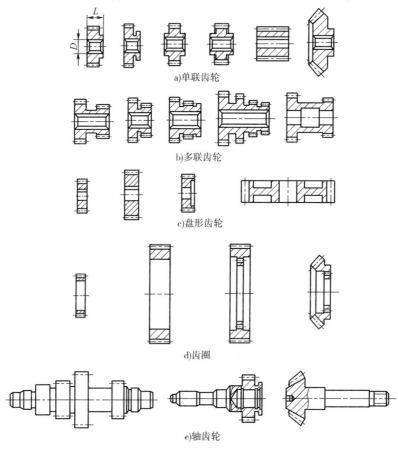

图7-3　汽车齿轮的结构类型

2. 齿轮结构工艺性分析

齿轮的结构工艺性与齿轮齿面的加工方法有很大的关系。对齿轮机械加工工艺性的分析,除适用对结构工艺性的一般分析方法之外,采用传统的加工方法时,还应考虑以下几方面:

(1) 用滚刀加工双联齿轮的小齿轮时,大、小齿轮之间的距离 B 要足够大,以免加工时滚刀碰到大齿轮的端面。如图7-4所示,B 的大小和滚刀直径 D_0、滚刀切削部分长度及滚刀的安装角等有关。

(2) 当齿轮较宽时,盘形齿轮的端面形状常制成凹槽的形状(图7-5a),以减轻质量和减少机械加工量。但当齿轮尺寸较小和齿轮强度不足时,可采取用图7-5b)所示的结构。

(3) 在滚齿机上加工盘形齿轮时,为了提高生产效率,常采用多件顺序加工(图7-6)。这时如果采用图7-6a)所示的结构,不仅滚齿的生产效率提高了,也增强了工件在机床上的安装刚度。而图7-6b)所示齿轮结构在加工时工件支撑刚度差,并增加了滚刀的行程长度,影响生产效率的提高。

(4)汽车主减速器轴齿轮(主动锥齿轮)的结构,有悬臂式和骑马式两种。悬臂式轴锥齿轮的两个支承轴颈位于齿轮的同一侧(参看图7-9),骑马式轴锥齿轮的两个支承轴颈位于齿轮的两侧(图7-7)。设计骑马式轴锥齿轮时,应注意铣齿时切齿铣刀不应与小头一侧轴颈发生干涉。若如图7-7所示,铣刀将切去部分轴颈。

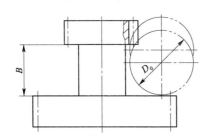

图7-4 用滚刀加工双联齿轮小齿轮时两轮之间应有足够距离

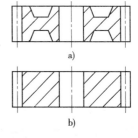

图7-5 盘形齿轮的断面形式

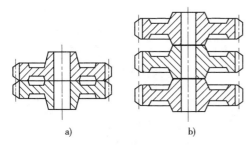

图7-6 改变齿轮结构形式来提高加工时的支承刚度和生产效率

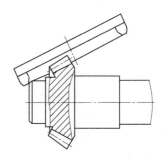

图7-7 骑马式轴锥齿轮结构工艺性不好的情况

二、齿轮的机械加工工艺

1. 齿轮的主要技术要求

为了保证齿轮正常工作和便与加工,齿轮主要表面的尺寸公差、位置公差和表面粗糙度均须达到一定标准(GB/T 10095.1—2001、GB/T 10095.2—2001等标准)。归纳起来,汽车传动齿轮的主要技术要求如下:

(1)齿轮精度和表面粗糙度。轿车、微型客货车变速器齿轮精度为6~8级,表面粗糙度Ra为1.6μm;重型和中型货车及越野车变速器、分动器、取力器齿轮精度为7~9级,表面粗糙度Ra为3.2μm。

(2)齿轮孔或轴齿轮的轴颈尺寸公差和表面粗糙度。齿轮孔或轴齿轮的轴颈是加工、测量和装配时的基面,它们对齿轮的加工精度有很大影响,所以要有较高的加工精度和较小的表面粗糙度值。对于6级精度的齿轮,它的内孔尺寸公差为IT6,轴颈尺寸公差为IT5;对于7级精度的齿轮,内孔尺寸公差为IT7,轴颈尺寸公差为IT6;对基准孔或轴颈的尺寸公差和形状公差应遵守包容原则。表面粗糙度Ra为0.40~0.80μm。

(3)端面圆跳动。带孔齿轮齿坯轮毂端面是切齿时的定位基准,端面对内孔的跳动量对齿轮的加工精度有很大影响。因此,对端面圆跳动量规定了较小的公差值。端面圆跳动量的公差视不同的齿轮精度和分度圆的直径而异,对于6~7级精度的汽车齿轮规定为0.011~

0.022mm。基准端面的表面粗糙度 Ra 为 0.40~0.80μm；非定位和非工作端面的表面粗糙度 Ra 为 6.3~25μm。

（4）齿轮齿顶圆公差。当齿轮齿顶圆作为加工、测量的基准时，其尺寸公差要求较严，一般为 IT8。此外，还应规定齿顶圆对孔或轴颈轴线的径向圆跳动公差。当它不作为加工、测量的基准时，其尺寸公差一般为 IT11，但不超过 $0.1m_n$（m_n 为法向模数）。

（5）齿轮的热处理要求。对常用的低碳合金钢材料的汽车齿轮，其热处理要求主要是渗碳淬火的有效硬化层深度、硬度和金相组织。渗碳层深度一般取决于不同车型的齿轮材料、齿轮模数和工艺规范等。如 20CrMnTi 材料的轻型车齿轮（模数 m_n > 3~5mm 的中等模数），渗碳层深度一般为 0.8~1.3mm，齿面淬火硬度为 58~63HRC，心部硬度为 32~48HRC。对中碳钢或中碳合金钢齿轮经表面淬火后，齿面硬度不低于 53HRC。

图 7-8 所示为汽车同步器变速器第四速齿轮的零件简图，图 7-9 所示为汽车主减速器主动锥齿轮零件简图。

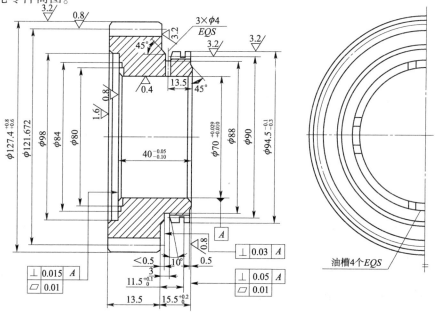

图 7-8　汽车同步器变速器第四速齿轮

2. 齿轮的材料和毛坯

汽车齿轮的材料对其机械加工性能和使用寿命都有直接的影响。汽车用齿轮一般转速较高，齿轮的工作状况也很复杂，这就要求齿轮轮齿表面具有较高的硬度以提高耐磨性，心部具有良好的韧性以承受冲击载荷；又由于承受交变载荷而要求轮齿具有较高的疲劳强度。汽车传力齿轮常用的材料多为低碳合金钢，少量使用低合金中碳钢，如 20CrMnTi、20Cr、20CrMn、20CrMo、20MnVB、20CrNiMo、20CrNi2、40Cr、40MnB 等，非传力齿轮可用不淬火碳钢、铸铁、夹布胶木、尼龙、工程塑料等材料制造。

汽车传力齿轮的毛坯一般均采用模锻件。当孔径大于 25mm、长度不大于孔径的两倍时，内孔一般直接锻出（在卧式锻造机上，还可以锻出孔的长径比大于 5 的深孔）。图 7-10 所示为汽车变速器齿轮的毛坯锻件图。钢材经模锻后，内部纤维对称于轴线，可提高材料的强度（图 7-11）。

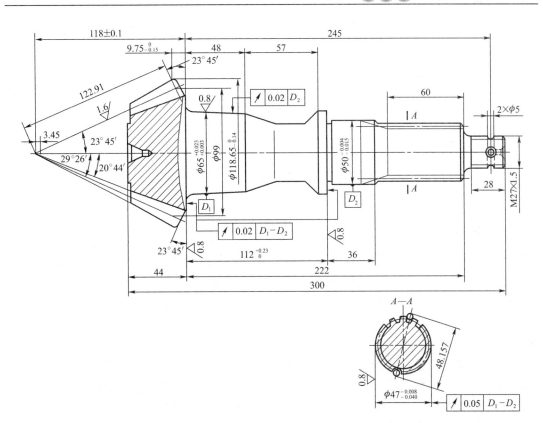

图 7-9 汽车主减速器主动锥齿轮

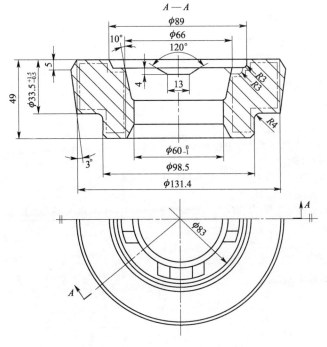

图 7-10 汽车变速器齿轮毛坯锻件图

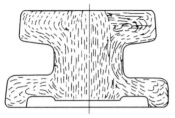

图 7-11 模锻齿轮毛坯材料纤维的排列

为了减少被加工齿轮在渗碳和淬火时的变形,要求毛坯的金相组织和晶粒大小应该均匀。所以,锻件毛坯一定要经初步热处理(正火或等温退火),例如对于 20CrMnTi 材料的齿轮,多采用正火处理,以消除锻件的内应力和提高材料的切削加工性。

为了减少机械加工量,对于小尺寸、形状复杂的齿轮可用精密铸造、压力铸造、精密锻造、粉末冶金锻造、塑性成形(热轧、冷轧)等工艺制造出具有轮齿的齿坯。对于精度要求低的齿轮,齿轮精密锻造成形后齿面不需机械加工,只是内孔和端面留有适当的加工余量。该方法不仅提高生产效率、降低了生产成本,也节约了材料。

粉末冶金锻造齿轮属于少、无切屑加工工艺。采用粉末冶金锻造生产行星齿轮的毛坯,只要模具有足够的尺寸精度(不低于 IT11 级),除了钻油孔、精磨内孔和球形端面之外,轮齿齿面不需要加工就能满足齿轮精度和表面粗糙度的要求。

3. 汽车齿轮机械加工的工艺过程

影响齿轮加工工艺过程的因素很多,其中主要有生产类型、齿轮的精度要求、齿轮的结构形式,齿轮尺寸的大小、齿轮的材质和现有的设备情况等。

齿轮机械加工工艺过程,不同制造企业虽各不相同,但不论产量大小,归纳起来主要由以下几部分组成:定位基面(齿轮内孔及端面或轴齿轮端面及中心孔)的加工;外表面及其他表面的加工;齿轮齿面的粗、精加工;热处理;修复定位基面及精加工装配基准(内孔及端面、轴颈、花键等);齿轮齿面进行热处理后的精加工。主要工序后,对工件进行清洗、中间检验及最终检验。

在大批大量生产条件下生产图 7-8 所示汽车同步器变速器第四速齿轮,基本上分为粗加工和精加工两个阶段。其主要工艺过程见表 7-2。

大批大量生产汽车同步器变速器第四速齿轮的工艺过程　　　　表 7-2

工序号	工序内容	设备	工序号	工序内容	设备
1	(1)粗车小端外圆、端面; (2)粗车内孔、倒角	数控车床	6	滚齿	滚齿机
			7	齿端倒角	齿轮倒角机
2	(1)粗车大端外圆、端面; (2)粗车止口; (3)半精车内孔、倒角	数控车床	8	加工小端接合齿	高速插齿机
			9	钻 $3 \times \phi 4$ 油孔	立式钻床
			10	清洗	喷淋式清洗机
3	(1)精车小端外圆、端面; (2)车端面空刀槽; (3)车锁环槽; (4)倒角	数控车床	11J	热处理前检查	
			12	热处理(渗碳淬火)	
			13	磨内孔及大端端面	内圆磨床
			14	磨小端端面	卧轴圆台平面磨床
4	(1)精车大端外圆、端面; (2)精车止口; (3)精车内孔; (4)车止口环槽、倒角	数控车床	15	磨齿	蜗杆砂轮磨齿机
			16	清洗	通过式清洗机
			17	对齿面强力喷丸	强力喷丸机
			18	磷化处理	磷化机
5J	中间检查		19J	最终检查	

在大批大量生产条件下加工图7-9所示汽车主减速器主动锥齿轮的主要工艺过程见表7-3。

大批大量生产汽车主减速器主动锥齿轮的工艺过程　　　　表7-3

工序号	工序内容	设备	工序号	工序内容	设备
1	铣两端面、钻两端中心孔	铣端面钻中心孔机床	7J	中间检查	
			8	粗切轮齿齿面	弧齿锥齿轮铣齿机
2	车轴颈外圆、背锥及端面	液压仿形车床(或数控车床)	9	精切轮齿凸齿面	弧齿锥齿轮铣齿机
			10	精切轮齿凹齿面	弧齿锥齿轮铣齿机
3	车锥面及端面	液压仿形车床(或数控车床)	11J	中间检查	锥齿轮滚动检验机
			12	热处理(渗碳淬火)及校正	
4	铣渐开线花键	花键铣床			
5	精磨轴颈外圆及端面	端面外圆磨床	13	精磨轴颈及端面	端面外圆磨床
6	加工螺纹	套丝机	14J	最终检查	

三、齿轮主要表面的机械加工

1. 齿坯加工

带孔圆柱齿轮的齿坯加工,可在单轴、双轴或多轴数控机床上进行。双轴或多轴数控车床效率高,一般几个工作轴就相当于几台单轴半自动车床,每一轴都可实现多刀切削。

轴齿轮的齿坯是阶梯轴,因此其齿坯加工方法也近似于阶梯轴加工。

轴齿轮的定位基准是两端中心孔。钻中心孔前一般先加工轴的两端面,以防止因锻件的端面不平整使中心孔钻偏或折断中心孔钻头。

加工轴的端面和中心孔的方法,因生产类型和工厂的具体条件而异。小批或中批生产可先车端面或铣端面,然后再钻两端中心孔。大批大量生产时,可在双面铣端面钻中心孔机床上加工,如图7-12所示。这种机床是双面的,两面各有一个铣端面和钻中心孔的切削头,工件在夹具上定位夹紧后,装有夹具的工作台带动工件进给,同时铣削两个端面;铣完端面后工作台在指定位置固定,此时两中心孔钻头的轴线恰好对准工件轴线,两边的切削头同时轴向进给钻出两端中心孔。

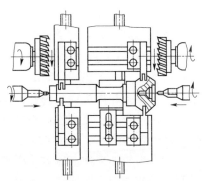

图7-12　双面铣端面钻中心孔

轴齿轮齿坯外圆表面的加工,根据生产类型和工厂具体条件,可在卧式车床、液压仿形车床或数控车床上加工。

2. 齿端倒角加工

轮齿齿面加工后,还要进行齿端倒角。轮齿齿端倒角的形式有两种:一种是去掉弧齿锥齿轮或斜齿圆柱齿轮轮齿的锐角;另一种是加工变速器中与同步器接合套连接的连接齿齿端圆角。

弧齿锥齿轮和斜齿圆柱齿轮轮齿锐角部分(图7-13中g部分)的强度很低,齿面经过淬火后很脆,工作中锐角容易折断,故必须预先把锐角去除。图7-13所示为在齿轮倒角机上对斜齿圆柱齿轮轮齿倒锐角的简图。该机床在两个刀具主轴上各装一个刀头,同时切削齿轮两个端面上的斜齿锐角。工件连续旋转,刀杆轴按一定传动比连续切削,连续的切去所有的轮齿锐角。

汽车变速器换挡时,为了使滑动接合齿轮容易啮合,其齿端要有圆角。常用的齿轮圆角形状如图 7-14a)所示。其加工方法如图 7-14b)所示,指状铣刀在旋转的同时,还作上下运动,工件作均匀旋转运动,两者符合一定的传动比关系。

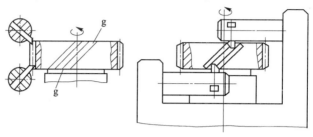

图 7-13　斜齿圆柱齿轮倒锐角简图

 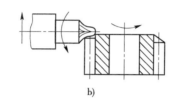 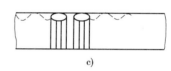

图 7-14　滑动接合齿轮轮齿齿端铣圆角

3. 修磨基准孔和端面

作为齿轮定位基面的内孔和端面,热处理后其尺寸和形状都有一定的变化,轮齿的相对位置也有了新的误差。为了保证轮齿齿面最后精加工(如磨齿)和装配基准的精度,热处理后需要修磨基准孔和端面。

修磨孔一般是在内圆磨床上进行。为了减小端面对孔轴线的圆跳动,内孔与一个端面应在一次装夹中磨出;然后用磨过的端面定位磨削另一面,以保证两端有较高的平行度。

为了保证轮齿齿面对内孔的位置公差(齿圈的径向圆跳动),修磨基准孔和端面时,应以齿面定位进行加工。圆柱齿轮磨孔时用滚柱在轮齿齿面上定位,锥齿轮磨孔时用钢球在轮齿齿面上定位。

盘形齿轮如采用上述方法以齿面节圆定位磨削内孔和另一个端面,另一个端面则采用平面磨床或端面磨床加工。为提高磨削效率,在大批大量生产中,轴齿轮热处理后外圆表面和轴肩的磨削广泛采用多砂轮磨削,即在一台外圆磨床上同时磨削多个台阶轴颈,且每个砂轮都应具有自动补偿装置。

第三节　箱体零件制造工艺

一、箱体零件的结构特点及工艺性分析

箱体零件是机器的基础零件之一,用于将一些轴、套和齿轮等零件组装在一起,使其保持正确的相互位置,并按照一定的传动关系协调地运动。组装后的箱体部件,用箱体的基准平面

安装在机器上。因此,箱体零件的加工质量,对箱体部件装配后的精度有着决定性的影响。

各种箱体由于应用不同,其结构形状差异很大,一般可分为整体式箱体与剖分式箱体两类,如图 7-15 所示,其中图 7-15a)、c)、d)为整体式箱体,图 7-15b)为剖分式箱体。

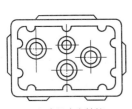
a)组合机床主轴箱

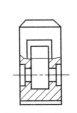
b)剖分式减速器箱体

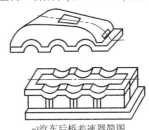
c)汽车后桥差速器简图

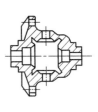
d)车床主轴箱

图 7-15　几种箱体零件的结构简图

箱体零件共同的结构特点是:结构形状复杂,内部呈空腔,箱壁较薄且不均匀,其上有许多精度要求很高的轴承孔和装配用的基准平面,此外还有一些精度要求不高的紧固孔和次要平面。因此,箱体上需要加工的部位较多,加工难度也较大。

箱体零件是机器或部件的基础零件,它的功用是把有关零件连接成一个整体,保证这些零件占据正确的相对位置,使之能彼此协调地工作。因此,箱体零件的加工精度将直接影响到有关零件相互位置的准确性,进而影响整机的使用性能和寿命。

箱体零件按其结构形状可分为两大类。一类是带有凸缘的回转体型零件,如汽车水泵壳体、差速器壳体、后桥壳体等;另一类是方(平面)型箱体零件,如汽车发动机缸体(柴油机机体)、变速器箱(壳)体等。这些零件共同的主要特点是:结构形状复杂,尺寸较大,壁厚较薄,刚度较低,需要加工多个精度要求较高的平面和孔系。

此外,还要加工较多供连接用的螺纹孔等。

箱体零件的机械加工质量要求高、加工工作量大,因此箱体零件的结构应具有良好的机械加工工艺性,使之能采用既简单又经济合理的机械加工工艺。对于典型的箱体零件而言,需要加工的部位主要是平面和孔系,因此这些平面和孔的结构和配置形式是影响箱体零件机械加工结构工艺性的主要因素。

二、箱体零件机械加工工艺过程

1. 箱体零件的主要技术要求

1)轴承孔的尺寸、形状精度要求

箱体轴承孔的尺寸精度、形状精度和表面粗糙度直接影响与轴承的配合精度和轴的回转精度。特别是机床主轴的轴承孔,对机床的工作精度影响较大。普通机床的主轴箱:主轴轴承孔的尺寸精度为 IT6,形状误差小于孔径公差的 1/2,表面粗糙度 Ra 值为 $1.6 \sim 0.8 \mu m$;其他轴承孔的尺寸精度为 IT7,形状误差小于孔径公差,表面粗糙度 Ra 值为 $3.2 \sim 1.6 \mu m$。

2)轴承孔的相互位置精度要求

(1)各轴承孔的中心距和轴线的平行度。箱体上有齿轮啮合关系的相邻轴承孔之间,有一定的孔距尺寸精度与轴线的平行度要求,以保证齿轮副的啮合精度,减小工作中的噪声与振动,还可减小齿轮的磨损。一般机床箱体轴承孔的中心距偏差为 $\pm(0.025 \sim 0.06)mm$,轴线的平行度公差在300mm长度内为0.03mm。

(2)同轴线的轴承孔的同轴度。安装同一轴的前、后轴承孔之间有同轴度要求,以保证轴的顺利装配和正常回转。机床主轴轴承孔的同轴度误差一般小于$\phi0.008$mm,一般孔的同轴度误差不超过最小孔径的公差之半。

(3)轴承孔轴线对装配基准面的平行度和对端面的垂直度。机床主轴轴线对装配基准面的平行度误差会影响机床的加工精度,对端面的垂直度误差会引起机床主轴端面圆跳动。一般机床主轴轴线对装配基准面的平行度公差在650mm长度内为0.03mm;对端面的垂直度公差为$0.015\sim0.02$mm。

3)箱体主要平面的精度要求

箱体的主要平面是指装配基准面和加工中的定位基准面,它们直接影响箱体在加工中的定位精度,影响箱体与机器总装后的相对位置与接触刚度,因而具有较高的形状精度(平面度)和表面粗糙度要求。一般机床箱体装配基准面和定位基准面的平面度公差在$0.03\sim0.10$mm范围内,表面粗糙度Ra值为$3.2\sim1.6\mu$m。箱体上其他平面对装配基准面的平行度公差,一般在全长范围内为$0.05\sim0.20$mm,垂直度公差在300mm长度内为$0.06\sim0.10$mm。

汽车上箱体零件的技术要求,除了对毛坯进行规定(如铸件的硬度、起模斜度、圆角半径以及对气孔、砂眼、裂纹等毛坯缺陷的限制)外,对主要孔和平面均有较高的技术要求,归纳起来包括:主要孔径的尺寸公差、形状公差和表面粗糙度;主要孔之间、主要孔与主要平面间的位置公差,包括孔与孔之间的中心距、平行度、同轴度、垂直度以及孔与平面间的垂直度公差等;主要平面的尺寸公差、平面度和表面粗糙度。

以图7-16所示某汽车变速器箱体零件为例,其主要技术要求如下:

(1)主要孔(轴承座孔)的尺寸公差为IT6;表面粗糙度Ra为1.6μm。

(2)轴线LL与轴线MM之间在水平、垂直两个平面内的平行度公差为0.04mm。

(3)前、后端面D、E的平面度均为0.08mm,表面粗糙度Ra为3.2μm;D、E面对LL、MM轴线的垂直度为0.08mm。

(4)主要孔间的中心距公差为0.07mm。

2. 箱体类零件的材料和毛坯

箱体类零件的材料常采用灰铸铁,如HT200,它具有容易成形、吸振性好、耐磨性及切削性好等特点。一些负荷较大的减速器箱体,也可采用铸钢件。航空发动机的箱体则常采用铝合金或镁铝合金材料,以减轻质量。当生产批量不大时箱体铸件毛坯采用木模手工造型,制作简单但毛坯精度较低,余量也较大;大批、大量生产时则采用金属模机器造型,毛坯精度高,余量可适当减小。在单件生产时,有时采用焊接件作箱体毛坯,以缩短生产周期。

变速器箱体零件受汽车行驶路况的影响,工作条件恶劣,其本身的外部轮廓及内腔形状复杂,因此,载货汽车箱体毛坯材料选用减振性能优良、易成形、切削性能优良、成本低的灰铸铁。一些轿车上的箱体零件,为了减轻质量,用铝合金或镁合金铸造。

灰铸铁毛坯的铸造方法,取决于生产类型和毛坯的尺寸。在单件小批生产中,多采用木模手工造型铸造;在大批大量生产中,广泛采用金属模机器造型铸造,毛坯的尺寸误差和表面粗糙度值较小。铝合金和镁合金箱壳体零件毛坯,广泛采用压力铸造,铸件尺寸精度高,表面光洁,生产率高,加工余量小,铸件质量稳定等。

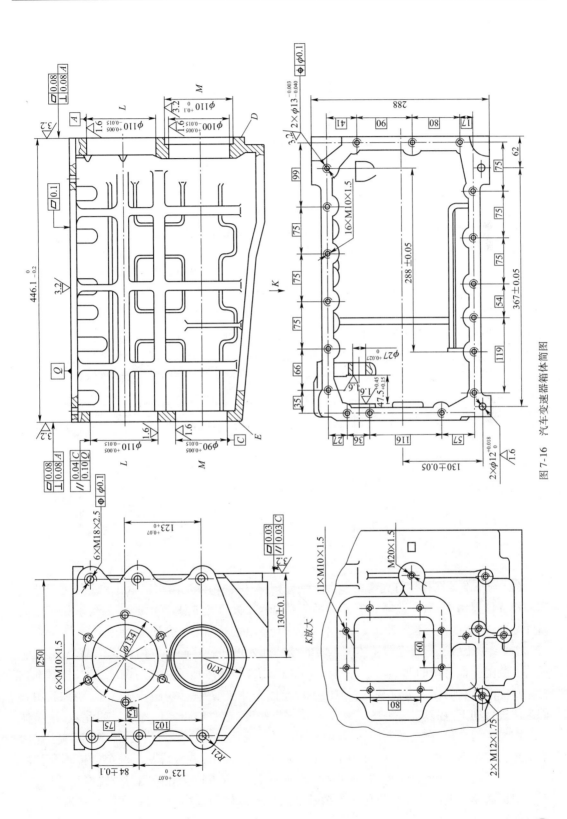

图7-16 汽车变速器箱体简图

由于箱体零件结构复杂,毛坯中常有较大的铸造内应力。为了减小铸件内应力对机械加工质量的影响和改善切削性能,毛坯在机械加工之前要进行去除内应力热处理。

图 7-16 所示的变速器箱体的材料为 HT200 灰铸铁,浇铸后在砂型中保温 20~30min,然后自然冷却消除内应力,最终经过喷丸处理。

3. 箱体类零件机械加工的主要工艺问题

1) 定位基准的选择

(1) 粗基准的选择。根据粗基准的选择原则,首先考虑箱体上要求最高的轴承孔(如主轴轴承孔)的加工余量应均匀,并要兼顾其余加工面均有适当的余量。其次要纠正箱体内壁非加工表面与加工表面的相对位置偏差,防止因内壁与轴承孔位置不正而引起齿轮碰壁。一般选择主轴轴承孔和一个与其相距较远的轴承孔作为粗基准。

汽车变速器箱体粗基准的选择有两种方式。第一种方式是用前、后端面上的两个同轴线轴承座孔和另一轴承座孔为粗基准加工顶面(图 7-17),然后再用变速器箱体内壁做粗基准(以顶面做精基准)加工顶面上的两个工艺孔 E(图 7-18),以后再利用顶面和这两个工艺孔做精基准进行其他表面加工,这样就可以保证轴承座孔的加工余量均匀,以及箱体内的零件与内壁间有足够的间隙。但此方式在加工顶面时夹具结构复杂,装夹不便,工作稳定性差。第二种方式是在变速器箱体的毛坯上铸造出专门的工艺凸台,以该工艺凸台作为加工顶面的粗基准,而加工两工艺孔的定位基准选择同第一种方式。第二种方式要求工艺凸台与主要加工表面的毛坯面之间保证较严格公差的尺寸联系。此种粗基准选择方式可保证主要加工平面及轴承座孔有足够且较均匀的加工余量,并且使工件定位稳定及夹紧可靠。

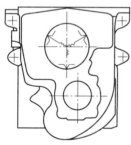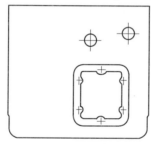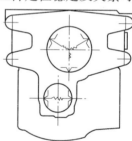

图 7-17 加工变速器箱体顶面的粗基准

(2) 精基准的选择。首先考虑基准统一原则,以保证箱体上诸多轴承孔和平面之间有较高的相互位置精度,通常选择装配基准面为精基准。由于装配基准面是诸多孔系和平面的设计基准,因此能使定位基准、设计基准重合,不会产生基准不重合误差。

图 7-19 所示汽车变速器箱体加工时的精基准为顶面及其面上专门设置的两个工艺孔。顶面上装配上盖时用的两个定位环孔($2 \times \phi 13_{-0.040}^{-0.003}$)是箱体轴承座孔的设计基准,按基准重合原则应选择它们作为定位基准。但由于该箱体零件加工生产线较长、工序多,如果利用它们定位进行加工,在多次装夹中容易使两孔丧失精度,造成整个零件报废。因此,在该箱体一侧增设了两个角,在上面专门设置了供加工时定位用的两个工艺孔,如图 7-19 所示。两个工艺孔安排在箱体的同一侧是为了使机床夹具结构简单,调整容易。两个定位环孔和两个工艺孔利用专用机床在一次装夹中同时完成加工,可保证四个孔的相对位置精度。

用顶面及其上的两个工艺孔作为精基准定位可以做到基准统一,一次装夹中能加工较多的表面,容易保证各表面间的位置公差。但对于保证前、后端面与主要孔轴线之间的垂直度,由于基准不重合,会产生定位误差。为保证前、后端面和主要孔轴线之间的垂直度要求及两侧面距主要孔轴线的尺寸及平行度要求,在最后加工前、后两端面和两侧面时,最好仍以主要孔定位,使其基准重合。

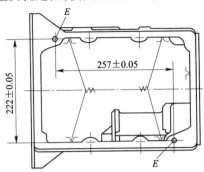

图 7-18 以变速器箱体内壁作粗基准加工顶面上两个工艺孔

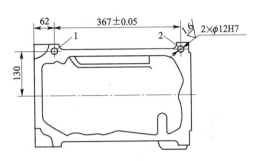

图 7-19 变速器箱体的工艺孔
1、2—工艺孔

加工箱体零件时,粗基准与精基准之间必须有一定的尺寸联系,以保证各轴承座孔的加工余量均匀,并使装入箱体内的全部零件与不加工的箱体内壁有足够的间隙。加工箱体时,精基准要尽可能满足基准重合以及基准统一原则,以减小定位误差和避免加工过程中各工序的误差累积,从而保证箱体的加工精度。箱体加工的精基准,最常见的有以下两种方案。一种方案使用一个平面和该平面上的两个工艺孔定位,即通常所说的"一面两孔"定位,一般工艺孔的孔径尺寸公差采用 IT7,两孔中心距极限偏差 ±(0.03~0.05)mm,另一种方案使用三个相互垂直的平面作定位基准,如图7-20所示,该方案可避免在工序较多的情况下造成工艺孔损坏,进而影响加工精度。

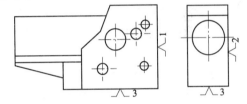

图 7-20 用三个平面作精基准加工箱体零件示意图

2)加工顺序的安排

加工顺序按照先粗后精、先主后次、先加工基准面的原则安排。箱体类零件有许多较大的平面和孔,一般按先平面后孔的顺序加工,以便于划线和找正,并使孔的加工余量均匀,加工孔时不会因端面不平而使刀具产生冲击振动。

3)热处理工序的安排

箱体结构复杂,壁厚不均匀,铸造时因冷却速度不一致,内应力较大,且表面较硬。为了改善切削性能及保持加工后精度的稳定性,毛坯铸造后,应进行一次人工时效处理。对于普通精度的箱体,粗加工后可安排自然时效;对于高精度或形状复杂的箱体,在粗加工后,还应安排一次人工时效处理,以消除内应力。

4. 箱体零件主要加工表面的机械加工工序安排

加工箱体零件主要表面时,一般是这样安排工艺过程的。

1)先面后孔

加工平面型箱体时,一般是先加工精基准平面,然后以平面定位再加工其他表面。这是由于平面面积较大,定位稳固可靠,可减少装夹变形,有利于提高加工精度,而且箱体零件的平面多为装配和设计基准、测量基准重合,以减少定位误差,提高加工精度。另外,平面加工后,钻孔时可避免钻头的偏斜和防止孔加工刀具崩刃。

2)粗、精加工分开

粗、精加工阶段的划分,对箱体零件机械加工的质量影响很大。当工件刚度好、内应力小、毛坯精度高时,粗加工后的变形很小,这时可以在基准平面及其他平面粗、精加工后,再粗、精加工主要孔,这样可以减少工序的数目,使零件的装夹次数减少,而且加工余量也可以减小。因此,这种方案的生产率高,而且经济性好,当零件结构合理时,无论是成批大量生产(使用刚度高的粗、精加工机床)或是单件小批生产,都比较合适。但是,当工件刚度差、内应力大、毛坯精度较低时,粗加工后的变形就很大,往往影响加工质量,同时粗加工孔时,可能会破坏精加工后平面的质量。因此,当箱体零件技术要求较高,而粗加工又引起较大变形时,常将平面和孔的加工交替进行,即粗加工平面→粗加工孔→精加工平面→精加工孔。虽然交替加工使生产管理复杂,加工余量大,但较易保证加工精度,也能及早发现毛坯的缺陷。

3)有位置公差要求的表面加工工序适当集中

箱体零件上的平面与平面之间、孔与孔之间、孔与平面之间都有较严格的位置公差要求,因此,有相互位置要求的相关表面最好集中在一个工位或一台机床上进行加工,以保证各表面间的尺寸和位置精度要求。

在成批大量生产的箱体流水生产线上,广泛采用多面、多轴组合机床或其他高生产率专用机床,对零件的若干相关表面同时进行加工。当采用加工中心加工箱体时,工件在一次装夹中,可利用更换刀具(或更换主轴箱)的方法,对零件完成若干相关表面的铣、镗、钻、扩、铰等多种工序内容的加工。

5. 变速器箱体机械加工生产线的方案

箱体零件在大批大量生产时,过去广泛采用由专用机床组成的生产线进行加工,以提高生产率。近年来,在箱体零件的加工中越来越多地使用加工中心或由加工中心组成的柔性生产线进行加工以快速响应不断变化的市场对产品多样化的需求。

1)在专用机床生产线上加工

某企业加工图 7-16 所示变速器箱体的生产线采用 U 形平面布置,该生产线由三条自动线、八台专用机床、四台清洗设备组成,箱体零件从毛坯粗铣至最终检验共 31 道工序。生产线前面有四台专用机床,用来加工顶面、两工艺孔和工件输送导向面;第一条自动线用于变速器箱体前、后端面及前、后端面上孔的加工;第二条自动线用于加工变速器箱体取力面(见图 7-16K 向视图)及取力面上孔的加工;第三条自动线用于变速器箱体顶面孔的加工和倒车惰轮轴孔端面的加工;后面四台专用机床用于轴承孔的精镗和前、后端面及取力面的精铣加工。

由专用机床组成的生产线的生产效率高,机床设备简单,但使用机床设备多、工序多、生产线长。而这种生产线最大的缺点是产品固定不变、适应性差,若产品略作修改,则生产线就需要改造,限制了产品的更新换代,不适应多品种、成批量按订单生产模式的需要。

2)加工中心或柔性生产线加工

箱体零件的加工表面集中,表面加工方法简单,主要包括铣、镗、钻、扩、铰削及攻螺纹加工,很容易在一台加工中心上完成。在加工中心上,以不同的加工程序来适应不同零件几何形状的变化,只要更换机床夹具就可以完成多种箱体零件的加工,具有很大的柔性。加工中心刀库中一般具有数十把乃至上百把不同的刀具,用来完成箱体零件的粗、精铣和镗削加工,以及钻、扩、铰、攻螺纹等加工,有时一台加工中心就相当于一条生产线。在卧式加工中心上,可利用工作台的转动来实现多工位对不同方向表面的加工,节约了机床夹具的使用,更大程度地提高了柔性。

可更换主轴箱的加工中心可利用更换主轴箱的方法高效地对箱体零件进行多种工序内容的加工。

在加工中心上加工图7-16所示箱体的工艺过程如下:

(1)铣削顶面,加工顶面上的螺纹连接孔及定位的销孔。

(2)其余四个平面及其上轴承座孔、螺纹连接孔的加工。

全部加工可在两台加工中心上完成,也可在一台带交换托盘的加工中心上完成,安排工序内容时也是按"先面后孔""先粗后精"的原则进行。为减轻加工中心负荷及提高生产率,可预先在专用机床上对顶面及前、后端面进行粗铣,然后再在加工中心上做进一步加工,由于装夹次数少,因此可直接用零件上的两个定位环孔定位,不必另设工艺孔。

加工中心或由其组成的柔性生产线加工范围广,占用生产面积小,操作工人少,工人劳动强度低;虽然设备昂贵,投资大,但由于节约了产品转型时的重新投资,在多品种成批生产中可发挥巨大的优势。

本 章 小 结

1. 曲轴零件的结构特点及工艺性分析。
2. 曲轴零件的机械加工工艺。
3. 齿轮零件的结构特点及工艺性分析。
4. 齿轮零件的机械加工工艺。
5. 箱体零件的结构特点及工艺性分析。
6. 箱体零件的机械加工工艺。

复习思考题

1. 分析曲轴的机械加工工艺性应考虑哪些方面?
2. 曲轴的主要技术要求有哪些内容?
3. 分析齿轮的机械加工工艺性应考虑哪些方面?
4. 齿轮的主要技术要求有哪些内容?
5. 齿轮的机械加工主要分为哪几个阶段?
6. 齿轮主要表面的机械加工都采用哪些方法?
7. 分析箱体零件的机械加工工艺性应注意哪些方面?
8. 箱体零件机械加工时,粗、精基准应如何选择?
9. 箱体零件主要表面的机械加工都采用了什么方法?机械加工顺序是如何安排的?
10. 用专用机床生产线和加工中心或柔性生产线加工箱体零件各有什么特点?

第八章　先进制造技术

 教学目标

1. 了解特种加工技术的原理、特点与应用，特别是电火花加工、电解加工、激光加工等加工方式；
2. 了解快速成型技术的基本概念、熟悉相关原理及类型，了解其应用情况；
3. 了解自动化技术的内容及相关的概念，掌握数控加工技术、柔性制造系统、工业机器人的结构、特点、功能原理。

 教学要点

知识要点	掌握程度	相关知识
特种加工技术	掌握原理、特点与应用	电火花加工、电解加工、激光加工等
快速成型技术	掌握基本概念、原理及类型，了解相关应用	快速成型技术的原理、类型
自动化技术	掌握数控加工技术、柔性制造系统、工业机器人的结构、特点、功能原理	数控加工、柔性制造系统、工业机器人

第一节　概　　述

先进制造技术是制造业不断吸收机械、电子、信息、能源及和现代系统管理技术的先进成果，综合应用于产品设计、加工、检测、管理、销售、使用、服务乃至回收的制造全过程，以实现优质、高效、低耗、清洁、灵活生产，提高对市场的适应能力和竞争力的制造技术的总称。先进制造技术主要特征是强调实用性，以提高企业的综合经济效益为目的，提高制造业竞争能力的主要手段，对促进国民经济的发展有着不可估量的影响。是国民经济的重要支柱，是现代技术创新和工业进步的典型代表，是衡量制造业水平的关键指标。

先进制造技术可分为现代设计技术、现代制造工艺技术、制造自动化技术，以及以现代管理理论和方法为基础的先进制造生产管理模式等4大类。

1. 现代设计技术

包括现代设计理论与设计方法学、计算机辅助设计 CAD、计算机辅助工程分析 CAE、计算机辅助工艺规程设计 CAPP、设计过程管理与设计数据库、性能优良设计、反求工程设计、快速响应设计、智能设计、并行工程 CE、仿真与虚拟设计和绿色设计等。

2. 现代制造工艺技术

包括精密铸造、精密锻压、精密焊接、优质低耗热处理、精密切割、超精密加工、超高速加工、微米/纳米加工技术、复杂型面数控加工、特工加工工艺、快速成型制造、少无污染制造、虚拟制造与成形加工技术等。

3. 制造自动化技术

包括数控加工技术、工业机器人、柔性制造系统、计算机集成制造技术、自动检测及信号识别技术、过程设备工况监测与控制等。

4. 先进制造生产管理模式

包括敏捷制造、精益生产、并行工程、智能制造、绿色制造和虚拟制造等。

第二节 典型先进制造工艺技术

一、特种加工技术

先进的特种加工技术正全面地应用于汽车制造业中,并取得了理想的效果。这些先进的制造技术与传统的加工技术在加工方法和加工工艺上存在很大差别,因此把这些先进的制造技术成为"特种加工技术"。

特种加工是 20 世纪 40 年代发展起来的,由于材料科学、高新技术的发展和激烈的市场竞争、发展尖端国防及科学研究的急需,不仅要求新产品更新换代日益加快,而且产品要具有很高的强度质量比和性能价格比,并朝着高速度、高精度、高可靠性、耐腐蚀、高温高压、大功率、尺寸大小两极分化的方向发展。为此,各种新材料、新结构、形状复杂的精密机械零件大量涌现,对机械制造业提出了一系列迫切需要解决的新问题。特种加工是指那些不属于传统加工工艺范畴的加工方法,它不同于使用刀具、磨具等直接利用机械能切除多余材料的传统加工方法。从广义上来定义特种加工,即将电、磁、声、光、化学等能量或其组合施加在工件的被加工部位上,从而实现材料被去除、变形、改变性能或被镀覆等的非传统加工方法——特种加工。

与传统机械加工方法相比具有许多独到之处:

(1)加工范围不受材料物理、力学性能的限制,能加工任何硬的、软的、脆的、耐热或高熔点金属以及非金属材料。如激光加工、电火花加工、等离子弧加工、电化学加工等,是利用热能、化学能、电化学能等,这些加工方法与工件的硬度强度等力学性能无关,故可加工各种硬、软、脆、热敏、耐腐蚀、高熔点、高强度、特殊性能的金属和非金属材料。

(2)非接触加工,不一定需要工具,有的虽使用工具,但与工件不接触,因此,工件不承受大的作用力,工具硬度可低于工件硬度,故使刚度极低元件及弹性元件得以加工。

(3)微细加工,工件表面质量高,有些特种加工,如超声、电化学、水喷射、磨料流等,加工余量都是微细进行,故不仅可加工尺寸微小的孔或狭缝,还能获得高精度、极小表面粗糙度值的加工表面。

(4) 不存在加工中的机械应变或大面积的热应变,可获得较小的表面粗糙度值,其热应力、残余应力、冷作硬化等均比较小,尺寸稳定性好。

(5) 两种或两种以上的不同类型的能量可相互组合形成新的复合加工,其综合加工效果明显,且便于推广使用。

(6) 特种加工对简化加工工艺、变革新产品的设计及零件结构工艺性等产生积极的影响,各种加工方法易复合形成新工艺方法。

二、常见的特种加工方法

1. 电火花加工

1) 电火花加工的基本原理

电火花加工是在液体介质中进行的,机床的自动进给调节装置使工件和工具电极之间保持适当的放电间隙,当工具电极和工件之间施加很强的脉冲电压(达到间隙中介质的击穿电压)时,会击穿介质绝缘强度最低处,如图8-1所示。由于放电区域很小,放电时间极短,所以,能量高度集中,使放电区的温度瞬时高达10000~12000℃,工件表面和工具电极表面的金属局部熔化、甚至汽化蒸发。局部熔化和汽化的金属在爆炸力的作用下抛入工作液中,并被冷却为金属小颗粒,然后被工作液迅速冲离工作区,从而使工件表面形成一个微小的凹坑。一次放电后,介质的绝缘强度恢复等待下一次放电。如此反复使工件表面不断被蚀除,并在工件上复制出工具电极的形状,从而达到成形加工的目的。

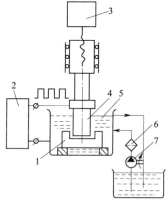

图 8-1 电火花成形加工原理图
1-工件;2-脉冲电源;3-自动进给装置;4-工具电极;5-工作液;6-过滤器;7-泵

电火花加工是不断放电蚀除金属的过程。虽然一次脉冲放电的时间很短,但它是电磁学、热力学和流体力学等综合作用的过程,是相当复杂的。综合起来,一次脉冲放电的过程可分为以下几个阶段:

(1) 极间介质的电离、击穿及放电通道的形成。
(2) 介质热分解、电极材料熔化、汽化热膨胀。
(3) 电极材料的抛出。
(4) 极间介质的消电离。

由此可见,为了保证电火花加工过程正常地进行,在两次脉冲放电之间一般要有足够的脉冲间隔时间。此外,还应留有余地,使击穿、放电点分散、转移,否则仅在一点附近放电,易形成电弧。

电火花加工工艺主要受以下几个参数影响:

(1) 极性效应。电火花加工时,相同材料两电极的被腐蚀量是不同的。当电极的正负电性不同时,气体间隙的火花放电电压不同,这种现象称为极性效应。产生极性效应的根本原因在于:在加工时正极和负极表面分别受到电子和离子的轰击而受到瞬时高温热源的作用,它们都受到电腐蚀,但即使两电极材料相同,两个电极的蚀除量也不相同。如果两电极的材料不同,则极性效应更复杂。

(2)工作液。工作液作为放电介质,在加工过程中还起着冷却、排屑等作用。常用的工作液是黏度较低、闪点较高、性能稳定的介质,如煤油、去离子水和乳化液等。

(3)电极材料。工具电极常用导电性良好、熔点较高、易加工的耐电蚀材料,如铜、石墨、铜钨合金和钼等。在加工过程中,工具电极也有损耗,但小于工件金属的蚀除量,甚至接近于无损耗。

2)电火花加工的特点

电火花加工是与机械加工完全不同的一种新工艺。电火花加工的特点如下:

(1)脉冲放电的能量密度高,便于加工用普通的机械加工方法难于加工或无法加工的特殊材料和复杂形状的工件。不受材料硬度影响,不受热处理状况影响。

(2)脉冲放电持续时间极短,放电时产生的热量传导扩散范围小,材料受热影响范围小。

(3)加工时,工具电极与工件材料不接触,两者之间宏观作用力极小。工具电极材料不需比工件材料硬,因此,工具电极制造容易。

(4)可以改革工件结构,简化加工工艺,提高工件使用寿命,降低工人劳动强度。

3)电火花加工的主要应用

按工艺过程中工具与工件相对运动的特点和用途不同,电火花加工可大体分为:电火花成形加工、电火花线切割加工、电火花磨削加工、电火花展成加工、非金属电火花加工和电火花表面强化等。

(1)电火花成形加工。该方法是通过工具电极相对于工件作进给运动,将工件电极的形状和尺寸复制在工件上,从而加工出所需要的零件,包括电火花型腔加工和穿孔加工两种。电火花型腔加工主要用于加工各类热锻模、压铸模、挤压模、塑料模和胶木膜的型腔。电火花穿孔加工主要用于型孔(圆孔、方孔、多边形孔、异形孔)、曲线孔(弯孔、螺旋孔)、小孔和微孔的加工。近年来,为了解决小孔加工中电极截面小、易变形、孔的深径比大、排屑困难等问题,在电火花穿孔加工中发展了高速小孔加工,取得良好的社会经济效益。

(2)电火花线切割加工。线切割加工是线电极电火花加工的简称,是电火花加工的一种,其基本原理如图8-2所示。被切割的工件作为工件电极,钼丝作为工具电极,脉冲电源发出一连串的脉冲电压,加到工件电极和工具电极上。钼丝与工件之间施加足够的具有一定绝缘性能的工作液。当钼丝与工件的距离小到一定程度时,在脉冲电压的作用下,工作液被击穿,在钼丝与工件之间形成瞬间放电通道,产生瞬时高温,使金属局部熔化甚至汽化而被蚀除下来。若工作台带动工件不断进给,就能切割出所需要的形状。

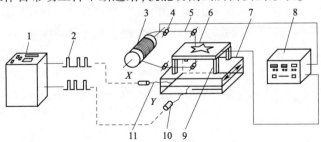

图8-2 线切割加工原理图

1-数控装置;2-电脉冲信号;3-储丝筒;4-导轮;5-钼丝;6-工件;7-切割台;8-脉冲电源;9-绝缘块;10-步进电动机;11-丝杠

2. 电解加工

电解加工是利用金属在电解液中产生阳极溶解的电化学原理对工件进行成形加工的一种方法。电解加工是特种加工技术中应用最广泛的技术之一,尤其适合于难加工材料、形状复杂或薄壁零件的加工。

1) 电解加工的基本原理

金属在电解液中的"电化学阳极溶解",是利用金属在电解液中发生电化学阳极溶解的原理将工件加工成形的一种特种加工方法。在工件(阳极)与工具(阴极)之间接上直流电源,如图8-3所示,使工具阴极与工件阳极间保持较小的加工间隙(0.1~0.8 mm),间隙中通过高速流动的电解液。这时,工件阳极开始溶解。开始时,两极之间的间隙大小不等,间隙小处电流密度大,阳极金属去除速度快;而间隙大处电流密度小,去除速度慢。随着工件表面金属材料的不断溶解,工具阴极不断地向工件进给,溶解的电解产物不断地被电解液冲走,工件表面也就逐渐被加工成接近于工具电极的形状,如此下去直至将工具的形状复制到工件上。

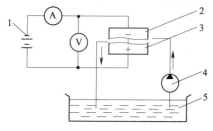

图 8-3 电解加工原理图

1-直流电源;2-工具电极;3-工件阳极;4-电解液泵;5-电解液

2) 电解加工的特点

(1) 加工范围广,不受材料本身强度、硬度和韧性的限制,可加工高强度、高硬度和高韧性等难切削的金属材料,如淬火钢、钛合金、硬质合金、不锈钢、耐热合金,可加工叶片、花键孔、炮管膛线、锻模等各种复杂的三维型面,以及薄壁、异形零件等。

(2) 能以简单的进给运动一次加工出形状复杂的型面和型腔,进给速度可快达 0.3~15mm/min。

(3) 表面质量好,加工中无切削力和切削热的作用,所以不产生由此引起的变形和残余应力、加工硬化、毛刺、飞边、刀痕等,可以达到较小的表面粗糙度值($Ra1.25~0.2\mu m$)和 ±0.1mm 左右的平均加工精度。电解微细加工钢材的精度可达 $±10~70\mu m$,适合于加工易变形或薄壁零件。

(4) 加工过程中工具电极理论上无损耗,可长期使用。因为工具阴极材料本身不参与电极反应,其表面仅产生析氢反应,同时工具材料又是抗腐蚀性良好的不锈钢或黄铜等,所以除产生火花短路等特殊情况外,工具阴极基本上没有损耗。

(5) 加工生产率高,为电火花加工的5~10倍,在某些情况下比切削加工的生产率还高。且加工生产率不直接受加工质量的限制,故一般适宜于大批量零件的加工。

同时,电解加工也存在一定的缺点:

(1) 电解加工影响因素多,技术难度高,不易实现稳定加工和保证较高的加工精度。

(2) 工具电极的设计、制造和修正较麻烦,因而很难适用于单件生产。

(3) 电解加工设备投资较高,占地面积较大。

(4) 电解液对设备、工装有腐蚀作用,电解产物的处理和回收困难。

3) 电解加工的主要应用

电解加工的主要应用于深孔扩孔加工、深孔型腔加工、电解倒棱去毛刺、电解抛光等。如：

(1) 模具型腔加工：电解加工适应难加工材料（高镍合金钢、粉末合金）、复杂结构的优势。电解加工在模具制造领域中已占据了重要地位。

(2) 叶片型面加工：这类加工效率高，生产周期短；加工质量好；但设备、阴极均较复杂，须采用三头或斜向进给机床、复合双动阴极。国外自动生产线上已采用此方案，国内开始试制。

(3) 型孔及小孔加工。

(4) 脉冲电化学机械加工，主要是利用金属在电解液中的电化学阳极溶解，对工件表面进行抛光，进一步降低工件表面粗糙度值和提高工件表面物理、力学性能的一种加工方法。

3. 激光加工

激光加工是利用光的能量经过透镜聚焦后在焦点上达到很高的能量密度，靠光热效应来加工的。激光加工不需要工具、加工速度快、表面变形小，可加工各种材料。用激光束对材料进行各种加工，如打孔、切割、划片、焊接、热处理等。包括激光焊接、激光切割、表面改性、激光打标、激光钻孔和微加工、光化学沉积、立体光刻、激光刻蚀等。

1) 激光加工的基本原理

由于激光发散角小、方向性好和单色性好及是相干光，理论上可通过一系列装置把激光聚焦成直径与光的波长相近的极小光斑，加上亮度高，其焦点处的功率密度可达 $10^7 \sim 10^{11} W/cm^2$，温度高达万摄氏度左右，在此高温下，任何坚硬的或难加工的材料都将瞬时急剧熔化和汽化，并产生强烈的冲击波，使熔化的物质爆炸式地喷射出去，这就是激光加工的工作原理，如图8-4。

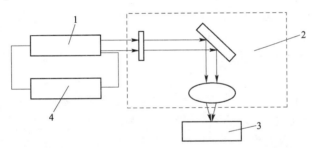

图8-4 激光加工原理图

1-激光器；2-光学系统；3-工件；4-激光器电源

具体加工阶段为：

(1) 激光束照射工件材料（光的辐射能部分被反射，部分被吸收并对材料加热，部分因热传导而损失）。

(2) 工件材料吸收光能。

(3) 光能转变成热能使工件材料无损加热（激光进入工件材料的深度极浅，所以在焦点中央，表面温度迅速升高）。

(4) 工件材料被熔化、蒸发、汽化并溅出去除或破坏。

(5) 作用结束与加工区冷凝。

2) 激光加工的特点

(1) 激光功率密度大，工件吸收激光后温度迅速升高而熔化或汽化，即使熔点高、硬度大和质脆的材料(如陶瓷、金刚石等)也可用激光加工。

(2)激光头与工件不接触,不存在加工工具磨损问题。

(3)工件不受应力,不易污染。

(4)可以对运动的工件或密封在玻璃壳内的材料加工。

(5)激光束的发散角可小于1毫弧度,光斑直径可小到微米量级,作用时间可以短到纳秒和皮秒,同时,大功率激光器的连续输出功率又可达千瓦至十千瓦量级,因而激光既适于精密微细加工,又适于大型材料加工。

(6)激光束容易控制,易于与精密机械、精密测量技术和电子计算机相结合,实现加工的高度自动化和达到很高的加工精度。

(7)在恶劣环境或其他人难以接近的地方,可用机器人进行激光加工。

3)激光加工的主要应用

由于激光加工技术具有许多其他加工技术所无法比拟的优点,所以应用较广。目前比较成熟的技术有:

(1)激光快速成形技术:根据零件的CAD模型,用激光束将光敏聚合材料逐层固化,精确堆积成样件,该技术已在航空航天、电子、汽车等工业领域得到广泛应用。

(2)激光焊接技术:激光焊接强度高、热变形小、密封性好,可以焊接尺寸和性质悬殊,以及熔点很高(如陶瓷)和易氧化的材料。激光焊接的心脏起搏器,其密封性好、寿命长,而且体积小。

(3)激光打标技术:激光打标是利用高能量密度的激光对工件进行局部照射,使表层材料汽化或发生颜色变化的化学反应,从而留下永久性标记的一种打标方法。准分子激光打标可实现亚微米打标,已广泛用于微电子工业和生物工程。

(4)激光打孔技术:激光打孔已广泛用于钟表和仪表的宝石轴承、金刚石拉丝模、化纤喷丝头等工件的加工。

(5)激光去重平衡技术:激光去重平衡技术是用激光去掉高速旋转部件上不平衡的过重部分,使惯性轴与旋转轴重合,以达到动平衡的过程。

(6)激光蚀刻技术:激光蚀刻技术比传统的化学蚀刻技术工艺简单,可大幅度降低生产成本,非常适合于超大规模集成电路的制造。

(7)激光切割技术:对小工件的切割,常用中、小功率固体激光器或CO_2激光器。在微电子学中,常用激光切划硅片或切窄缝,速度快、热影响区小。

(8)激光微细加工技术:微细加工选择适当波长的激光,通过各种优化工艺和逼近衍射极限的聚焦系统,获得高质量光束、高稳定性、微小尺寸焦斑的输出。

(9)激光的其他应用:激光划线技术,激光热、表处理技术(激光相变硬化、激光淬火)、激光强化处理技术,激光熔凝技术等。

三、快速成形技术

快速成形技术又称快速原型制造(Rapid Prototyping Manufacturing,RPM)技术,诞生于20世纪80年代后期,是基于材料堆积法的一种高新制造技术,被认为是近20年来制造领域的一个重大成果。它集机械工程、CAD、逆向工程技术、分层制造技术、数控技术、材料科学、激光技术于一身,可以自动、直接、快速、精确地将设计思想转变为具有一定功能的原型或直接制造零件,从而为零件原型制作、新设计思想的校验等方面提供了一种高效低成本的实现手段。即,快速成形技术就是利用三维CAD的数据,通过快速成形机,将一层层的材料堆积成实体原型。

快速成形技术的主要特点为:

(1)制造原型所用的材料不限,各种金属和非金属材料均可使用。

(2)原型的复制性、互换性高。

(3)制造工艺与制造原型的几何形状无关,在加工复杂曲面时更显优越。

(4)加工周期短,成本低,成本与产品复杂程度无关,一般制造费用降低50%,加工周期节约70%以上。

(5)高度技术集成,可实现了设计制造一体化。

1. 快速成形技术基本原理

快速成形技术是在计算机控制下,基于离散、堆积的原理采用不同方法堆积材料,最终完成零件的成形与制造的技术,如图8-5所示。

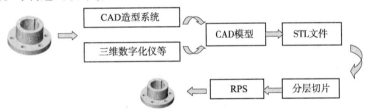

图8-5 快速成形过程

(1)从成形角度看,零件可视为"点"或"面"的叠加。从CAD电子模型中离散得到"点"或"面"的几何信息,再与成形工艺参数信息结合,控制材料有规律、精确地由点到面,由面到体地堆积零件。

(2)从制造角度看,它根据CAD造型生成零件三维几何信息,控制多维系统,通过激光束或其他方法将材料逐层堆积而形成原型或零件。

快速成形的过程:构造三维模型→分层切片→截面轮廓→各截面叠加堆积;如图8-5所示。

(1)激光束选择性切割一层层的纸。

(2)固化一层层的固化树脂。

(3)烧结一层层的粉末材料。

(4)选择性喷射一层层的热熔材料。

2. 快速成形技术类型

近十几年,随着全球市场一体化的形成,制造业的竞争十分激烈。尤其是计算机技术的迅速普遍和CAD/CAM技术的广泛应用,使得RP技术得到了异乎寻常的高速发展,表现出很强的生命力和广阔的应用前景。快速成形技术发展至今,以其技术的高集成性、高柔性、高速性而得到了迅速发展。目前,快速成形的工艺方法已有几十种之多,其中主要工艺有四种基本类型:光固化成形法、分层实体制造法、选择性激光烧结法和熔融沉积制造法。

1)光固化成形(SLA)

SLA(Stereo lithography Apparatus)工艺也称光造型、立体光刻及立体印刷,其工艺过程是以液态光敏树脂为材料充满液槽，由计算机控制激光束跟踪层状截面轨迹，并照射到液槽中的液体树脂，而使这一层树脂固化，之后升降台下降一层高度，已成形的层面上又布满一层树脂，然后再进行新一层的扫描，新固化的一层牢固地粘在前一层上，如此重复直到整个零件制造完毕，得到1个三维实体模型。该工艺的特点是：原型件精度高，零件强度和硬度好，可制出形状特别复杂的空心零件，生产的模型柔性化好，可随意拆装，是间接制模的理想方法。缺点是需要支撑，树脂收缩会导致精度下降，另外光固化树脂有一定的毒性而不符合绿色制造发展趋势等。

2）分层实体制造（LOM）

LOM（Laminated Object Manufacturing）工艺或称为叠层实体制造，其工艺原理是根据零件分层几何信息切割箔材和纸等，将所获得的层片粘结成三维实体。其工艺过程是：首先铺上一层箔材，然后用 CO_2 激光在计算机控制下切出本层轮廓，非零件部分全部切碎以便于去除。当本层完成后，再铺上一层箔材，用滚子碾压并加热，以固化黏结剂，使新铺上的一层牢固地黏结在已成形体上，再切割该层的轮廓，如此反复直到加工完毕，最后去除切碎部分以得到完整的零件。该工艺的特点是工作可靠，模型支撑性好，成本低，效率高。缺点是前、后处理费时费力，且不能制造中空结构件。

3）选择性激光烧结（SLS）

SLS（Selective Laser Sintering）工艺，常采用的材料有金属、陶瓷、ABS 塑料等材料的粉末作为成形材料。其工艺过程是：先在工作台上铺上一层粉末，在计算机控制下用激光束有选择地进行烧结（零件的空心部分不烧结，仍为粉末材料），被烧结部分便固化在一起构成零件的实心部分。一层完成后再进行下一层，新一层与其上一层被牢牢地烧结在一起。全部烧结完成后，去除多余的粉末，便得到烧结成的零件。该工艺的特点是材料适应面广，不仅能制造塑料零件，还能制造陶瓷、金属、蜡等材料的零件。造型精度高，原型强度高，所以可用样件进行功能试验或装配模拟。

4）熔融沉积成形（FDM）

FDM（Fused Deposition Manufacturing）工艺又称熔丝沉积制造，其工艺过程是以热塑性成形材料丝为材料，材料丝通过加热器的挤压头熔化成液体，由计算机控制挤压头沿零件的每一截面的轮廓准确运动，使熔化的热塑材料丝通过喷嘴挤出，覆盖于已建造的零件之上，并在极短的时间内迅速凝固，形成一层材料。之后，挤压头沿轴向向上运动一微小距离进行下一层材料的建造。这样逐层由底到顶地堆积成一个实体模型或零件。该工艺的特点是使用、维护简单，成本较低，速度快，一般复杂程度原型仅需要几小时即可成形，且无污染。

除了上述4种最为熟悉的技术外，还有许多技术也已经实用化，如三维打印技术、光屏蔽工艺、直接壳法、直接烧结技术、全息干涉制造等。

3. 快速成形技术应用

不断提高 RP 技术的应用水平是推动 RP 技术发展的重要方面。目前，快速成形技术已在工业造型、机械制造、航空航天、军事、建筑、影视、家电、轻工、医学、考古、文化艺术、雕刻、首饰等领域都得到了广泛应用。并且随着这一技术本身的发展，其应用领域将不断拓展。RP 技术的实际应用主要集中在以下几个方面：

（1）在新产品造型设计过程中的应用。快速成形技术为工业产品的设计开发人员建立了一种崭新的产品开发模式。运用RP技术能够快速、直接、精确地将设计思想转化为具有一定功能的实物模型(样件),这不仅缩短了开发周期,而且降低了开发费用,也使企业在激烈的市场竞争中占有先机。

(2)在机械制造领域的应用。由于RP技术自身的特点,使得其在机械制造领域内,获得广泛的应用,多用于单件、小批量金属零件的制造。有些特殊复杂制件,由于只需单件生产,或少于50件的小批量,一般均可用RP技术直接进行成形,成本低,周期短。

(3)快速模具制造。传统的模具生产时间长,成本高,将快速成形技术与传统的模具制造技术相结合,可以大大缩短模具制造的开发周期,提高生产率,是解决模具设计与制造薄弱环节的有效途径。快速成形技术在模具制造方面的应用可分为直接制模和间接制模两种,直接制模是指采用RP技术直接堆积制造出模具,间接制模是先制出快速成形零件,再由零件复制得到所需要的模具。

(4)在医学领域的应用。近几年来,人们对RP技术在医学领域的应用研究较多。以医学影像数据为基础,利用RP技术制作人体器官模型,对外科手术有极大的应用价值。

(5)在文化艺术领域的应用。在文化艺术领域,快速成形制造技术多用于艺术创作、文物复制、数字雕塑等。

(6)在航空航天技术领域的应用。在航空航天领域中,空气动力学地面模拟实验(即风洞实验)是设计性能先进的天地往返系统(即航天飞机)所必不可少的重要环节。该实验中所用的模型形状复杂、精度要求高、又具有流线型特性,采用RP技术,根据CAD模型,由RP设备自动完成实体模型,能够很好地保证模型质量。

(7)在家电行业的应用。目前,快速成形系统在国内的家电行业上得到了很大程度的普及与应用,使许多家电企业走在了国内前列。如:广东的美的、华宝、科龙;江苏的春兰、小天鹅;青岛的海尔等,都先后采用快速成形系统来开发新产品,收到了很好的效果。快速成形技术的应用很广泛,可以相信,随着快速成形制造技术的不断成熟和完善,它将会在越来越多的领域得到推广和应用。

4. 快速成形技术的发展

从目前RP技术的研究和应用现状来看,快速成形技术的进一步研究和开发工作主要有以下几个方面:

(1)开发性能好的快速成形材料,如成本低、易成形、变形小、强度高、耐久及无污染的成形材料。

(2)提高RP系统的加工速度和开拓并行制造的工艺方法。

(3)改善快速成形系统的可靠性,提高其生产率和制作大件能力,优化设备结构,尤其是提高成形件的精度、表面质量、力学和物理性能,为进一步进行模具加工和功能实验提供基础。

(4)开发快速成形的高性能RPM软件。提高数据处理速度和精度,研究开发利用CAD原始数据直接切片的方法,减少由STL格式转换和切片处理过程所产生精度损失。

(5)开发新的成形能源。

(6)快速成形方法和工艺的改进和创新。直接金属成形技术将会成为今后研究与应用的又一个热点。

(7)进行快速成形技术与 CAD、CAE、RT、CAPP、CAM 以及高精度自动测量、逆向工程的集成研究。

(8)提高网络化服务的研究力度,实现远程控制。

第三节　典型制造自动化技术

一、数控加工技术

数控加工技术是现代制造技术的基础,它的广泛应用使全球制造业发生了根本变化。其水准、拥有和普及程度已经成为衡量一个国家综合国力和工业现代化水平的重要标志之一。

1. 数控加工的特点

(1)具有高柔性化。在数控机床上加工零件,减少了工具、夹具的制造和更换,不需要经常调整机床。适用于零件频繁更换的场合。

(2)加工精度高。数控机床加工精度一般可达 0.005~0.1mm。

(3)生产率高。数控机床的主轴转速和进给量的范围大,允许机床进行大切削量的强力切削,移动部件的快速移动和定位及高速切削加工,提高了生产率,配合加工中心的机床刀库,实现了在一台机床上进行多道工序的连续加工,也极大地提高了生产率。

(4)改善劳动条件。在数控机床上加工零件时,操作者主要是程序的输入、装卸零件、刀具准备、零件的检验等工作,劳动强度极大降低,机床操作者的劳动趋于智力型工作。同时,工作环境得到极大改善。

(5)利于现代化生产管理。数控机床的加工,可预先精确估计加工时间,所使用的刀具、夹具可进行规范化、现代化管理。

(6)技术集成性。数控机床使用数字信号与标准代码为控制信息,易于实现加工信息的标准化,目前已与计算机辅助设计与制造(CAD/CAM)有机结合起来,是现代集成制造技术的基础。

2. 数控加工的应用对象

数控加工技术可以对各种复杂零件、中小批量零件进行加工制造,具体说可以加工:①小批量生产的复杂零件;②形状复杂、精度要求较高的零件;③需要多次更改设计后才能定型的零件;④价格昂贵,不可以报废的零件;⑤钻、镗、铰、攻螺纹及铣削加工联合进行的零件。

3. 数控加工技术的发展

现代数控技术的发展趋势主要是高速化、高精度化、多功能和智能化。目前,柔性制造技术的发展也相当迅速。柔性制造技术主要有柔性制造单元(FMC)、柔性制造系统(FMS)、计算机集成制造系统(CIMS)。其主要组成部分就是数控加工技术。FMC 可由一台或多台数控设备组成,既具有独立的自动加工的功能,又部分具有自动传送和监控管理功能。FMC 有两大类:一类是数控机床配上机器人;另一类是加工中心配上工作台交换系统。若干个 FMC 可组成一个 FMS。FMS 是一个由中央计算机控制的自动化制造系统。它是由一个传输系统联系起来的一些数控机床和加工中心。传输装置将工件放在托盘或其他连接设备上,送到加工设备,使工件加工能够准确、迅速和自动地进行。CIMS 就是利用计算机进行信息集成,从而实现现代化的生产制造,以求得企业的总体效益。CIMS 是建立在多项先进技术基础上的高技术制造系统,它综合利用了 CAD/CAM、FMS、FMC 及工厂自动化系统,是面向 21 世纪的生产制造技术。

4. 数控机床

1) 数控机床的组成

数控机床由数控系统和机床本体两大部分组成,而数控系统又由输入输出设备、数控装置、伺服系统、辅助控制装置等部分组成。图 8-6 所示为数控机床的组成示意图。

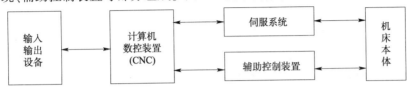

图 8-6 数控机床的组成

(1) 输入输出设备:输入输出设备的作用是输入程序,显示命令与图形,打印数据等。数控程序的输入是通过控制介质来实现的,目前采用较多的方法有软盘、通信接口和 MDI 方式。随着计算机辅助设计与制造(CAD/CAM)技术的发展,有些数控机床可利用 CAD/CAM 软件在通用计算机上编程,然后通过计算机与数控机床之间的通信,将程序与数据直接传送给数控装置。

(2) 数控装置:数控装置是数控机床的"指挥中心",它的功能是接受外部输入的加工程序和各种控制命令,识别这些程序和命令并进行运算处理,然后输出执行命令。现在的数控机床一般都采用微型计算机作为数控装置,这种数控装置称为计算机数控(CNC)装置。

(3) 伺服系统:数控机床的伺服驱动系统分主轴伺服驱动系统和进给伺服驱动系统。主轴伺服驱动系统用于控制机床主轴的旋转运动,并为机床主轴提供驱动功率和所需的切削力。进给伺服驱动系统是用于机床工作台或刀架坐标的控制系统,控制机床各坐标轴的切削进给运动,并提供切削过程所需的转矩。

(4) 辅助控制装置:数控机床除对各坐标轴方向的进给运动部件进行速度和位置控制外,还要完成程序中的辅助功能所规定的动作,如主轴电动机的启停和变速、刀具的选择和交换、冷却泵的开关、工件的装夹、分度工作台的转位等,目前辅助控制装置普遍采用 PLC 控制。

(5) 机床本体:机床本体即为数控机床的机械部分,主要包括主传动装置、进给传动装置、床身、工作台等。

2) 数控机床的分类

(1) 按工艺用途分类。金属切削类:这类数控机床包括数控车床、数控铣床、数控磨床和加工中心等。金属成形类:这类数控机床包括数控板料折弯机、数控弯管机、数控冲床等;特种加工类:这类数控机床包括数控线切割机床、数控电火花成形机床、数控激光切割机床等。

(2) 按可控制轴数与联动轴数分类。可控制轴数是指数控系统最多可以控制的坐标轴数,联动轴数是指数控系统按加工要求控制同时运动的坐标轴数。目前有 2 轴联动、3 轴联动、4 轴联动、5 轴联动等。

(3) 按伺服系统的类型分类。开环控制:开环控制伺服系统的特点是不带反馈装置,通常使用步进电动机作为伺服执行元件。数控装置发出的指令脉冲,输送到伺服系统中的环行分配器和功率放大器,使步进电动机转过相应的角度,然后通过减速齿轮和丝杠螺母机构,带动工作台和刀架移动。闭环控制:闭环控制伺服系统是在移动部件上直接装有直线位移检测装置,将测得的实际位移值反馈到输入端,与输入信号作比较,用比较后的差值进行补偿,实现移动部件的精确定位。半闭环控制:半闭环控制伺服系统是在伺服系统中装有角位移检测装置(如感应同步器或光电编码器),通过检测角位移间接检测移动部件的直线位移,然后将角位移反馈到数控装置。

3)数控系统的主要功能

(1)插补功能:在工件轮廓的起始点和终点坐标之间进行"数据密化",求取中间点的过程。由于直线和圆弧是构成零件的基本几何元素,所以大多数数控系统都具有直线和圆弧的插补功能。而椭圆、抛物线、螺旋线等复杂曲线的插补,只有高档次的数控系统或特殊需要的数控系统中才具备。

(2)进给功能:包括快速进给、切削进给、手动连续进给、点动进给、进给倍率修调、自动加减速等功能。

(3)主轴功能:包括恒转速控制、恒线速控制、主轴定向停止等。恒线速控制即主轴自动变速,使刀具相对切削点的线速度保持不变。

(4)刀具补偿功能:包括刀具位置补偿、刀具半径补偿和刀具长度补偿。位置补偿是对车刀刀尖位置变化的补偿;半径补偿是对车刀刀尖圆弧半径、铣刀半径的补偿;长度补偿是指沿加工深度方向对刀具长度变化的补偿。

(5)操作功能:通常有单程序段执行、跳段执行、图形模拟、暂停和急停等功能。

(6)辅助编程功能:除基本的编程功能外,数控系统还有固定循环、镜像、子程序等编程功能。还具有图形显示、故障诊断报警、与外部设备的联网及通信等功能。

二、柔性制造系统

柔性制造系统(Flexible Manufacture System,FMS)是由数控加工设备、物料储运装置和计算机控制系统等组成的自动化制造系统。它包括多个柔性制造单元,能根据制造任务或生产的变化迅速进行调整,适用于多品种中、小批量生产。它的出现标志了机械制造行业进入了一个新的发展阶段,克服了原来机械生产线只适合于大批量生产的刚性特征,而且将手工操作减少到最低,具有很高的自动化特征。

1. 柔性制造系统的功能

柔性制造系统的功能:

(1)能自动控制和管理零件的加工过程,包括制造质量的自动控制、故障的自动诊断和处理、制造信息的自动采集和处理。

(2)通过简单的软件系统变更,便能制造出某一零件族的多种零件。

(3)自动控制和管理物料(包括工件与刀具)的运输和存储过程。

(4)能解决多机床下零件的混流加工,且无须增加额外费用。

(5)具有优化的调度管理功能,无须过多的人工介入,能做到无人加工。

2. 柔性制造系统的优点

(1)设备利用率高。柔性制造系统能获得高效率的原因,一是计算机把每个零件都安排了加工机床,某个机床空闲,即刻将零件送上加工,同时将相应的数控加工程序输入这台机床。二是由于送上机床的零件早已装卡在托盘上(装卡工作是在单独的装卸站进行),因而机床不用等待零件的装卡。

(2)减少设备投资。由于设备的利用率高,柔性制造系统能以较少的设备完成同样的工作量。

(3)减少直接工时费用。由于机床是在计算机控制下进行工作,不需工人去操纵。

(4)减少了工序中在制品量,缩短了生产准备时间。

(5)改进生产要求有快速应变能力。柔性制造系统有其内在的灵活性,能适应由于市场需求变化和工程设计变更所出现的变动,进行多品种生产。而且还能在不明显打乱正常生产计划的情况下,插入备件和急件制造任务。

(6)维持生产的能力。即采用了加工能力有沉余度的设计,并使物料传送系统有自行绕过故障机床的能力,系统仍能维持生产。

(7)产品质量高。减少零件装卡次数,一个零件可以少上几种机床加工,设计更好的专用夹具,更加注意机床和零件的定位都有利于提高零件的质量。

(8)运行的灵活性。有些柔性制造系统能够在无人照看的情况下进行第二和第三班的生产。

(9)产量的灵活性。车间平面布局规划得合理,需要增加产量时,增加机床,以满足扩大生产能力的需要。

3. 柔性制造系统的组成

典型的柔性制造系统由加工系统、物流系统和控制与管理系统组成,图 8-7 所示为典型柔性制造系统。

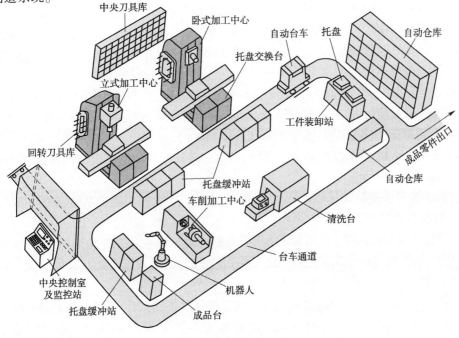

图 8-7 柔性制造系统(FMS)

1) 加工系统

加工系统一般需要两台以上 CNC 机床。主要采用加工中心和数控车床。加工系统的要求主要有：①工序集中；②控制功能强；③高刚度、高精度、高速度；④自保护与自维护性好；⑤使用经济性好；⑥对环境的适应性与保护性好。加工系统常用配置形式：根据加工的零件类型分为：棱体类零件（如箱体、框架、平板等）；回转体零件。加工棱体类零件，一般选用立式、卧式或立卧两用加工中心。加工回转体零件，选用数控车床或车削加工中心机床。

机床设备的配置形式：互替式、互补式和混合式。①互替式：机床是一种并联关系，功能可互相替代，工件可随机输送到任何一台机床加工。系统可维持正常的工作。②互补式：功能是互相补充的，各自完成特定的加工任务。生产率高，可靠性低。③混合式：有些机床按互替形式布置，有些则按互补形式布置，以发挥各自的优点。

加工系统的辅助装置：包括机床夹具、托盘、自动上下料装置等。①机床夹具：要求尽可能一次装夹便能完成所有部位加工。单一夹具装夹多个工件；组合夹具，使夹具零件标准化，拼装成夹具；柔性夹具，使一部夹具能为多个不同加工工件服务。②托盘：工件通过夹具装在托盘上。加工时，托盘支撑工件完成加工任务。输送时托盘承载着工件和夹具在机床之间进行传送。是连接所有加工单元的接口。连接成为一个系统整体。托盘采用统一的结构形式。③自动上下料装置：有托盘交换器和工业机器人。

2) 物流系统

物流系统搬运的物料有毛坯、工件、刀具、夹具、检具和切屑等；储存物料的方法有平面布置的托盘库，也有储存量较大的立体仓库。通常认为 FMS 的物流系统由工件流和刀具流两大部分组成。物流系统主要由输送装置、交换装置、缓冲装置和存储装置等组成。

(1) 工件运储系统。由自动运输小车、机器人、工件装卸站、自动化仓库、托盘缓冲站、托盘交换装置等组成，能对工件和原材料进行自动装卸、运输和存储。

(2) 刀具运储系统。运储系统一般由刀具预调站、刀具装卸站、刀库系统、刀具运载交换装置以及计算机控制管理系统组成。刀具预调站设在 FMS 之外，用于刀具进行预先调整。

3) 控制与管理系统

控制欲管理系统能够实现对 FMS 进行调度、运行控制、物料管理、系统监控和网络通信等，由计算机、工业控制机、可编程控制器、通信网络、数据库和相应的控制和管理软件组成，是 FMS 的核心部分。多采用多级计算机递阶控制结构，分别负担主控计算机的负荷，提高系统的可靠性。一般采用三层递阶控制结构，包括：系统管理与控制层、过程协调与监控、设备控制层，如图 8-8 所示。

(1) 系统管理与控制层。单元控制层，执行上级下达的任务，制定系统生产作业计划，实时分配作业任务给各个工作站。

(2) 过程协调与监控。工作站控制层，主要协调工件在系统中的流动，完成各设备间的交接、系统运行状态的监视与控制、加工顺序的分配、工况和设备运行数据的采集以及向上级控制器报告。

(3) 设备控制层。由机床、机器人、自动化仓库等设备的 CNC 装置和 PLC 逻辑控制装置组成，直接控制各类加工设备和物料系统的自动工作循环，接收和执行上级系统的控制指令，并向上级系统反馈现场数据和控制信息。

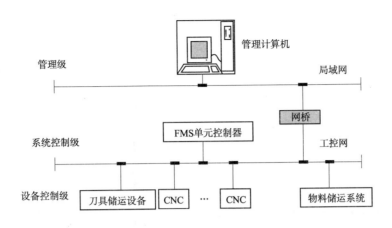

图 8-8 FMS 三级递阶控制结构

4. 柔性制造系统的应用

经过美国、日本、德国等工业化发达国家的不断发展和完善,在 20 世纪 80 年代,柔性制造系统逐渐走向实用。从应用范围看,FMS 在应用初期,大多用于箱体类零件的机械加工,主要完成钻、镗、铣以及攻螺纹等工序。后来,随着 FMS 技术的发展,FMS 不仅能够完成非回转体类零件的加工,还可以完成回转体类零件的车削、磨削、齿轮加工,甚至拉削等工序。从机械加工领域看,现在 FMS 不仅能完成机械加工,还能完成钣金加工、锻造、焊接、装配、铸造和激光、电火花等特种加工,以及喷漆、热处理、注塑和橡胶模制造等加工领域。从整个制造业所生产的产品看,现在柔性制造系统已不再局限于汽车、机床、飞机、坦克、火炮、舰船、拖拉机,还可用于计算机、半导体、木制产品、服装、食品/饮料以及医药和化工等产品的生产。

通过 40 多年的努力和实践,FMS 技术已臻完善,进入了实用化阶段,并已形成高科技产业。随着科学技术的飞跃以及生产组织与管理方式的不断更换,FMS 作为一种生产手段也将不断适应新的需求,不断引入新的技术,不断向更高层次发展。

三、工业机器人技术

工业机器人是面向工业领域的多关节机械手或多自由度的机器人,是一种可以搬运物料、零件、工具或完成多种操作功能的机械装置,由计算机控制,是无人参与的自动化控制系统,是可编程、具有柔性的自动化系统。它可以接收人类指挥指令,也可以按照预先编排的程序运行,现代的工业机器人还可以根据人工智能技术制定的原则纲领行动,具有通用性、柔性和灵活性的自动机械,已成为 FMS 和 CIMS 系统的重要设备。

1. 工业机器人的特点

(1)可编程。生产自动化的进一步发展是柔性启动化。工业机器人可随其工作环境变化的需要而再编程,因此它在小批量多品种具有均衡高效率的柔性制造过程中能发挥很好的功用,是柔性制造系统中的一个重要组成部分。

(2)拟人化。工业机器人在机械结构上有类似人的行走、腰转、大臂、小臂、手腕、手爪等部分,在控制上有智能系统。此外,智能化工业机器人还有许多类似人类的"生物传感器",如接触传感器、力传感器、负载传感器、视觉传感器、声觉传感器、语言功能等,提高了工业机器人对周围环境的自适应能力。

(3)通用性。除了专门设计的专用的工业机器人外,一般工业机器人在执行不同的作业任务时具有较好的通用性。比如,更换工业机器人手部末端操作器(手爪、工具等)便可执行不同的作业任务。

(4)工业机器技术涉及的学科相当广泛,归纳起来是机械学和微电子学结合的机电一体化技术。第三代智能机器人不仅具有获取外部环境信息的各种传感器,而且还具有记忆能力、语言理解能力、图像识别能力、推理判断能力等人工智能,这些都是微电子技术的应用,特别是计算机技术的应用密切相关。

2. 工业机器人的组成与分类

工业机器人由主体、驱动系统和控制系统三个基本部分组成。主体即机座和执行机构,包括臂部、腕部和手部,有的机器人还有行走机构。大多数工业机器人有3~6个运动自由度,其中腕部通常有1~3个运动自由度;驱动系统包括动力装置和传动机构,用以使执行机构产生相应的动作;控制系统是按照输入的程序对驱动系统和执行机构发出指令信号,并进行控制。图8-9为工业机器人的基本组成。

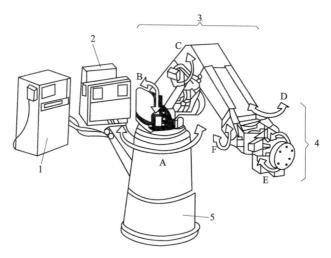

图8-9 工业机器人的组成

1-控制器;2-驱动部件;3-臂部;4-腕部;5-机身;A-臂部摆动;B-肩关节旋转;C-肘关节伸展;D-偏摆;E-扭转;F-俯仰

1)执行机构

执行机构是一组具有与人手脚功能相似的机械机构。

(1)手部(抓取机构或夹持器):用来直接抓取工件或工具。有机械式、真空吸附式、磁性吸附式。

(2)腕部:是连接手部和臂部的部件,用以支撑和调整手部的姿态。

(3)臂部:是支撑腕部的部件,由动力关节和连杆组成。用以承受工件或工具负荷,改变工件的空间位置,并送至预定的位置。

(4)机身(立柱):是支撑臂部的部件,扩大臂部的活动范围。

(5)机座及行走机构:是支撑整个机器人的基础件,确定并改变机器人的位置。

2)控制系统

控制系统是机器人的大脑,控制与支配机器人按给定的程序动作,并记忆人们示教的指令信息,可再现控制所存储的示教信息。

3)驱动系统

驱动系统是机器人执行作业的动力源,按照控制系统发出的指令驱动执行机构完成规定的作业。

4)其他系统

其他系统行进系统、感知系统和人工智能系统等。

3. 工业机器人的性能指标

(1)工业机器人的自由度。自由度是指运动件相对于固定坐标系所具有的独立运动的趋势。用以表示机器人动作灵活程度的参数,一般是以沿轴线移动和绕轴线转动的独立运动的数目来表示。自由度是衡量机器人技术水平的主要指标,在图 8-10 中有 ABCDE 五个自由度。

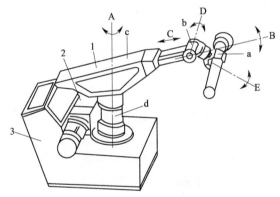

图 8-10 工业机器人自由度

1-执行机构;2-驱动系统;3-控制系统;a-手部;b-腕部;c-臂部;d-基座;A-往复旋转;B-腕部弯曲;C-径向伸缩;D-垂直俯仰;E-手部偏摆

(2)工作空间。是指机器人应用手爪进行工作的空间范围。取决于机器人的结构形式和每个关节的运动范围。

(3)提取重力。反映其负载能力的一个参数。微型机器人:10N 以下;小型机器人:10~50N;中型机器人:50~300N;大型机器人:300~500N;重型机器人:500N 以上。

(4)运动速度。影响到机器人的工作效率。通用机器人的最大直线速度大多在 1000mm/s 以下。

(5)位置精度。实到位置中心之间的偏差。影响到机器人的工作质量。取决于位置控制方式、机器人运动部件本身的精度和刚度、提取的重力和运动速度有关。典型机器人的定位精度一般在 0.02~5mm 范围。

4. 工业机器人控制技术

机器人控制系统是机器人的大脑,是决定机器人功能和性能的主要因素,具体组成如图 8-11 所示。

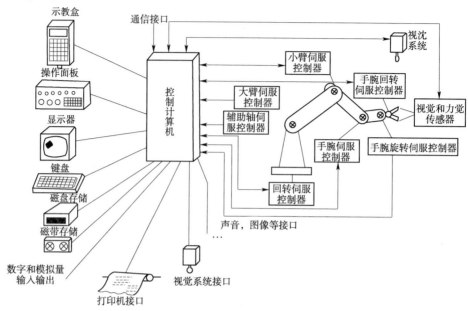

图 8-11 机器人控制系统

工业机器人控制技术的主要任务就是控制工业机器人在工作空间中的运动位置、姿态和轨迹、操作顺序及动作的时间等,具有编程简单、软件菜单操作、友好的人机交互界面、在线操作提示和使用方便等特点。关键技术包括:

(1) 开放性模块化的控制系统体系结构:采用分布式 CPU 计算机结构,分为机器人控制器(RC)、运动控制器(MC)、光电隔离 I/O 控制板、传感器处理板和编程示教盒等。机器人控制器(RC)和编程示教盒通过串口/CAN 总线进行通讯。机器人控制器(RC)的主计算机完成机器人的运动规划、插补和位置伺服以及主控逻辑、数字 I/O、传感器处理等功能,而编程示教盒完成信息的显示和按键的输入。

(2) 模块化层次化的控制器软件系统:软件系统建立在基于开源的实时多任务操作系统 Linux 上,采用分层和模块化结构设计,以实现软件系统的开放性。整个控制器软件系统分为三个层次:硬件驱动层、核心层和应用层。三个层次分别面对不同的功能需求,对应不同层次的开发,系统中各个层次内部由若干个功能相对对立的模块组成,这些功能模块相互协作共同实现该层次所提供的功能。

(3) 机器人的故障诊断与安全维护技术:通过各种信息,对机器人故障进行诊断,并进行相应维护,是保证机器人安全性的关键技术。

(4) 网络化机器人控制器技术:当前机器人的应用工程由单台机器人工作站向机器人生产线发展,机器人控制器的联网技术变得越来越重要。控制器上具有串口、现场总线及以太网的联网功能。可用于机器人控制器之间和机器人控制器同上位机的通讯,便于对机器人生产线进行监控、诊断和管理。

5. 工业机器人的应用

在制造业中,机器人可以用于毛坯制造(冲压、压铸、锻造等)、机械加工、焊接、热处理、表面涂覆、装配及仓库堆垛等作业中。机器人的应用范围还在不断地扩大,已从汽车制造业推广到其他制造业,进而推广到非制造业,如采矿机器人、建筑业机器人以及水电系统用于维护的机器人等。在国防军事、医疗卫生、生活服务等领域机器人的应用也越来越多,如无人侦察机(飞行器)、警备机器人、医疗机器人、家政服务机器人等均有应用实例。机器人正在为提高人类的生活质量发挥着重要的作用。

本 章 小 结

1. 特种加工的概念和特点,典型特种加工(包括电火花加工、电解加工、激光加工)的原理、特点和应用。
2. 快速成型技术的概念和特点,快速成型技术的类型、原理和应用。
3. 数控加工技术的概念和特点,数控技术的发展及应用。
4. 柔性制造系统的概念及功能,以及主要特点和应用。
5. 工业机器人的概念、组成和分类,介绍了工业机器人自由度、工作空间、提起重力、运动速度和位置精度的性能指标;介绍了工业机器人的主要技术和应用。

复习思考题

1. 特种加工的定义,其与切削加工有何不同点?常用的特种加工方法有哪些?
2. 电火花加工技术的原理、加工条件及特点是什么?
3. 简述激光加工的工作原理?激光加工系统有哪些组成部分?
4. 快速原型制造(RPM)技术的工作原理是什么?
5. 说明快速原型制造(RPM)的工作过程?典型的快速原型制造工艺方法有哪四种?
6. 简述数控加工技术的组成,数控加工技术的主要特点有哪些?
7. 简述 FMS 的定义?柔性制造系统(FMS)由哪几部分组成?各部分都有什么功能?简述柔性制造系统(FMS)的工作过程?柔性制造系统的特点和适用范围是什么?
8. 工业机器人由哪几部分组成?其中哪一部分是机器人的大脑,有什么作用?工业机器人按结构形式分为哪几类?

参 考 文 献

[1] 王启平. 机械制造工艺学[M]. 5版. 哈尔滨:哈尔滨工业大学出版社,2005.
[2] 宋新萍. 汽车制造工艺学[M]. 北京:清华大学出版社,2011.
[3] 王宝玺. 汽车制造工艺学[M]. 3版. 北京:机械工业出版社,2007.
[4] 陈明. 机械制造工艺学[M]. 北京:机械工业出版社,2005.
[5] 叶文华,陈蔚芳,马万太. 机械制造工艺与装备[M]. 哈尔滨:哈尔滨工业大学出版社,2011.
[6] 王宝玺. 汽车拖拉机制造工艺学[M]. 2版. 北京:机械工业出版社,2000.
[7] 侯家驹. 汽车制造工艺学[M]. 北京:机械工业出版社,1991.
[8] 王先逵. 机械制造工艺学[M]. 北京:机械工业出版社,1995.
[9] 孟少农. 机械加工工艺手册:第2卷[M]. 北京:机械工业出版社,1991.
[10] 钟诗清. 汽车制造工艺学[M]. 广州:华南理工大学出版社,2011.
[11] 韩英淳. 汽车制造工艺学[M]. 北京:人民交通出版社,2005.
[12] 周世学. 机械制造工艺与夹具[M]. 北京:北京理工大学出版社,2006.
[13] 王启平. 机床夹具设计[M]. 哈尔滨:哈尔滨工业大学出版社,2005.
[14] 郑德全. 汽车总装工艺[M]. 北京:机械工业出版社,2012.
[15] 陈心赤. 汽车装配工艺编制与质量控制[M]. 重庆:重庆大学出版社,2011.
[16] 李伟,等. 机械制造工程学[M]. 北京:机械工业出版社,2009.
[17] 贺展开. 汽车装配技术[M]. 北京:机械工业出版社,2012.
[18] 赵桂范. 汽车制造工艺[M]. 北京:北京大学出版社,2008.
[19] 华键. 现代汽车制造工艺[M]. 上海:上海交通大学出版社,2008.
[20] 曾东建. 汽车制造工艺学[M]. 北京:机械工业出版社,2006.
[21] 李远军. 汽车车身焊接技术[M]. 北京:人民交通出版社,2012.
[22] 邹平. 汽车车身制造工艺学[M]. 北京:北京航空航天大学出版社,2011.
[23] 林鸣玉. 汽车涂装技术[M]. 北京:北京理工大学出版社,2002.
[24] 王宝玺. 汽车制造工艺学[M]. 北京:机械工业出版社,2012.
[25] 王瑞金. 特种加工技术[M]. 北京:机械工业出版社,2011.
[26] 刘晋春. 特种加工[M]. 5版. 北京:机械工业出版社,2008.
[27] 韩霞,杨恩源. 快速成型技术与应用[M]. 北京:机械工业出版社,2012.
[28] 王隆太. 先进制造技术[M]. 北京:机械工业出版社,2012.
[29] 舒尔茨,阿贝勒,何宁. 高速加工理论与应用[M]. 北京:化学工业出版社,2010.
[30] 王令其,张思弟. 数控加工技术[M]. 北京:机械工业出版社,2007.
[31] 肖南峰. 工业机器人[M]. 北京:机械工业出版社,2011.
[32] 刘延林,陈心昭. 柔性制造自动化概论[M]. 2版. 武汉:华中科技大学出版社,2010.
[33] 盛晓敏,邓朝辉. 先进制造技术[M]. 北京:机械工业出版社,2011.

人民交通出版社汽车类本科教材部分书目

书 号	书 名	作 者	定价（元）	出版时间	课 件
一、"十三五"普通高等教育规划教材					
1. 车辆工程专业					
978-7-114-10437-4	●汽车构造（第六版）上册	史文库、姚为民	48.00	2017.07	配光盘
978-7-114-10435-0	●汽车构造（第六版）下册	史文库、姚为民	58.00	2017.07	配光盘
978-7-114-13444-9	★汽车发动机原理（第四版）	张志沛	38.00	2017.04	有
978-7-114-09527-6	★汽车排放与控制技术（第二版）	龚金科	28.00	2018.02	有
978-7-114-09749-2	★汽车检测技术与设备（第三版）	方锡邦	25.00	2017.08	有
978-7-114-14828-6	★汽车电子控制技术（第3版）	鲁植雄、冯崇毅	46.00	2018.09	有
978-7-114-09675-4	车身CAD技术（第二版）	陈鑫	18.00	2012.04	有
978-7-114-14797-5	汽车有限元法（第3版）	谭继锦	36.00	2018.08	有
978-7-114-09493-4	电动汽车（第三版）	胡骅、宋慧	40.00	2012.01	有
978-7-114-09554-2	汽车液压控制系统	王增才	22.00	2012.02	有
978-7-114-09636-5	汽车构造实验教程	阎岩、孙纲	29.00	2012.04	有
978-7-114-09555-9	汽车内饰设计概论（第二版）	泛亚内饰教材编写组	29.00	2018.05	
978-7-114-11612-4	●汽车理论（第二版）	吴光强	46.00	2018.06	有
978-7-114-10652-1	★汽车设计（第二版）	过学迅、黄妙华、邓亚东	38.00	2013.09	有
978-7-114-09994-6	★汽车制造工艺学（第三版）	韩英淳	38.00	2017.06	有
978-7-114-11157-0	★汽车振动与噪声控制（第二版）	陈南	28.00	2015.07	有
978-7-114-05467-9	★汽车节能技术	陈礼璠、杜爱民、陈明	19.00	2013.08	
978-7-114-10085-7	汽车车身制造工艺学	钟诗清	27.00	2016.02	有
978-7-114-10056-7	汽车试验技术	何耀华	28.00	2012.11	
978-7-114-10295-0	汽车专业英语（第二版）	黄韶炯	25.00	2017.06	有
978-7-114-12515-7	汽车安全与法规（第二版）	刘晶郁	35.00	2018.08	有
978-7-114-10547-0	汽车造型	兰巍	36.00	2013.07	有
978-7-114-11136-5	汽车空气动力学	胡兴军	22.00	2018.04	有
978-7-114-09884-0	●专用汽车设计（第二版）	冯晋祥	42.00	2018.06	有
978-7-114-09975-5	汽车车身结构与设计	曹立波	24.00	2017.02	有
978-7-114-11070-2	汽车电器与电子控制技术	周云山	40.00	2016.12	有
978-7-114-10944-7	大客车车身制造工艺	张德鹏	25.00	2014.04	有
978-7-114-11730-5	汽车内饰模具结构及工艺概论	周强、成薇	48.00	2016.08	
978-7-114-12863-9	新能源汽车原理技术与未来	陈丁跃	36.00	2016.05	
978-7-114-12649-9	汽车油泥模型设计与制作	黄国林	69.00	2016.03	
978-7-114-12261-3	汽车试验学（第二版）	郭应时	32.00	2018.02	有
978-7-114-13454-8	汽车新技术（第二版）	史文库	39.00	2016.12	
2. 汽车服务工程专业					
978-7-114-10437-4	●汽车构造（第六版）上册	史文库、姚为民	48.00	2017.07	配光盘
978-7-114-10435-0	●汽车构造（第六版）下册	史文库、姚为民	58.00	2017.07	配光盘
978-7-114-13643-6	★汽车电子控制技术（第四版）	舒华	48.00	2017.03	有
978-7-114-09573-3	交通运输系统工程（第三版）	刘舒燕	30.00	2017.06	有
978-7-114-14820-0	汽车文化（第3版）	宋景芬	38.00	2018.09	有
978-7-114-09821-5	汽车金融（第二版）	强添纲	29.00	2017.07	有
978-7-114-14970-2	汽车运行材料（第3版）	孙凤英	32.00	2018.10	有
978-7-114-11616-2	●汽车运用工程（第五版）	许洪国	39.00	2018.08	有
978-7-114-13855-3	★汽车营销学（第二版）	张国方	45.00	2017.06	有
978-7-114-11522-6	★汽车发动机原理（第二版）	颜伏伍	42.00	2016.12	有
978-7-114-11672-8	★汽车事故工程（第三版）	许洪国	36.00	2018.03	有
978-7-114-10630-9	★汽车再生工程（第二版）	储江伟	35.00	2017.06	有
978-7-114-14350-2	汽车维修工程（第三版）	储江伟	38.00	2018.01	有
978-7-114-12636-9	汽车新能源与节能技术（第二版）	邵毅明	36.00	2016.03	有

书 号	书 名	作 者	定价（元）	出版时间	课 件
978-7-114-12173-9	汽车检测与诊断技术（第二版）	陈焕江	45.00	2016.11	有
978-7-114-12543-0	汽车服务工程（第二版）	刘仲国、何效平	45.00	2016.03	有
978-7-114-13739-6	汽车服务工程专业英语（第二版）	于明进	28.00	2017.06	有
978-7-114-10849-5	工程热力学与传热学（第二版）	李岳林	32.00	2017.04	有
978-7-114-10789-4	汽车检测诊断与维修	王志洪	45.00	2018.06	有
978-7-114-10887-7	旧机动车鉴定评估（第二版）	鲁植雄	33.00	2018.04	有
978-7-114-10367-4	现代汽车概论（第三版）	方遒、周水庭	28.00	2017.06	有
978-7-114-11319-2	交通运输专业英语	杨志发、刘艳莉	25.00	2014.06	有
978-7-114-10848-8	道路交通安全工程	刘浩学	35.00	2016.12	有
978-7-114-11668-1	道路交通事故处理	王洪明	36.00	2015.02	
978-7-114-14022-8	汽车维修企业设计与管理（第二版）	胡立伟、冉广仁	31.00	2017.09	
978-7-114-13389-3	汽车保险与理赔（第二版）	隗海林	32.00	2016.12	有
978-7-114-13402-9	汽车试验学（第二版）	杜丹丰	35.00	2016.12	有
978-7-114-14214-7	汽车电器与电子技术（第二版）	寒小平、麻友良	48.00	2018.01	有
978-7-114-14873-6	汽车评估（第2版）	闫晟煜	22.00	2018.10	有
978-7-114-13723-5	汽车美容（第三版）	鲁植雄	36.00	2017.05	有
二、应用技术型高校汽车类专业规划教材					
978-7-114-13075-5	汽车构造·上册（第二版）	陈德阳、王林超	33.00	2016.08	有
978-7-114-13314-5	汽车构造·下册（第二版）	王林超、陈德阳	45.00	2018.05	有
978-7-114-11412-0	汽车液压与气压传动	柳波	38.00	2014.07	有
978-7-114-11411-3	汽车营销	谢金法、赵伟	35.00	2014.07	有
978-7-114-12846-2	汽车电器设备	吴刚	39.00	2016.04	有
978-7-114-11281-2	汽车电气设备	王慧君、于明进	32.00	2015.07	有
978-7-114-11280-5	发动机原理	訾琨、邓宝清	40.00	2014.07	有
978-7-114-11279-9	汽车维修工程	徐立友	43.00	2017.08	有
978-7-114-11508-0	汽车电子控制技术	吴刚	45.00	2014.08	有
978-7-114-13147-9	汽车试验技术	门玉琢	33.00	2016.08	有
978-7-114-11446-5	汽车试验学	付百学、慈勤蓬	35.00	2014.07	有
978-7-114-11710-7	汽车评估	李耀平	29.00	2014.10	有
978-7-114-11874-6	汽车专业英语	周靖	22.00	2015.03	有
978-7-114-11904-0	新能源汽车	徐斌	29.00	2015.03	有
978-7-114-11677-3	汽车制造工艺学	石美玉	39.00	2014.10	有
978-7-114-11707-7	汽车CAD/CAM	王良模、杨敏	45.00	2014.10	有
978-7-114-11693-3	汽车服务工程导论	王林超	25.00	2017.06	
978-7-114-11897-5	汽车保险与理赔	谭金会	29.00	2015.01	有
978-7-114-14030-3	汽车零部件有限元技术	胡顺安	23.00	2017.09	
978-7-114-11905-7	汽车诊断与检测技术（第四版）	张建俊	45.00	2017.05	有
三、成人教育汽车类专业规划教材					
978-7-114-13934-5	汽车概论	李昕光	25.00	2017.08	
978-7-114-13475-3	汽车运用基础	韩锐	32.00	2017.01	有
978-7-114-12562-1	汽车电控新技术	杜丹丰、郭秀荣	32.00	2017.04	有
978-7-114-14388-5	现代汽车营销基础	都雪静	26.00	2018.01	
978-7-114-13787-7	汽车鉴定与评估	马晓春	30.00	2017.06	有
978-7-114-13670-2	物流技术基础	邓红星	28.00	2017.04	
978-7-114-13634-4	汽车保险与理赔	马振江	26.00	2017.03	
978-7-114-13445-6	汽车维修技术	王红梅	27.00	2017.01	有
978-7-114-13808-9	汽车服务信息系统	杜丹丰	32.00	2017.07	
978-7-114-14263-5	汽车检测与诊断	崔淑华	36.00	2018.01	
978-7-114-13886-7	汽车运行材料	吴怡	28.00	2017.05	有

●为"十二五"普通高等教育本科国家级规划教材、★为普通高等教育"十一五"国家级规划教材。咨询电话：010-85285253、85285977；咨询QQ：64612535、99735898。